分															配
咸寧縣		蒲圻縣		崇陽縣		嘉魚縣		通城縣		興國州		大冶縣		通山縣	
單位	銀數	單位	銀數	單位	銀數	單位	銀數	單位	銀數	單位	銀數	單位	銀數	單位	銀數
	7.00		10.00		7.00		7.00		7.00		40.00		10.00		7.00
40	236.00	62	360.00	25	84.00	9	45.00	17	71.00	47	253.00	22	132.00	13	70.00
8	48.00	34	204.00	6.5	46.80	0.5	2.00	16	64.00	75	300.00	20	80.00		
3	16.00	6	28.00	5	20.00		10.00	2	4.00	3	6.00	3	6.00		
		4	30.00			4	30.00			4	30.00	4	30.00		
	6.70		1.00								6.00		5.50		
1	30.00	1	30.00	1	30.00			1	30.00	1	30.00	1	30.00	1	30.00
1	2.10	5	10.50							10	21.00	6	12.60	1	2.10
										1	9.00				
		3	28.00									2	24.00		
1.5	18.00	2	24.00	1	12.00			1	12.00	3	36.00	1	12.00	0.5	6.00
		2	14.40					5又9個月10日	41.60	5	36.00	4.5	38.50	2個月10日	1.40
	2.74		5.00		2.74		2.74		2.74		5.00		5.00		2.74

類別	項 目	銀 數			用 途	分 配			
						江夏縣		武昌縣	
		單位	單價	合計		單位	銀數	單位	銀數
均徭	江夏縣抵編公費			360.00					
	合　　計			23,522.44					
驛傳	馬　船	5		744.00		1	144.00	1	144.00
	紅　船	9.3		774.00		2又夫10名	228.00	1又夫2名	96.00
	站　船	14		420.00					
	驛　馬	230	上30.00 中28.00 下26.00	6,372.00	將臺驛50匹、山陂、東湖、咸寧、鳳山、官塘、港口、各驛均30匹	48	1,264.00	30	840.00
	協 夫 銀			1,200.00	解江夏縣雇夫用		172.03		208.53
	江 濟 夫	1,412	4,095			287	1,175.26	173	1,117.94
	合　　計			15,292.14					
里甲	排　夫	1,292		8,114.00			1,200.00	74	444.00
	腳　馬	358		6,688.00		100	1,200.00	37	888.00
	里甲皂隸	100	7.20	720.00		100	720.00		
	合　　計			15,522.16					
民	壯	1,383	7.20	9,957.60		305	2,196.00	160	1,152.00
公	費			3,360.16	供應備用		1,700.00		282.32

分　　　　　　　　　　　　　　　　配															
咸寧縣		蒲圻縣		崇陽縣		嘉魚縣		通城縣		興國州		大冶縣		通山縣	
單位	銀數	單位	銀數	單位	銀數	單位	銀數	單位	銀數	單位	銀數	單位	銀數	單位	銀數
		1	144.00							1	144.00	1	144.00		
1又夫1名	90.00	夫1名	6.00	夫12名	72.00					1隻另夫3.5名	105.00	2又夫15名	177.00		
				夫3名	18.00	4又夫2名	132.00			6	180.00			夫15名	90.00
16	448.00	25	700.00	5	140.00	6	168.00	12	336.00	56	1,680.00	26	728.00	6	168.00
	74.23		135.86		33.57		47.92		88.21		227.61		174.51		36.43
77	315.32	142	581.49	78	319.42	69	282.56	31	536.44	141	577.89	175	716.63	39	157.71
250	1,500.00	300	1,800.00	43	215.00	500	(約2,320)	20	150.00	40	210.00	25	125.00	30	150.00
32	768.00	60	1,440.00	22	528.00	22	154.00	15	270.00	30	720.00	25	450.00	15	270.00
100	720.00	150	1,080.00	63	453.60	100	720.00	100	720.00	280	2,016.00	80	576.00	45	324.00
	148.85		262.41		188.73		120.69		107.59		243.42		193.18		112.88

站時的定制有關。

　　前引《續文獻通考》卷十六，已曾說明洪武元年設立各地驛站時，驛站馬匹「皆驗民戶田糧出備。」其定制為：「上馬一匹糧一百石，中馬八十石，下馬六十石。」在此項制度下出馬赴驛當差的糧戶，不但出備馬匹而已，自馬匹的鞍轡彎鐙之外，馬的日食所需及跟馬的人役，亦皆包括在馬的名目之內。若不是負擔太重，亦不須規定納糧六十石以上的大戶方始充當此差的了。嘉靖初年改僉派為納銀代役，所納站銀數目，即由僉編的馬戶田糧數目中折徵而來。如前引隆慶四年《豐潤縣志》就明白開列，上馬一匹編糧三百五十石，中馬一匹編糧三百石，下馬一匹編糧二百五十石，騾每頭編糧二百石，驢每頭編糧五十石，每石俱折銀五錢。又崇禎五年《固安縣志》卷三食貨志云：「嘉靖二十九年原額站糧九千七百二十五石，前每石徵銀二錢九分七厘，今每石徵銀五、六錢。」如以《豐潤縣志》為例，則該縣驛馬所編徵的站銀數目，上中下馬每匹分別為銀一百七十五、一百五十、一百二十五兩，騾每頭一百兩，驢每頭二十五兩。按，明人張萱所編的《西園聞見錄》，卷七十二引佚名奏疏：「議革市棍以清驛蠹」，其中曾說：

　　　　為今之計，莫若將夫馬一委之驛所官，在馬立攢槽法，每驛若干
　　　　匹，每匹價高者十兩止矣。

此疏所論驛遞弊竇，其時間約在萬曆末年至天啟初年。所云馬「每匹價高者十兩止矣」，自是上馬，而中下馬的每匹價銀尚不需此。又崇禎三年良鄉知縣石鳳臺稟請良鄉復驛須購馬三百匹的稟帖中說：

　　　　每馬一匹，價銀非一十五兩不可。[8]

8　《明清史料辛編》第一本葉 26。

崇禎三年，正當崇禎二年「己巳虜變」之後，寇擾年荒，百物涌貴，而馬一匹的價銀尚不過銀十五兩，然則在隆萬之時何以每匹須編徵銀一百兩以上？很明顯的，所編馬價，並不專供買馬之用。萬曆《汾州府志》卷五賦役，開列有府屬各縣額征均徭銀兩數目，其中鄉寧縣走遞馬騾十三頭，每頭徵銀二十一兩，書中載有計算方法如下：

　　馬騾一頭三兩
　　草料一匹十兩八錢
　　馬夫工食七兩二錢

馬騾一頭價銀，可能不止三兩，此云「馬騾一頭三兩」，當係就馬騾十三頭的每年平均倒死數目估算其購補所需價銀，然後分攤於一十三頭，作為每年額徵的馬價。《湖廣總志》開載武昌府屬各驛站的額編馬價為上馬每匹銀三十兩，中馬每匹銀二十八兩，下馬每匹銀二十六兩。如以鄉寧縣為例，於額編馬價銀兩內扣除馬夫工食及馬匹草料每匹銀十八兩，則其實際馬價銀兩，分別為十二兩、十兩、八兩，頗符實際。至於豐潤縣何以須編徵至一百數十兩之多？大約由於地當衝途，差使繁劇，馬匹倒死率既高，馬夫又需常年應差在外，所需增加之工食銀兩及買補馬匹之費用，均特別增多之故。如北直隸的邯鄲縣叢臺驛、永年縣臨洺驛，額馬每匹編銀一百四十兩，當亦是屬於此類。

　　馬夫的工食銀兩既已在額編馬價內有了著落，我們當可進一步知道，自站銀代替了僉派辦法之後，各地驛站的供役人員中，都有了受雇供役的馬夫在內（騾夫驢夫同）。明刊本各地志書中所以未曾在驛傳項下明白列出，只是由於當時的習慣使然。據此，我們在前述諸種驛站供役人員中，尚應添入一項，即：

　　(8)馬夫・騾夫・驢夫

　　前述第(1)項至第(8)項驛站供役人員，其工食所出的經費來源，殊不一致。大致的情形是：水馬等夫、江濟夫，其工食出於驛站經費；館夫、庫

子、防夫，其工食出於均徭；損轎夫（即《湖廣總志》中的排夫）的工食出於里甲或均徭。驛站錢糧，在明代是單獨設立的。各類供役人員的工食來源如此互異，在後來實施裁節驛費時，就難免發生差異的現象了。

明代各地的額徵站銀，自條鞭法實施之後，雖已併入條鞭銀兩內一總徵收，但其名稱及徵收數目仍獨立不混。這可以從下面所引的各條志書資料中看得出來。

　　㈠萬曆十二年刊本陝西《富平縣志》卷八田賦：「站銀共一萬六千二百八十九兩二錢。以因糧徵站之數計之，每糧一石站總徵一錢三分五厘九毫二忽五微。」

　　㈡萬曆十三年刊本廣東《順德縣志》卷三賦役：「驛傳……歲編銀二千一百四十九兩三錢七分九厘二毫。丁不編，實編米二萬四千零四十二石三斗三合二勺，每石編銀八分九厘四毫。」

　　㈢萬曆二十八年刊本山東《東昌府志》卷十二戶役：「府屬站地三萬一千零三十五頃，每頃徵銀九錢，實徵銀二萬七千九百三十一兩五錢。」

以上三例，除記載各該府縣的額徵站銀數目之外，並附帶說明了派徵的方法。前引崇禎五年刊本《固安縣志》，驛傳方面的記載內容亦略同。此外，僅僅記載額征站銀數目而未同時記述每畝派銀數目，或與其他條鞭項款併記每畝派銀數目而未單獨列舉站銀每畝派銀若干的例子，在明刊本志書中記載尤多，今不細載。

由上面所敘的事實，我們當可得到如下一些概念：

　　⑴自僉派一改為折徵站銀，繼又將站銀併入條鞭銀兩一總徵收支解，明代的驛遞制度，已由純粹的力役改為納銀代役。這種轉變過程，在萬曆九年普遍推行條鞭法時，業已正式完成。

　　⑵由於人民衹交納代役銀而不再自行供役，供職於驛站的各種工作人員，乃改由受雇的專門從業人員來擔任。明代裁節驛費案中常有所謂「包當市棍」及「驛棍」之類的名詞，大概即指此而言。其職名計有馬夫、驟夫、驢夫、水夫、防夫、江濟夫、館夫、扛轎夫、及庫子等。

⑶工作既屬專業，其生活自即仰賴工資收入以餬口。一旦職位不穩或驛站倒廢，倘無別項工作可為謀生之計，就不免造成失業問題。

⑷驛站銀兩在各地的條鞭收入中列有單獨的徵收項目，各使用單位均有固有的經費來源，在實施裁節計劃時，有確定的對象可以執行。

二、崇禎裁驛

㈠崇禎三年的裁節驛費案

崇禎時的裁節驛費案，前後曾有兩次。一次在崇禎三年，另一次在崇禎十二年。

崇禎三年裁節驛費的動機，起因於驛遞之冗濫。《明會要》卷七十五云：

> 崇禎二年，毛羽健陳驛遞之害，言兵部勘合有發出無繳入，士紳遞相假借，一紙洗補數四。差役之威如虎，小民之命如絲。帝即飭所司嚴加釐革。

按，明初設立驛遞之目的，原為便利國家政令之推行，故驛傳又名郵政，其使用限於飛報軍情，傳遞奏章。遞運所則止用於運送上供物料及給邊錢糧，非專為有司官員便利往來行旅而設。據《明會要》所記，可知明代初年對於官吏濫用驛遞的禁罰頗嚴。《會要》卷七十五引〈唐勝宗傳〉：「延安侯唐勝宗坐擅馳驛遞奪爵。」又引《大政記》：「洪武二十年十月定，勳戚出使非奉符驗不得乘驛。」至宣德時，方逐漸放寬限制，准許「進表官得宿驛舍，御史得乘驛馬初止乘驢」，以及「方面官按部許給驛」。而其流變所至，則自京官以至地方有司，無不借勘合以便往來。甚且「仕籍一通，即得勘合，夫馬之數倍蓰，徵索多者逾百。主人應付外，

復有燕享以展其綢繆。既應以馬，復應以財。」**9**而「夤緣之徒，假公行
而營私事，接遞繁供應之擾。」**10**公私所需皆濫用驛遞，則驛遞焉得不
困？《西園聞見錄》載有沈昌世論述此事的話，說：

> 今天下州縣困於驛站者十七八矣，諸臣之條議，舌敝穎脫，我皇上
> 嚴諭飭禁，又不啻三令五申矣。顧條議徒煩，而疲困如故，諭禁日
> 嚴，而冒濫如故。為調停之說者，不過曰加增工食，曰僉派里甲，
> 曰官為催養，曰里甲幫貼。夫民窮已無可再加，編愚又不慣酷使。
> 官養而草料仍科之民，則利歸于官而害仍在民也。私幫而奸棍恣飽
> 其貪，則明攫者十一，而暗攫者十九也。調停之法窮。為禁革之說
> 者，不過曰查比勘合牌票，革需索冒濫，禁枉道前款。夫假牌需索
> 等弊，皆枉道仕途之強有力者也。貽害在民，情面在官。撫按不肯
> 為小民而破面，州縣又誰肯為小民而開罪上官？即聖旨三令五申，
> 亦止行於良涿，而外竟高閣矣。禁革之法又窮。將罄此小民膏血，
> 竭縣官餘力，支此驛遞不足，其故何也？……

沈昌世不知何許人，此疏亦不知上於何年。但其疏中曾附帶建議裁驛遞以
蘇民困，「其裁去夫馬工食銀兩，總計若干，或全蠲以寬民力，或姑借以
抵新餉」，新餉即萬曆四十六年因遼東軍興而加派之地畝銀兩，則此疏或
即上於萬曆四十六年以後，或天啟年間。同書又引天啟元年侍郎鄒元標的
奏疏，說：「驛遞之苦，自昔為然，于今為甚。」大約愈到明朝末年，由
於法令之廢弛及人情之積玩，這種情形亦愈甚。《國榷》崇禎元年六月壬
子記：

> 諭閣臣曰：朕覽御史顧其國奏，騷擾累民，莫甚於驛遞。朕思國家

9　萬曆《同官縣志》卷二。
10　隆慶《豐潤縣志》卷六。

設立勘合馬牌，專為軍情及各處差遣命官之用，近多徇情將勘合送親故，供應之外，橫索折乾，小民困極，甚至賣兒貼婦以應之。或措處不前，背井離鄉。卿等傳示兵部，倣舊例，某項宜用勘合，某項宜用馬牌，其餘例禁，俱細聞奏，用清弊源。

大約由於諭飭無效，所以纔再有御史毛羽健之疏論，及刑科給事中劉懋建議裁節驛站經費之事。《國榷》崇禎二年二月甲午記：

刑科給事中劉懋請裁定驛站。有旨：驛遞原為奏報解送奉差及大臣以禮致仕與奉旨馳傳者方應付，近濫給不遵，致驛遞困敝。今改劉懋兵科，專管驛遞，務節省歲例。兵部確定幾項應付，凡勘合火牌出兵部者准給發銷注，有犯重治。乃設法查核，不時糾奏。年終撫按類報各驛應付之數於部科，如節省若干，即減編額派工食，以蘇民力。

崇禎三年的裁節驛費案，由此肇始。推原其故，可說其動機是由於驛遞之冗濫累民所引起的。

崇禎三年所頒行的裁節驛費案，其最初所希望達到的目標有三：

一、整飭驛遞，禁絕冒濫。

二、免除加派私幫，以輕民累。

三、由此而裁省的驛站經費，可以撥補兵餉之不足。

我們如以清順治年間裁節驛費案件所顯示的事實看來，崇禎三年裁節驛費案之所以終於導致極為惡劣的後果，實在是犯了方法上的錯誤。加以當時奉行裁節驛費案的政府官吏，多數不知以國事為重，不肯就力所能及的範圍內去設法補救那些可能導致不良後果的錯誤方法，於是遂因裁節驛費而發生了許多問題。山陝諸省，因實施裁節而致驛站經費缺乏，夫逃馬死，驛站倒廢，許多驛所夫役無以為生，卒致流落為盜。這一層關係，後文將再申論，今從略。

　　在未曾論及崇禎三年裁節驛站經費案的失敗原因之前，我們應先將當時的驛站經費情形作一檢討。

(二)驛站經費

　　《明會典》卷一四八驛遞事例「站銀」下一條云：

> （萬曆）五年議准，各處站銀通行減徵。共計天下原額站銀三百一十三萬一百七十二兩，免編九十五萬二千三百四兩，實徵二百一十八萬七千八百三十二兩。

按，萬曆五年正當張居正秉政，以澄汰冗濫作為節省國用的手段。裁節驛遞，即為此項政策的一部分。史稱其「覈驛遞，省冗官，清庠序，多所澄汰。公卿羣吏，不得乘傳，與商旅無別。」[11]這一次裁定的驛費，《會典》中雖有「已減者不得復徵」的明文規定，但是否直至崇禎年間時猶一直保持不變，殊有問題。如萬曆《河間府志》卷五驛傳所開河間府屬各驛站額設馬匹工料及支直、中火等項銀兩之後，就有「萬曆三十四年新添馬價」一款，計瀛海驛原額工料銀 6,232.80 兩，萬曆三十四年新添 1,260 兩；鄚城驛原額 5,180 兩，新添 1,050 兩；樂城驛原額 4,386 兩，新添 600 兩。下略。其增加比率，少者約為 14%，多者約為 22.7%。又萬曆二十八年陝西《同官縣志》卷二：「漆水驛額設中馬八匹，驢十頭折馬五匹。萬曆八年檄，漆水驛招募馬正副二十六匹。」此云漆水驛額設馬匹，在萬曆八年時已照原額增設馬匹一倍，而順治十二年十月初七日陝西三邊總督金礪揭帖，為查覆潼關、華陰等驛差使繁苦案內，曾附帶開列同官漆水驛額設經費情形云：「同官漆水驛，舊額馬四十匹，設站銀一千四百四十三兩七錢九分九厘。」[12]是漆水驛額設馬匹，在明末時較萬曆八年又增加了十

11　《明史》卷二一三〈張居正傳〉。

12　史語所原檔。

四匹之多。額馬增多，站銀的支出自亦增多。這是《河間府志》以外可以另外舉出來作為例證的第二條證據。此外，我們從崇禎三年戶部主事王鰲永奏陳襄陽縣驛遞苦累的疏中，還可以找出第三條證據。原疏說，襄陽縣額設漢江呂堰二驛，額馬一百八十六匹。[13]但兩驛馬匹，原係由長沙、黃州、衡州、德安、襄陽等五府協設，萬曆十九年刊行的《湖廣總志》卷二十六～二十八，載有以上各府派撥襄陽縣漢江呂堰二驛的馬驢數目，轉錄如下：

漢江驛		呂堰驛	
茶陵州協馬16匹	價銀480兩	德安府協馬29匹	價銀870兩
茶陵州協驢 8頭	價銀 96兩	德安府協驢 4頭	價銀 48兩
益陽縣協馬 7匹	價銀420兩	長沙府協驢 5頭	價銀110兩
湘潭縣協馬 6匹	價銀360兩	本府站銀、黃州府協銀、德安府續	
本府站銀、黃州府協銀、並德安府續		協銀共編馬13匹	價銀780兩
協銀共編馬13匹	價銀780兩	驢 1頭	價銀 24兩
又驢 2頭	價銀 24兩		
合計馬 42匹　驢 10頭		合計馬 42匹　驢 10頭	

將兩驛的馬驢數目相加，總共104匹頭。是則在崇禎年間，漢江呂堰兩驛的額設馬匹，較萬曆十九年時要多出 82 匹。（兩驛在萬曆十九年時俱無衡州府協銀）

　　以上所舉，雖然僅只三條例證，亦足以看出明代末年各地驛站的額設馬匹及經費，都有增加的趨勢。證以驛遞差使愈到明代末年愈形冗濫無紀，以及里甲走遞夫馬銀兩龐大無倫的情形，我們都有理由相信，明代末年的各地額編站銀，必不能恪守《會典》中「已減者不得復徵」的明文。所以，萬曆五年所裁定的全國站銀總數，暫時只能作為一種參考，而不能相信此數即為崇禎初年時的額徵數目。

13　《明清史料壬編》第一本葉96。

在檔案資料中，我們可以查到下列各省在崇禎三年時的額徵站銀數目如次：

一、河南省——每年約 40 萬兩有奇。（史語所原檔順治十三年閏五月二十八日河南巡撫亢得時題本：「中州驛遞天下腹心，十省通衢，在明季時額設站銀四十萬有奇」。）

二、山東省——每年 29 萬兩。（《明清史料辛編》第五本葉 477，崇禎十三年閏一月二十九日，兵科抄出山東巡按李春蒸題本：「查崇禎三年議裁之始，浙江裁十分之五，閩粵十分之四，惟東省十裁其一之中，又題留一半銀一萬四千五百兩」。十分之一的半數為 14,500 兩，則其原額站銀應為 14,500×20＝290,000 兩。）

三、山西省——每年 101,168 兩。（《明清史料壬編》第一本葉 89，兵部核覆江西裁站銀兩案：「江右一省……止可照山西之例，酌裁一分五厘。」又同書葉 93，兵部核覆山東道御史劉令譽請留晉省裁站銀兩大剿流賊案：「且山西額裁一萬五千一百七十五兩二錢一分……」據此推算，山西省原額站銀應為 5,175÷0.15＝101,168 兩零。）

四、福建省——每年 90,557.90 兩。（《明清史料辛編》第五本葉 492，兵科抄出福建巡撫蕭奕輔題本：「額編站銀九萬五百五十七兩九錢零。」）

五、江西省——每年 146,793 兩。（《明清史料壬編》第一本葉 89，兵部車駕清吏司稿簿：「為照江右……原額傳銀止十四萬六千七百九十三兩。」）

檔案之外，萬曆十九年所修的《湖廣總志》開載湖廣各府州縣的額編驛傳銀兩，共計為 169,620.02 兩。嘉靖三十九年所修的《陝西通志》，開載陝西各府州縣的額編站銀總數共計 433,973.93 兩。以上七省的總和，計為 1,642,082.90 兩，所餘不明額編站銀數的省直，尚有南、北二直，及浙江、廣東、廣西、雲南、貴州、四川等六省。《清會典事例》卷六八五葉 11，亦載有清初各省直額徵驛站銀兩的數目，頗有助於設法推定崇禎時各省直額編站銀總數的嘗試。今列表比較如下：

省直別	明代額設站銀數目（兩）	省直別	清代額設站銀數目（兩）	附　　記
河　南	400,000.00	河　南	582,621.74	
山　東	290,000.00	山　東	303,644.57	
山　西	101,168.00	山　西	181,928.78	
福　建	90,557.00	福　建	65,605.65	
江　西	146,793.00	江　西	180,285.02	
湖　廣	179,620.02	湖　北	207,627.43	
		湖　南	141,995.67	
陝　西	433,943.98	陝　西	261,712.06	
		甘　肅	137,255.81	
小　計	1,642,082.90	小　計	2,062,676.73	2,062,676.73 − 1,642,082.90 ＝ 420,593.83 兩
南　直		江　蘇	191,337.60	
		安　徽	135,098.20	
北　直		直　隸	685,863.95	
浙　江		浙　江	109,539.52	
廣　東		廣　東	34,553.12	
廣　西		廣　西	30,545.00	
雲　南		雲　南	46,054.45	
貴　州		貴　州	74,891.36	
四　川		四　川	58,452.22	
小　計		小　計	1,366,335.42	
總　計		總　計	3,429,012.15	

（A組：河南、山東、山西、福建、江西、湖廣、陝西）
（B組：南直、北直、浙江、廣東、廣西、雲南、貴州、四川）

上表以河南、山東、山西、福建、江西、湖廣、陝西諸省為 A 組，以北直、南直、浙江、兩廣、雲貴、四川諸省為 B 組。列入 A 組的諸省，其額編站銀的數目，明清二代都有資料可查。列入 B 組的諸省，其額編站銀數目，祇清代有資料可查。將明清二代的資料比較起來看，A 組各省，清代的額編站銀數目較明代要多出 42 萬餘兩，其比率約為 10 與 8 之比。B 組各省，清代的額編站銀數目總計 136 萬兩，如以同樣的比率去推算同一組內的明代各省額編站銀總數，其可能數目約為 119 萬餘兩。加上 A

組內已知的明代各省額編站銀總數，所得之和計為 283 萬兩。較《明會典》所記萬曆五年裁定的站銀總數 218 萬餘兩，要多出 65 萬兩之譜。此數雖然並無確切的史籍記載可以憑信，但是我們目前既無更直接的資料可以取證，暫時亦只能以此數作為推論的基礎。

李光濤先生在〈明季驛卒與流賊〉一文中，曾引述崇禎八年九月初十日順天巡撫張鵬雲的咨文，論定崇禎三年第一次裁節驛費案中所裁定的裁站銀兩，總計為 659,000 兩。[14]將此數與前述明末各省直額編站銀總共 283 萬餘兩的假定數目相合算，其裁節分數祇 23.29%。即使退一步說，崇禎三年時各省直的額編站銀總數仍祇 218 萬餘兩，則其裁節分數亦不過 30.12%。在總數二百數十餘萬兩之中裁減百分之 23.29-30.12，共計銀 659,000 兩，較之萬曆五年時的裁減比率，仍有不逮。清順治年間，各省直額編站銀因田畝拋荒而缺額甚多，河南省甚且缺額半數以上，此時滿清政府仍有裁減驛費命令的頒發，其難易情形，相去又復遠甚。因此我們不免要發生疑問，崇禎三年的裁節驛費案，何以會造成如此惡劣的後果？這就不能不歸咎於人謀之不臧了。

前文已曾說到，明代各地的額編站銀，實際上並未包括一切用於驛遞的費用。因為，在各項供役人員中，館夫與庫子的工食銀兩就是在徭編項下開支的；防夫及損轎夫，多數情形下均在均徭及里甲經費下開支工食，祇有少數例外情形在站銀內支給工食。其經常在站銀內支給用費的，祇有馬騾的工料（包括馬騾夫的工食），及水夫、江濟夫等項人役的工食。此外，則在驛站內協應驛遞差使的「里甲走遞馬騾」，其費用之多幾不在驛馬之下，所需工食及草料銀兩，亦全不在站銀內開支。倘使裁節驛費的手段可以達到節省差使、禁絕冒濫之目的，則原設的驛站夫馬與里甲項下的馬騾夫役，均在可裁之列。崇禎三年所頒行的裁節驛費案，祇規定將各驛站的額設夫馬工食按核定比率實行裁扣，而置其他一切於不問，這就首先犯了兩種錯誤：

---

14 《明清史料辛編》第三本葉 201。

⑥額設里甲走遞夫馬銀兩 2,501 至 3,000 兩者 ——1
⑦額設里甲走遞夫馬銀兩 3,001 至 4,000 兩者 ——2
⑧額設里甲走遞夫馬銀兩 4,001 至 5,000 兩者 ——4
⑨額設里甲走遞夫馬銀兩 5,001 至 6,000 兩者 ——1
⑩額設里甲走遞夫馬銀兩 6,001 兩以上者　——1

在上述統計數字中，以②③④類佔最多數。如將上項統計數字再加歸併，以每 1,000 兩作為各類的差距，則佔最多數的，仍是 1,000～2,000 的階段。因此，我們如以銀 1,500 兩作為明代各地州縣額設里甲夫馬銀兩的平均假定數，相信當不致離事實太遠。此外，《湖廣總志》卷二十六～二十八所載湖廣各地州縣額設里甲走遞夫馬銀兩數目，亦可以提供另一種參考。今亦製成一表列下：

府州別	額設里甲夫馬銀兩數目(兩)	額設驛傳銀兩數目(兩)	附　　　記
武昌府	15,522.16	15,292.14	
漢陽府	9,470.21	1,491.40	
黃州府	31,479.93	16,643.92	
承天府	26,561.07	16,282.02	
德安府	18,082.77	3,729.23	
荊州府	25,214.36	22,275.96	
岳州府	6,852.88	25,179.53	
鄖陽府	5,861.63	560.00	
襄陽府	21,203.18	3,275.61	
長沙府	28,472.66	20,621.88	
寶慶府	6,316.64	3,457.65	
衡州府	17,859.53	10,434.30	
永州府	7,930.43	4,541.54	
辰州府	7,650.40	19,503.00	里甲夫馬銀數外腳馬 115 匹未定銀數
常德府	12,219.30	13,027.64	
郴　州	4,157.65	2,180.20	
靖　州		1,114.00	里甲項下腳馬 98 匹排夫 188 名未定銀數
合　計	244,854.80	179,610.02	

辰州府腳馬 115 匹，靖州腳馬 98 匹，每匹估計銀 15 兩。
靖州排夫 188 名，每名估計銀 5 兩，三項合計共銀 4,135.00 兩。
244,854.80＋4,135.00＝248,989.80 兩(湖廣闔屬額設里甲夫馬總銀數)

明代湖廣全省共設州縣 123，則各州縣的額設里甲夫馬銀兩平均數應為
248,851.30÷123＝2,023.18 兩。較之前述數字，更為超出。

　　明代各地州縣額設走遞夫馬銀兩何以必須如此之多呢？我們且看天啟
二年時大學士葉向高所說的話：

> 臣等見向時縉紳往來，水行不過二舟，陸行不過數十夫。即有假借
> 勘合，答應人情，尤未甚累。今用舟動至三四隻，用夫動至一二百
> 名，不知其所攜載俱是何物，而輜重纍纍，一至於此。而且有分外
> 之勒索，常例之折乾，要津作備，度職效尤。雖屢奉朝廷嚴禁，而
> 過客等於弁髦，地方官亦褎如充耳。[16]

又沈昌世奏陳驛遞苦累疏中亦說：

> 今自京官而及司道州縣官無不借勘合，夫役無不討火牌，且也私牌
> 私票橫行不絕，幾于天壤間無不馳驛之人矣。其中不仁貪宦，馬動
> 以六七十匹，夫以二三百名，不法差役，無藝之需索，無情之凌
> 辱，又不與焉。[17]

強有力的仕宦縉紳，借驛遞以搬遷家眷，運送私財，船隻動至三四隻，馬
匹動至六七十，夫役動至二三百，各驛站額設夫馬車船有限，槓轎等夫更
非驛站所額設，如不是取之於里甲項下，試問地方官府如何應付？萬曆以
後的明刊本志書中所以有甚多里甲夫馬銀兩的記載，大概即由此故。崇禎
三年裁驛案的緣起，由於當時的驛遞冗濫過甚，百姓苦累不堪，所以廷臣
中先後有人提出裁驛的主張，最後終於促成了明思宗的裁驛決心。事實
上，在毛羽健劉懋等人發為此言之前，早就有人針對驛遞之冗濫害民，提

16　張萱《西園聞見錄》卷七十二。
17　同註1。

出了裁驛的主張。如《西園聞見錄》卷七十二便有沈昌世的意見，說：

> 今欲國與民並受其利，自有一直截之法，曰裁之而已。馬自飛報軍
> 情、齎奏撫按章疏，傳遞撫按緊急公文而外，所夫自擡送上供物
> 件、給邊錢糧而外，大臣以禮致仕，京官奉命差遣，有詔勅等書，
> 量煩簡大小，各應給馬幾匹，腳力幾頭，損夫幾名，注定名數，不
> 許濫加。自非然者，無論京官外官，給假、告病、罷閑等項，俱不
> 得私遣牌票，違者計夫數追贓坐罪。其各驛馬頭夫頭，照各原有工
> 食，每十匹裁六匹，每十名裁六名。規則一定，過客雖欲非法索
> 之，而窮于無可索；縣官雖欲曲意奉之，而窮于無可奉。其裁去夫
> 馬工食銀兩，總計若干，或全蠲以寬民力，或姑借以抵新餉。則驛
> 遞免騷擾之苦，而國與民亦受涓滴之利，計似無便于此者。

沈昌世所提的節裁辦法，是將各地驛站額設夫馬數目照額減六存四，另外
更限制使用驛遞，如此本末兼治，則驛遞自省，而費用亦節。但崇禎三年
明思宗令劉懋專管裁驛事宜時，所頒行的裁節辦法，卻是不減額設夫馬的
數量，而但裁扣每一夫馬的額設工食銀兩。這辦法有兩項矛盾：一、如果
驛差可省，則夫馬的數量不減，未免形於浮濫。二、如果驛差不可省，而
夫馬之數目不可減，則額設的工食銀兩需供飽腹之用，又如何可以裁扣？
由於崇禎三年的裁驛案兼具有省差使與節費用的雙重目的，推測劉懋的用
意，大概認為原設夫馬銀兩的額數本有浮濫，由於差使可節，故夫馬工食
亦稍有可減。這一推測如果能夠成立，則證以崇禎年間物價上漲的情形，
夫馬工食亦有不可扣減的事實存在，而劉懋所定的裁扣辦法，在理論上仍
是說不通的。

　　在這裏我們需要看看崇禎年間的物價情況，藉以瞭解裁扣夫馬工食銀
兩的辦法，是否足以影響其生活。

㈣裁扣夫馬工食的不良後果及擾驛之害

明代的物價，在萬曆末年時仍甚低廉。廣東《吳川縣志》引陳舜系《亂離見聞錄》云：

> 予生萬曆四十六年戊午，時丁昇平，四方樂利。又家海角魚米之鄉，斗米錢未二十文，魚錢一二……舠肉隻鴨六七文……百般平易，貧者辛託安生。[18]

明代錢價，紋銀一兩率易黃錢六百文，見《骨董瑣記》卷一。此云「斗米錢未二十文」，則最高不過十八、九文。折合銀價，斗米之值不過三分，亦即一石值銀三錢。此與馮桂芬跋袁胥臺父子家書所記，正德時米每石約值銀二錢，隆萬間約值銀三、四錢的情形符合[19]，可以相信為事實。當時的驛所夫役以每名年支工食銀六、七兩最為普遍，亦即每月可得銀五、六錢。其購買價值，在萬曆末年時約為米二石左右，貧寒之家，勉可餬口。但至啟禎之間，由于天災人禍交相洊至，而政府又一再藉加賦以為彌補軍需不足的手段，生產不足更加之以征歛繁重，於是物價漸見上升。天啟四年，吳中米價，曾因災歉及加賦而上漲至每石銀一兩二錢。崇禎時山東米價且有高至每石銀二十四兩的空前紀錄[20]。這雖然都祇是局部地區的暫時現象，不足以代表全般情況。但自天啟以至崇禎年間，百物價格之日增月漲，當為不爭之事實。反映在兵餉方面的，遼東軍興之初，每兵月餉不過銀五、六錢，到了崇禎初年，則月支一兩二錢者有之，月支一兩五錢者亦有之[21]，比之萬曆末年，增加已有一、二倍。兵餉增加即是意味物價上

18　瞿宣穎編，《中國社會史料叢鈔甲集》葉 333 轉引。

19　同上葉 331。

20　《中國社會史料叢鈔甲集》葉 331 轉引《骨董瑣記》。

21　《明清史料辛編》第一本葉九五，兵部行「關於登萊二屬善後各款」殘稿，議設登萊總兵內云：「大約計之，……川兵二千名，月食一兩□□□□□□□月食一兩二錢，行

即議幫以里甲，仍苦不足。而短差長差，無日無之。若夫夫銀，每名每日多不過三分，而驛所日一切雜費，皆以取給，夫所領十不六七。計馬值有不足供芻豆顧值費者，計夫值有不克充竟日餬口資者。

按，驛站供役人員中的損轎夫等項，其工食銀兩多數均在里甲夫馬銀兩內開支，前文已曾述及。上述的資料更說，驛站額設馬騾的工料不足，亦由里甲幫貼。如此說來，各地里甲差役中所以要設置甚多的損轎夫、排夫、接遞皂隸、里甲馬，以及額設夫馬之外，更有所謂備用的雇夫銀、雇馬銀，原來就是專供應付過往使客之需索而設的。天啓元年時，侍郎鄒元標亦曾說過：「臣邑夫不過百名，日停征輓，蓋不知其幾，諸夫多有逃者。縣官設法，復招之來。每年額設工食，半在士紳，家奴華衣上食……」[25]。由這裏可以知道，所謂里甲走遞夫馬銀兩，實際上是一項巨大的漏巵。崇禎三年頒行裁驛之始，倘能如沈昌世建言中所說，以節省差使及裁減夫馬為本末兼治的辦法，則在驛差節省，冒濫禁絕之後，不但夫馬可裁，即此項「里甲夫馬」銀兩亦有大宗款項可資裁汰。退一步說，即使不裁驛站額設夫馬，此項里甲夫馬銀兩中裁省的銀兩，亦不難得有六、七十萬之譜，以之抵充驛站節裁而免扣夫馬工食，豈非十分合理而容易奏功的事？當時主持裁驛事宜的刑科給事中劉懋，起家牧令，曾膺民社[26]，對於地方利弊，應該知之甚稔。何以他在制訂裁驛辦法時，祇知裁扣夫馬工食而不問此項里甲夫馬銀兩？這一點，當與明代官吏狗私滅公的風氣有關。因為裁扣驛站夫馬的工食銀兩，其害由民受之，與官吏無涉；里甲夫馬項下額設的各項銀兩，實際乃是官吏們侵漁的對象，一旦裁節，勢將直接損害官吏們的權益。劉懋既知其中利害，又豈敢冒天下之大不韙而倡言裁減

25　《西聞見錄》卷七十二。

26　《明清史料壬編》第一本葉五一兵科抄出江西巡按范復粹題本：「科臣劉懋，嘗令新安，臣按其地，喜其清白自矢，蘇驛蘇民，稱一時循卓。」

呢？崇禎三年裁驛案之所以不能成功，於此已可覘知。

如前所述，崇禎三年所頒行的裁驛案，由於內容的不適當及執行的不認真，使得頒行裁節計劃時所預期的前二項目標——整飭驛遞，以清冒濫，免除私幫加派以輕民累，都未能順利達成。但是，其第三項目標——裁省驛站經費以補兵餉之不足，則是自始至終都被切實執行的。前二項目標未能達成，不過貽害在民；第三項目標被切實執行的結果，卻造成了若干地區的馬死夫逃、驛站倒壞的後果，於是迫使頗多仰賴驛糈為生的無業之徒因生計無著而流落為盜，引發了更大的社會問題。這是崇禎裁驛案中最大的弊害，下面就將討論到這一點。

(五)協濟制度所暴露的缺點

明初設立驛站，因為其制度本身純為人民貢獻於政府的力役，而一州一縣的丁糧有限，為羣策羣力及平均負擔起見，各地驛站所需要的力役，每每由附近州縣甚至隔省府縣共同出夫協力承當。在力役未改行條鞭法之前，協濟州縣年年須照派定的額數僉解人夫應役，無可諉避。如果瓜代者不依時前往換替，則舊役者不能息肩，縱使苦在民夫，被協濟州縣全無牽累。但自條鞭法實施之後，舊時的力役改為納銀代役，役銀由協濟州縣彙解，這種制度的缺點，就逐漸暴露出來了。萬曆三十年，部覆保定巡撫汪應蛟議處驛遞疏，中云：

> 浙江蘇常協濟該屬北直工料銀每年一萬五千六百有奇，國初係糧僉解人應役，後改為召募解銀，今並其銀而不解，似非立法之初意。且各省直亦係正供正解，每年派徵在官，卒視為不急之務，那借別用，不則官吏侵漁。即差役催取，十不得一，往來冒費，竟置烏有。[27]

27　張萱《西園聞見錄》卷七十二。

力役改為折銀代役，這種條件已經具備。如此則錢糧的項款既甚清楚，輸解的手續亦甚簡便，決不致如上引史文所說的秦越異視，各急所急，卒致陷驛站於坐困。當戶部主事王鰲永等人提出抵兌的建議時，協濟制度的重大缺點已經分明可見。明知有重大缺點而不肯設法改進，反以「有乖經制」的理由駁覆不准，我們真不知道主管全國驛政的兵部官吏，是何用心？明朝官吏之善於諉卸公事，而不知以國事為念，於此可見一斑。

在整個裁驛史事中，由於兵部主管裁驛官吏之缺乏責任心及處置不當，已經造成了一連串的錯誤。例如：

一、不節裁驛遞差使，使得額設的驛站夫馬不能減少名額。

二、不裁減驛站夫馬名額而但事裁減每一夫馬的額設工食，使得驛站夫役的生活直接受到影響，其中尤以馬夫為甚。

三、物價上漲，驛站夫役的工食所得更見貶低，生活更為困苦。

四、不肯改善這種不合理的協濟制度，以致協濟不解，站銀無出，驛站夫役的生活全無著落，終於促成馬死夫逃，驛站倒廢的結果。

以上所述，雖說物價上漲的原因是由於長期戰爭中的軍費膨脹、生產不足所致，但如能將此外三點設法加以改正，則物價上漲對於驛夫生活的威脅，便不致如此嚴重。特別是第四點，如果驛站所需一皆出於本地，不必急京邊而緩站銀，則無論裁扣工食及物價上漲如何使驛站夫役的生活陷於困難，只要接濟不致中斷，驛站就不致趨向倒廢之途，事實至為明顯。這種不合理的協濟制度，在山陝兩省所造成的弊害最大。因為山陝兩省自昔地瘠民貧，明末賦役繁重，盜起如毛。加以災歉頻仍，各地額徵賦銀缺額過半。缺額雖多，京邊錢糧仍須儘先起解，於是視協濟站銀為可緩之項，任意那欠。而本地又別無錢糧可以設處，驛站經費無出，不至於倒廢不止。上面所引的清澗縣石觜驛，即為其一例。石觜驛之外，在檔案中可見的，尚有陝西洛川縣的張村驛，隆益驛，安化縣的驛馬關驛，見於順治十八年十二月初四日的戶部殘題本。原文說：

張村、隆益二驛，……自明季以來，驛遞久廢。

　　　　驛馬關驛……自崇禎年來……久廢。

驛站倒廢的意義，即是驛站夫役的生活失去了憑依，其不致流落為盜者幾希。關于這一層，李光濤先生在〈明季驛卒與流賊〉一文中闡述已詳，今不贅。

　　下面需要將崇禎十二年的裁節驛費案略作補敘，以結束崇禎裁驛史事的敘述。

㈥崇禎十二年的裁節驛費案

　　崇禎十二年的裁節驛費案，不知頒於何時，因資料不詳，無從查考。所藉以推知其大概內容的，只有下面所引的幾點：

　　一、崇禎十三年九月十六日兵部題行「邊驛概裁可憫等事」殘稿，中云：「……據懷柔縣申：據本縣槽頭劉廷佐等四十名連名籲告前事，告稱：本縣槽頭向有工食一千四百四兩，自崇禎三年奉裁七百八十兩，止存六百二十四兩，節年每苦支應不敷，上年七月內又奉新裁抽四存六……」[32]

　　二、崇禎十五年三月初六日兵科抄出真定巡按韓文銓題本，中云：「……據永年縣申稱，本縣所屬臨洺驛，額設馬五十匹，馬頭五十名，每匹每年工料銀一百五十八兩八錢……至崇禎十二年間，奉行驛遞工料裁四存六……」[33]

　　這兩條史文都說崇禎十二年的裁驛案頒於此年七月，其節裁辦法是按照各驛站的現設工食銀兩裁四存六。如此說來，崇禎十二年的裁驛案亦如崇禎三年節裁案之舊，並無新的創意。然則此案之不利於驛站夫役的生活與不能得到成功，亦如崇禎三年的裁驛案，可無疑義。

　　按，自崇禎三年頒佈初次裁驛的命令以來，由於物價上漲，工食不敷，若干地區的驛站，本來已曾自行設法增加私幫，以免驛站之倒廢，其

32　《明清史料辛編》第七本葉679。

33　《明清史料辛編》第六本葉531。

情形略見前引申佳胤〈臨洺驛馬政記〉一文。崇禎十一年，政府為了顧念物價上漲，夫馬工食確屬不敷的事實困難，一度曾將裁減後的工食銀兩酌增若干，如前引真定巡按韓文銓題本中曾說：

> 邯鄲縣……叢臺驛……額設馬五十匹，每匹工料銀一百零六兩，崇禎十一年奉旨，每匹每年加添銀五十八兩八錢，每匹共銀一百六十四兩八錢。[34]

叢臺驛的額設馬匹工料銀，在崇禎三年未裁扣前原為每匹銀 140 兩，與臨洺驛相同。裁減後每匹存銀 106 兩，亦與臨洺驛相同。但臨洺驛的馬匹工料銀在崇禎十一年增為每匹銀 158.80 兩，計增銀 52.80 兩；叢臺驛則每匹增銀 58.80 兩，多寡不同。此外則懷柔縣的申文中未曾提到加增之事，不知在臨洺、叢臺二驛之外，各驛是否均普遍得到增加？但至崇禎十二年忽又奉新例「裁四存六」，若是說實行新裁是由于各驛的夫馬工料仍有可裁，然則崇禎十一年何必又有加添之舉？若是崇禎十一年的加添是為了夫馬工食確有不敷，然則到了崇禎十二年又有何銀可裁？崇禎裁驛案之矛盾不通，在這裏又再度顯示了出來。

　　崇禎十二年頒行「新裁」時的驛站情況如何？據真定巡按韓文銓的題本所說，是「草料價增十倍」，而差使又「比前倍加繁苦」，驛站夫役甫得喘息之機，輒又加之以裁四存六的「新裁」，其結果是迫使驛站夫役「逃亡流離，將及過半。」所差堪自慰的是，驛站夫役窮餓可憐的情形，居然能博得乘驛官吏的憐憫同情，「達官貴人，憐惜窮民，無不惻心，一切供億，斷（疑脫）責備。即走差員役，目擊苦楚，只得夫馬，苟且前往，折乾貼馬，久無覬覦。」需索苛擾的積弊，因驛殘民窮而無形革除，這倒正合了沈昌世早年提出裁驛建議時所作的預測：「各驛馬頭夫頭，各照原有工食，每十匹裁六匹，每十名裁六名。規則一定，過客雖欲非法索

---

[34]　《明清史料辛編》第七本葉 680。

之，而窮于無可索，縣官雖欲曲意奉之，而窮于無可奉。」亦只有在這種情形下，驛遞的冗濫需索等弊，方能不革而自革，而驛費之糜費，亦方能不節而自節。可惜明朝政府的官吏士紳，不到民窮財盡之時，任何人都不肯為國家節郵傳，為小民恤身家，所以終於造成可悲的結果。崇禎十二年頒行裁驛令以後，雖然稍有好的效果，然而已無補于整個驛遞制度所受的創害，及國家社會所受的損失了。

三、清初驛遞情況及裁節驛費史事

(一)對驛遞困難的諸項改善措施

　　崇禎十七年三月流寇攻陷北京，明祚覆。滿清入關，繼承了明朝的統治。此時正當明末大亂之後，社會的元氣大受傷害，殘驛疲民，仍須負擔新朝的驛遞往來差使，誠然是極為沉重的任務。但是，新的朝代畢竟有若干新的措施，尤其是舊朝的亡國覆轍，殷鑑不遠，又豈能重新蹈襲故常而不知改變。因此，在明朝末年被困於一再裁節及料珠草桂情況下的驛站，這時逐漸顯現了活潑的生機。所以能促成這種情況的原因。大致可以舉出三項來說：一、核實支用，儘量減少糜費，使每一文驛站錢糧都能用於實際的需要。二、增加夫馬工食，以安定其生活。三、改正不合理的站銀協濟制度，使驛站所需，取給于本地，避免不必要的侵漁拖欠。以下逐項說明上述三點。

　　驛站錢糧之需要核實支用，在清初特別有此必須。原因是清代初年正當明末大亂之後，額徵站銀缺額甚多，倘仍沿襲明末的浮濫作風，勢將造成更大的困難。由附表一湖廣武昌府屬各州縣徭編項目明細表可以知道，武昌府屬江夏、武昌、蒲圻、咸寧四縣額設的排夫名額均在二、三百名以上。雖然每名年支工食不過銀六、七兩，但如合算其總數，便有一、二千兩之多。這些夫役之設置目的，本為應付過往差使之需索。然而過往差使不致每月如此之多，其間之隱占乾沒，便無從稽考。順治九年八月十四日

到內閣的江西巡按張嘉殘揭帖，就說：

> 江西兵燹之餘，匹馬不存。查全書止編馬料不編馬價，所以買馬應
> 動料銀。江省買馬一匹，時價六七十兩，馬料額編每匹二十四兩，
> 是三匹馬料始足備一馬也。遞夫工食額給每日二分，江省米價日
> 貴，人一日不再食則饑，二分之需，不供一飽，況妻孥待給乎？馬
> 料工食不敷，於是議幫議貼，而加派僉報，雖嚴法禁之，不過紙上
> 遵依耳。職晝夜思維，補救無術。查額設夫馬，以衝僻為多寡。南
> 昌府之附郭南、新二縣，舊額馬一百一十二匹，夫三百八十名，其
> 他衝縣大率准此。伏讀欽案應付條例，一品官應付夫三十六名，馬
> 十二匹止矣，其下依品而減，幾曾見一品二品三品官同時並過乎？
> 職設立循環簿按季繳查，皇華之使，間月一過，至於本省緊急公
> 務，應付無多，其不登循環者，皆縣官狥情違法，所當與受並究者
> 也。為今之計，郵費既節，額馬減半，尚有餘閒動支料價買馬，赴
> 驛傳道驗烙。計實在馬若干，每貳匹鞭夫一名，舊例工食七兩二
> 錢，今倍給之，十四兩四錢。每馬一匹，日給草料一錢，如遇撥
> 差，加給五分。附縣者縣尉董之，在驛者驛丞董之。若臕落倒瘠，
> 以侵匿料銀論。如真正病壞，務先期報驗。職就江省計之，極衝之
> 邑，有馬三四十匹便自不匱，而避處者永無京差載馳，雖三四匹不
> 為少也。至於遞夫，應將額設裁去，凡遇走遞，動用驛銀現雇，每
> 人給銀二錢。計程一日往回四錢，程二日往回八錢，則人皆奔走應
> 募之不暇。平時無虛糜之患，臨期忘奔命之苦。填記循環簿上清算
> 開銷，不當應付者不准開銷，則濫觴既杜，而驛費大省矣。……
> （史語所原檔）

張嘉所提的辦法，一方面查核驛遞差使，嚴杜冒濫，一方面更減設額馬及
裁夫現雇，其見解相當高明。檔案中另一件順治十三年八月十三日到內閣
的湖廣總督祖澤遠殘揭帖，其中也有此項辦法，云：

順治十三年七月初七日據驛傳鹽法道副使卞三元呈……該本道看
得，驛困撥濟不敷，夫銀尚可通融一案，先奉通行各屬，將長養人
夫盡裁，止養夫頭數名，一應排夫錢糧徵貯在庫，凡遇差使，臨期
雇募，各置紅簿，每季齋道查算餘剩錢糧彙報。今據江夏等六十一
州縣已到紅簿查算，除去夫頭工食並催夫銀兩外，共存剩排夫銀七
千一百零九兩五錢八分七厘四毫九絲……（史語所原檔）

湖廣所屬各府州縣額設排夫之多，由附表一可見其大概。今以裁夫現雇的
辦法極力撙節，便可年省銀七千餘兩。明末雇夫之值較清初為低廉，倘亦
能照此法實行撙節，可省之數當必更多。此文前端有：「奉林巡撫牌，准
兵部咨，該本部題覆前事內開：驛遞止供正差，濫費禁絕，錢糧自有餘
剩，將節省錢糧存貯驛傳道為衝驛買馬之備，且計算夫差，誠為有見，相
應如議，以清冒濫」等語，可知此案係出於兵部通行。果爾，則清順治年
間，各省都曾努力核實驛遞差使，杜絕冒濫，以撙節驛費的支出。其足以
有益於驛遞，當是極顯明的事實。

　　關於增加夫馬工食，以安定夫役生活方面，前引江西巡按張嘉殘揭帖
中，已經說明了一部分。另外則順治十二年十月初七日的陝西三邊總督金
礪揭帖，為申覆陝西潼關、華陰、華州、渭南、臨潼等五驛差使繁苦，工
料不敷案中，亦說：

前五驛除外備倒馬等項照前冊議定之數不議外，合無將五驛夫馬工
料，照衝繁一例設備，每馬一匹日給草料銀七分，每馬夫一名日給
工食銀五分。（史語所原檔）

馬一匹日支工料銀七分，即是年支銀 25.20 兩；馬夫一名日給工食銀五分
即是年支銀 18 兩。二項相加，共計銀 43.20 兩，其中並未包括馬價銀兩
在內。按，明制驛站額設驛馬，每匹年支銀通常不過六、七十兩，其中半
苦協濟之拖欠，在崇禎二年及十二年又先後有兩次節裁，以致其實得之數

上表所列州縣共十三，其中九縣，明清二代的額徵站銀數目完全相同，四州縣的清代額徵數目較少。按民國《洪洞縣志》卷九田糧云：「民田，前明萬曆九年知縣喬因羽奉例清丈，共地六千三百零七頃九畝二分六厘一毫二絲。清順治十四年巡撫白具題蠲免河漲坍塌地十七頃三十三畝一分三厘二毫，實在六千二百八十九頃七十六畝一分二厘九毫二絲。」清代額徵站銀既係沿襲明制由地畝出辦，地畝減少，徵數自少。順治十四年適當制訂賦役全書之時，徵銀減少之後，自後遂不加編。洪洞縣的情形如此，其他汾西、稷山、霍州的情形，可能亦屬此類。由此並可得到一項結論：清代的站銀徵派方法仍係沿襲前代，徵銀數目則大體上仍與明代相同，而小有差異。

　　說到這裏，我們需要另外舉出兩條檔案資料來研究，既然清初各省的額編站銀大致係依據明萬曆時的舊額，何以河南省的額編站銀數目，在檔案中會有不同的記載？

　　前引順治十三年閏三月二十八日河南巡撫亢得時題本：「中州驛遞天下腹心，十省通衢，在明季時額設站銀四十萬有奇。」又檔案另件，順治八年十月二十四日河南巡撫吳景道揭帖：「查通省驛站原額銀五十六萬二百二十三兩有零，見在徵熟止計銀二十萬九千四百六十三兩有零，尚缺額銀三十五萬七百五十九兩有零。」同在河南一省，同為順治年所上章疏，何以一云四十萬兩，一云五十六萬餘？要瞭解這一點，我們需要看另外一件檔案中的記載。

　　順治十二年十月初七日陝西三邊總督金礪揭帖，為查覆陝西潼關、華陰、華州、渭南、臨潼五驛差使繁苦，工料不敷案內，曾附帶開列耀州順義驛及同官漆水驛額設經費除荒徵熟情形如下：

甲、耀州順義驛

　　一、舊額馬 40 匹，設站銀 1,662 兩。

　　二、舊額州馬 9 匹，設草料並忙差銀 360 兩。

　　三、舊額支直銀 108.40 兩。

　　四、舊額摃轎夫 53 名工食銀 477 兩。

以上合計銀 2,607.40 兩，順治十二年除荒徵熟，實徵銀 1,390 兩零。

乙、同官漆水驛

　　一、舊額馬 40 匹，設站銀 1,443.799 兩。

　　二、舊額縣馬 13 匹，設草料銀 450 兩。

　　三、舊額支直銀 108.40 兩。

　　四、舊額扛轎夫 120 名工食銀 1,080 兩。

以上合計銀 3,082 兩零，順治十二年除荒徵熟，實徵銀 1,535.40 兩零。

上列耀州順義驛及同官漆水驛額設站銀各四款，其中祇一、三兩款在明代列入站銀項下開支，二、四兩款皆在里甲項下開支。陝督金礪將四款皆作為站銀計算，似乎順治年間的驛站制度，已有將額設站銀及里甲夫馬銀兩一併作為驛站額設經費看待，而通盤估算其收支的趨勢。這樣的做法，一可以杜絕里甲夫馬銀兩被狥私用於額外人情開支，二可以避免地方官吏之侵漁中飽，使一切用於驛站的金錢每一分皆能得到正當的用途，用意誠然很好。但如此估算，無異使當地的額設站銀徒增其成數，乍看起來，彷彿清代站銀有多於明制舊額的模樣，這就未免混淆不清了。河南省額設站銀之所以有四十萬及五十六萬兩種數字，其情形大概亦屬如此。否則，不但前引「錢糧則例俱照明萬曆年間」的史文有欠正確，即其前後互異的理由，亦很難以解釋了。

　　基上討論，可以使我們進一步瞭解，在崇禎裁驛時被置於不論的里甲夫馬錢糧，這時已有若干省分直接以之納入站銀系統之內總收總支。明代官吏之所以不欲提出里甲夫馬銀兩來實施裁節，完全是出於私心；清代官吏之所以將此項銀兩悉數公開出來，倒也並非出於公忠體國之心使然，事實上正是由於當時的站銀數目不敷支應太甚，而驛遞差使關係軍國大事，又不容漠視，因此纔不得不議及此項。而且舊朝的官僚與士紳這時俱已滅跡，新朝的官吏一時還不需要使用這麼多的里甲夫馬。於是，里甲夫馬銀兩便在此時歸入了站銀系統之內公開支用。當時，各省站銀缺額甚多，自有此項把注，自然不無裨益。

　　順治初年各省額設站銀數目既然與明制相同，其里甲夫馬銀兩亦已納

入站銀系統內一併支銷，則估算其總數，大約亦不過銀三百八十萬兩左右——站銀 280 萬兩，里甲夫馬銀兩 100 萬兩左右。但因長期戰亂造成了人口死徙，田畝拋荒，故實徵之數，較之原額遠為不逮。見之於河南巡撫吳景道疏中的，有「額銀五十六萬二百二十三兩有零，見在徵熟止計銀二十萬九千四百六十三兩有零」語，缺額三十五萬以上，佔 62.6% 以上。見於陝督金礪揭帖中的，則有耀州順義驛及同官漆水驛各缺額銀一半以上。見於前引順治十八年十二月初四日戶部殘題本中的，則陝西汧陽縣十一、十二兩年額徵站銀從未派徵，麟遊縣實徵數僅及原額 5%，環縣實徵數僅及原額 16%。此外，則順治九年七月直督馬光輝有一揭帖，極陳保定府屬各縣苦于「地土圈撥，工料不敷」。[40]這種種情形，總括起來看，就如順治十三年閏五月二十八日河南巡撫亢得時題本中所說的：

> 以今日站銀論之，減於昔時者數倍。以今日草料論之，貴於昔時者數倍。以今日供應論之，增於昔時者又數倍。因而請補請救之文，批察批催之詳，積案盈几。（史語所原檔）

錢糧普遍缺額，驛站經費不敷，這大概是當時南北各省所同感痛苦的事。由於缺額過多，兼以物價高昂，工食增加，所缺的銀數乃更多。單單靠杜絕冒濫及核實支銷，並不能解決問題。無已，只好請求中央，在本省正項錢糧內動支銀兩或另議撥派，以補不敷。[41]但順治年間的兵費支出極為龐大，戶部為應付兵費支出的重大壓力，正在從事各種開源節流的努力，以為彌補之計。如果驛站錢糧亦需動支正項或另籌撥補，勢將使戶部的全國總預算案更難達到收支平衡。驛站經費自昔屬于地方支出，中央政府無此

40　史語所原檔順治九年七月直省總督馬光輝揭帖：「保屬驛遞衝繁為最，兼以地土圈撥，工料不敷，協濟無出，節年缺額數多，苦累益甚，各屬紛紛陳請。」

41　同上所引直省總督馬光輝揭帖：「欲救保屬之疲困，必得部臣另議撥派，始可甦積欠之累耳。」

預算。究應如何方能解決此一困難？正在此時，戶科給事中周曾發提出了他的建議辦法，是即下文所要述及的「裁僻濟衝」案。

(三)裁僻濟衝

　　周曾發的原題本，上於順治十年七月二十四日。檔案中僅有題本原件的尾頁二幅，一幅署年月日及職名，一福為貼黃。因《清實錄》不錄此題本，而題本原文又已失落，故貼黃文字，甚覺可貴，今轉錄如下：

> 戶科給事中臣周曾發謹題，為協濟本可通融，衝僻不難酌量，請嚴定驛傳考成之法，釐夙弊以飭郵政事。臣惟驛遞錢糧，關係甚大，邇來紛紛陳請協濟，多未核實。如山東按臣馮右京疏題酌議，部咨督撫確查，原欲節有餘以濟不足，而申覆但議加增，奉有嚴旨在案。臣謂驛遞應付俱憑勘合火牌，為可據以清查耳。但清查必屬專官，考成原有通例。臣請自今以後，凡官役人等需用夫馬口糧，照依勘合火牌，該州縣驛官逐一登記明白，按季呈繳驛傳道。該道於歲終類送督撫，督撫轉送戶兵二部磨察。其間錢糧多而應付少者，即可據以裁減，應付多而錢糧少者，即可據以加增。至應行協濟之處有無完欠，及州縣頒給馬頭料價，附載查核，照糧道學道一例考成。一以清蠹奸需索之害，一以絕官胥侵冒之端，一以杜小民加派之累，國計民生，胥攸賴矣。伏乞聖鑒勅部議覆施行。謹題請旨。
> （史語所原檔）

此一建議案的主要著眼點，是認為各地驛站費用的盈絀情形並不一致，衝途大驛，固然因差繁料貴而苦于站銀不敷，僻邑小驛，則因地僻差簡而額銀仍有盈餘。裁僻濟衝，可以不煩增銀而解決衝途驛站額銀不足之困難。此案經兵部議覆，通行各省確查驛站衝僻情形。但檔案中今祇江西直隸二省有資料可查。如順治十二年八月十三日吏部殘題本，核議江西巡撫郎廷佐開參順治十年分江西各州縣協濟驛站銀兩完欠考成案，曾引敘江西省實

施「裁僻濟衝」案情況說：

> ……驛傳道副使蕭起元呈詳……本道細查江西通省七十八州縣，除未到三縣未入總冊外，查邑之衝繁，應付多而錢糧少，當議僻邑協濟者，則南昌新建豐城上高……十八縣也。邑之偏僻，錢糧多而應付少，當議協濟衝邑者，則寧州進賢武寧奉新……三十一州縣也。至於邑雖衝繁，錢糧足用；邑雖偏僻，額銀無多，仍應照舊無容再議增減者，則高安新淦……二十三州縣也。（史語所原檔）

此文中未述及江西省實行「裁僻濟衝」後有無存剩銀兩。但直隸則有之，且有前後二次之不同。其第一次見於順治十二年三月初五日直隸巡撫董天機揭帖：

> ……該職看得，直隸驛遞為萬國朝宗之咽喉也，按舊制，夫馬有額，工料有差，已云周且備矣。但時勢今昔不同，道途通塞有異，故簡僻供應無幾，而衝繁應接不暇，則裒多益寡，誠不可緩。職查順治十年分各屬驛遞錢糧確有成數，故以十年為準，察其應付之多寡，定地方之衝僻。除各道報稱，或經往時計程按里酌議加增者，或差使如常錢糧充足者，俱應照舊，無容再議增減外。至衝繁驛遞，應付多而錢糧少者，如順天府屬良鄉涿州通州三河武清楊村，保定府屬定興安肅清苑滿城慶都，河間府屬河間任丘獻縣阜城等驛是也，今議歲共增銀一萬七千零二十兩。簡僻走遞，應付少而錢糧多者，如順天府屬霸州文安大城……真定府屬……等處走遞是也，今議歲共減銀一萬七千零二十兩。即以裁減之數濟加增之用。……（史語所原檔）

第二次見於順治十三年閏五月二十四日直隸巡撫董天機揭帖：

為察明驛站衝僻以均協濟事，順治十三年閏五月二十四日准直省督
臣李蔭祖會稿前事內開……臣同撫臣按程繪圖，悉心商確，共議減
僻地銀四萬七千二百四十二兩零，補衝驛銀二萬七千二十兩零，餘
銀二萬二百二十兩零，以備向後缺額之用。……（史語所原檔）

比較直隸各府州縣先後兩次「裁僻」所得，第二次要比第一次多銀三萬二
百餘兩，而「濟衝」之數亦多一萬兩。大約直撫所報的第一次裁僻案達部
以後，部議以為所裁者不但數目太少，且尚不敷增補衝驛所需的實際數
目，覆請勅下該督撫再行詳察確減，所以又有第二次的題報案。試看第一
案係由直撫董天機自題，第二次則由直督主稿，直撫會題，就不難想見其
中的道理所在。既然戶部核覆直隸所屬的裁僻濟衝案務在多裁以求存剩，
則其他各省的情形，大概亦與此彷彿。

　　順治十二年的裁僻濟衝案之值得重視，並不在這一次的裁節案為清政
府解決了多大的困難，或因此而存剩了多少裁僻銀兩；而是這種裁節的辦
法，自此為清代的歷次裁驛案創下了先例，在康熙雍正之間曾一再仿行，
使得各地驛站的額設夫馬不再像明代制度那樣限於本地使用，而得視實際
需要作機動性的增減調整。而且驛遞差使始終有嚴格的審核管制，冒濫的
情形已充分禁絕，不但既裁之後的簡僻小驛可以無須按舊額補足夫馬銀
數，即前此未裁的衝途大驛，在需用量減少之後，其額設夫馬亦仍可裁
減。這些裁減下來的驛費，後來都被視為政府的正項收入，併入起運項下
彙解布政司，各地志書中都有紀錄可查。由歷次裁節所累積的數字，著實
可觀。比之明崇禎三年因裁節驛站夫馬工食銀六十餘萬而致引起無窮的紛
擾，其得失成敗之間，簡直不可以道里計。

　　清代初年的各地驛站，因「裁僻濟衝」案被削減的額設夫馬數量，在
後來不但未曾恢復原額，而且累有裁減的情形，可以舉出如下諸例：

一、山西長子縣漳澤驛

　　《長子縣志》卷六：「漳澤驛，洪武三年置，設馬騾四十八匹頭。順
治九年裁馬八匹，十二年裁馬八匹。雍正五年裁馬七匹，馬夫三名半。繼

撥協濟義井驛馬五匹，馬夫二名半；協濟朔州馬六匹，馬夫三名；協濟侯馬驛馬二匹，馬夫一名；協濟銅戈驛馬一匹，馬夫半名；協濟甘桃驛馬一匹，馬夫半名。今驛實存馬十匹，馬夫五名。」

二、山西襄垣縣虒亭驛

《襄垣縣志》卷二：「虒亭驛原額馬五十匹，順治九年裁十匹，十二年又裁八匹，撥協蒙城侯馬兩驛馬七匹，額存馬二十五匹，馬夫一十二名半。以後遞次撥協陽和等處馬十五匹，馬夫七名半。今存馬十匹，夫五名。募夫原額一百十二名。順治十二年裁十五名，以後遞有裁減，今額所夫三十五名。」

三、山西汾陽縣汾陽驛

乾隆《汾陽縣志》：「府舊志，汾陽驛馬騾三十二對，歲給草料工食銀一千七百四十兩八錢。縣舊志成於順治十三年者開載，汾陽驛馬騾五十四匹頭，每年草料工食銀一千九百四十四兩。」又咸豐《汾陽縣志》：「自雍正五年裁定汾陽驛馬三十匹，十年裁定夫十名半，歲支工料銀一千一百三十七兩二錢四分。」

四、湖北襄陽縣漢江驛、呂堰驛

《襄陽府志》卷十四載，漢江驛額馬，雍正六年裁二十匹，乾隆二十四年裁二十五匹，見存馬七十五匹。排夫，雍正六年裁二十名，乾隆二十二年裁四十名，見存一百名。呂堰驛額馬，雍正六年裁四匹，乾隆二十四年裁二十七匹，見存馬七十三匹。損夫，雍正六年裁二十名，乾隆二十二年裁五十名，見存八十名。

上舉四例，一二兩條都有「順治九年」裁馬若干匹的記載。按前引順治十二年十月初七日陝西三邊總督金礪揭帖，題報耀州同官兩地驛站額設站銀順治十二年除荒徵熟情形，曾說明耀州順義驛雖額定驛馬及州馬共 49 匹，順治十二年二共設馬 40 匹。同官漆水驛額定驛馬及縣馬共 53 匹，順治十二年二共設馬 40 匹。額設馬匹不足，當由於站銀缺額太多，而工料增加，故不能照原額補足。長子縣漳澤驛及襄垣縣虒亭驛的情形，當亦與此相同。至於順治十二年的裁減數目，則是直接淵源于「裁僻濟

「衝」案，事實甚明。此二驛在當時應屬於簡驛，而第三例所引的汾陽驛，雖係衝驛，在順治十三年時的額設馬騾仍較舊制少 10 匹頭。第四例所引襄陽縣漢江、呂堰二驛，亦係衝途大驛。據前引崇禎五年戶部主事王鰲永疏，二驛額設馬共計 186 匹。今據《襄陽府志》核算其未裁節以前的額數，計漢江驛舊設馬 120 匹，排夫 160 名，呂堰驛舊設馬 104 匹，撦夫 150 名。合計則共有馬 224 匹，夫 310 名，較明制額馬多 38 匹。此當係由於襄陽地當南北軍事要衝，順治年間對南明用兵，湖廣為長時間的對壘之地，因軍事需要，故襄陽二驛的額馬亦較明時為多。但此畢竟不是經常性的需要，故一旦軍事行動中止，二驛額馬即減至 148 匹，較明制尤少。這說明了清代的驛遞制度，自有「裁僻濟衝」辦法之後，各地驛站的額設夫馬，即可視事實需要而保持伸縮的彈性。在從前，驛站制度尚停留在力役的時代，政府對驛站夫馬的增減，不能享有此種便利；且即使削減夫馬名額，於政府亦並無所得。自條鞭制度將力役改為納銀之後，此一條件已經充分具備了。明崇禎三年的裁驛案，就是希望藉裁節驛費來彌補兵餉。可惜當時的明朝政府並不知道利用條鞭制度的便利，以自由增減夫馬名額的方法來達到裁節目的，以致條鞭制度的優點，反而讓清人來坐享成果，說起來實在太可惜了。*42*

---

42 清代全國驛站經費的額徵數及逐年奏銷數，《清會典事例》卷六八五載有具體數字，頗可以看出順、康、雍、乾各朝的裁節數目。列表引敘如下：

省別	額設站銀數目 (兩)	支用原額數 (兩)	康熙 29 年 奏銷數(兩)	雍正 5 年 奏銷數(兩)	乾隆 15 年 奏銷數(兩)
直隸	685,863.95	500,358.41	375,662.55	447,499.84	396,262.39
山東	303,644.57	303,644.57	234,455.17	239,309.27	191,376.17
山西	181,928.78	169,201.59	135,204.68	128,698.76	105,831.17
河南	581,621.74	310,756.78	240,497.85	299,871.58	288,929.87
江蘇	191,337.60	281,493.00	213,288.20	191,337.60	165,705.03
安徽	135,098.20	264,338.00	135,095.00	135,095.00	98,818.52
江西	180,285.02	180,285.02	108,171.01	108,171.01	109,943.11
福建	65,605.65	65,605.65	34,445.55	33,627.15	32,912.91
浙江	109,539.52	110,997.25	66,598.35	65,886.52	65,723.71

　　「裁僻濟衝」案的設計目的，不過是在裁有餘以補不足，其著眼點並不在希望藉此得到剩餘。雖然在實施裁節時由於裁僻過多而偶有剩餘，但畢竟並非原意所在。其真正以裁節為目的，並希望能得有剩餘以補兵餉不足的，當是另一件「裁減無驛處所走遞夫馬銀兩充餉」案。因與裁驛史事具有關聯性，今一併在此附帶討論。

(四)裁減無驛處所走遞夫馬銀兩充餉

　　「裁減無驛處所走遞夫馬銀兩充餉」案的原始發起者，是主管全國財政的戶部。戶部的原題本，檔案中未曾發見。但順治十三年六月二十七日江西巡撫郎廷佐覆奏此案的題本中，曾引敘戶部原題，轉引如下：

> 為遵諭敬陳職掌，清查里馬錢糧事。順治十三年閏五月二十七日准戶部咨開，廣東清吏司案呈，奉本部送，戶科抄出該本部題前事內稱：直省驛站錢糧通融支給，歲有定額，無容再議。惟是無驛處所各州縣有走遞夫馬銀，多者千餘兩，少亦不下數百兩，以供差使之用，載在全書可考。但地方有衝僻之不同，驅使有公私之不一，計一歲之所支，必有餘剩銀兩，若不嚴加清覈，半為姦胥侵沒。應請

湖北	207,627.43	174,726.00	137,330.00	112,733.72	185,019.01
湖	141,995.67	126,758.10	85,603.87	76,131.05	120,194.17
陝西	261,712.06	248,334.20	154,476.70	154,476.70	165,890.54
甘肅	137,255.81	122,583.20	73,549.92	116,883.52	131,046.51
四川	58,452.22	55,019.60	28,550.88	31,494.28	58,452.22
廣東	34,553.12	34,553.12	20,731.87	20,731.87	20,731.87
廣西	30,545.02	35,045.02	13,675.10	11,081.10	15,219.38
雲南	46,054.45	45,939.41	28,763.64	43,383.64	26,541.45
貴州	74,891.36	52,664.60	37,957.00	32,717.00	74,891.36
合計	3,428,012.17	3,082,303.52	2,124,057.34	2,249,129.61	2,253,489.39

說明：〔額設站銀數目〕當為各地按田畝派徵站銀之數目

　　　　〔支用原額數〕當為清初因額徵站銀不足而核定之減支數

勅各該督撫嚴行確查，除有驛地方外，其餘州縣有走遞夫馬銀兩
者，分別某處係衝，某處係僻，斟酌地方繁簡、差使多寡，量減三
分之一，以充兵餉，備造清冊，報部查考。限文到三月開報，毋得
遲延，致悮急需可也。等因，順治十三年五月二十一日題，二十三
日奉聖旨：依議嚴飭行，若違限不報，即指參處治。欽此欽遵，抄
出到部送司。奉此，案呈到部，備咨到部院。（史語所原檔）

此案並未說明清查各無驛地方走遞夫馬銀兩的動機是否由「裁僻濟衝」案
而來，但其間之具有關聯，顯有脈絡可尋。因為順治年間的兵費支出，數
字極為龐大。在順治八九年間，歲入額賦 1,485 萬餘兩，而兵費支出佔
1,300 餘萬，加上各項經費二百餘萬，總計歲出 1,573 萬餘，財政赤字計
85 萬有餘。至順治十三年以後，歲入額賦增至 1,960 萬餘，而兵餉支出增
至 2,000 萬，加上各項經費支出，財政赤字達 200 萬以上。[43]出入之數相
差如此之多，於是戶部的主事者不得不多方從事開源節流，以求彌補之
術。明崇禎年間，曾因同樣的原因而從事裁驛省費；順治十三年的「裁減
無驛處所走遞夫馬銀兩充餉」案，亦此之類。以順治年間的驛遞情況來
說，額徵經費不足，應付差使開支已苦不敷，更何來餘銀可供裁節之用？
但順治十二年頒行的「裁僻濟衝」案為戶部主管人員帶來了新的節裁構想
——既然簡僻地區的驛站額銀大有可裁，則無驛地方的額設走遞夫馬銀兩
當更有可裁。顯然戶部亦已知道，各設驛處所的走遞夫馬銀兩多數已併入
驛站開支，因此戶部原題本中亦僅以「裁減無驛處所走遞夫馬銀兩」為
言，而不包括各「有驛處所」在內。明代各地的額設走遞夫馬錢糧，大多
耗於差使需索及答應人情，無驛處所不供驛遞差使，「若不嚴加清覈，半
為姦胥侵沒」，揆之事理，亦甚有可能。其所持觀點，與裁僻濟衝大致相
同。更因其發動時間緊接在裁僻濟衝案之後，更可使人相信，裁僻濟衝案
實對此案具有誘導啟發的作用。

43　《清朝經世文編》卷二十九，張玉書〈紀順治間錢糧數目〉。

戶部以為各省無驛處所的走遞夫馬銀兩大有餘剩可以裁充兵餉，事實上殊不盡然。如江西及湖廣的覆奏案，就都說各地走遞夫馬銀兩前已在裁僻濟衝案內酌量衝僻情形裁僻濟衝，無可再裁，懇恩免裁。[44]祗直隸巡撫董天機題覆裁銀 4,907 兩零，山西巡撫白如梅題覆裁銀 16,535 兩零，其他各省，因檔案內無資料，不詳。但山西省的裁減數何以能較直隸多出一萬餘兩？細檢原案，方知是合併前此「裁僻濟衝」案內所已裁減的里甲夫馬銀兩，併此次所裁，始能得此總數。[45]若將前次已裁者除去不計，則此一次的裁減所得，亦不過數千兩而已。大致說來，直隸與山西的裁減辦法，都不外是分別地方的衝僻，除衝要州縣免裁外，次衝州縣的額設里甲走遞夫馬銀兩，連前此已裁者共裁足三分之一，簡僻小縣則除前此已裁者外，再裁三分之一。如此一來，較大的縣份勉強尚能維持半數以上的額設銀兩，若干簡僻小縣的額設里甲走遞銀兩，差不多就被裁減殆盡了。

順治十三年五月的「裁減無驛處所走遞夫馬銀兩充餉」案，若是在崇

---

44 順治十三年六月二十七日江西巡撫郎廷佐殘題本：「江省額設走遞夫馬銀兩，先已酌量多寡，通融衷益。今衝者不勝其繁，簡者無可再裁，懇恩免裁，以造殘疆。」又順治十三年八月初七日湖廣總督祖澤遠題本引敘驛傳道卞三元詳文：「楚省錢糧除荒殘賊踞者外，實徵已多缺額，前奉酌濟之行，已經撥補題允在案。間有未盡者，又奉大路衝繁一案，酌補新添起復各驛之用不足，復計排夫剩銀七千餘兩，為買馬加添之資。其草料無出，尚須在十三年夫銀內抵補。乞念楚省與承平之地不同，咨達內部，暫免裁減，俟南寇蕩平另議。」（史語所原檔）

45 順治十三年十一月山西巡撫白如梅揭帖：「……平陽府屬今裁馬匹並摃轎夫及外催夫馬，共裁銀六千二百八十六兩九錢八分。襄陵縣原額里馬一十五匹，歲額工料銀四百二十兩，前本文全裁，今亦照前裁。接遞摃轎夫一十四名，工食銀一百二十六兩，今議裁夫四名，該裁工食銀三十六兩。接遞不敷外聽雇摃轎夫銀一百四十四兩，該裁銀四十八兩。民馬工料銀一百三十五兩，該裁四十五兩。以上共議裁銀五百四十九兩。萬泉縣原額里馬一十匹，歲額工料銀二百八十兩，前本文全裁訖，今亦照全裁。接遞催摃轎夫銀二十八兩八錢，今議該裁銀九兩六錢。以上共議裁銀二百八十九兩六錢。……鄉寧縣原額里馬八匹，歲額工料銀二百二十四兩。前議免裁，今議裁馬二匹，該裁工料銀五十六兩。接遞摃轎夫七名，工食銀五十兩四錢，今議裁夫二名。該裁銀一十四兩四錢。以上共議裁七十兩四錢。……」（史語所原檔）

禎三年時頒布實施，必定能有很多的裁節；而在順治十三年提出此案，則已非其時。這其中的道理很明顯：當崇禎三年時，全國各地的額徵站銀及里甲走遞夫馬銀兩均無缺額，而里甲走遞夫馬銀兩的實際用途，不過是在應付差使需索及勘合牌票以外的人情，若有剩餘，則為吏胥所侵漁中飽。若能厲行杜絕需索冒濫、覈減差使，即使衝僻一例裁減半數以上，亦無困難。而順治十三年則不但里甲走遞夫馬銀兩亦因田畝拋荒而多缺額，其中的大部分且已用於撥補衝途驛站，所餘甚為戔戔，勉強實施裁節，勢將增加地方上應付差使的困難。加以時當軍興，供億煩苦，裁剩銀兩不足以供雇募夫役，勢將仍派之里甲而重困小民。人民在輸納站銀及里甲走遞夫馬銀兩代役之後，仍須負擔力役的義務，何異政府施於人民的苛斂重派？李之芳的《賦役詳稿》一書，述及浙江省若干縣分，因里甲夫馬銀兩被裁充餉後民間所受的苦累情形頗詳。如呈兵巡道一件內稱：

> ……看得湯溪夫馬額銀二百四十兩盡裁充餉，由是供億之苦，官民兩病矣。蓋湯雖小縣，實婺之次衝，一旦盡括其所存，將何以應郵使，給軍興乎？前即解囊以募役，恐難繼於在官；雖或薄給以資行，而仍苦於民力。此該縣之借箸無籌，欲以開墾陞科，人役小盡，收零積餘三項為請也。

又呈兵巡道另一件內稱：

> ……看得夫役一事，邇來官民之所交困，而蘭谿當水陸之衝，尤為煩苦。額銀既減半於初，應付反十倍於昔。催募不足，勢不能不取民夫；夫散四鄉，不能一呼而集，勢不能不責里長；此膳夫之設，亦一時權宜不得已之計也。

裁扣里甲走遞夫馬銀兩，在順治年間由於軍餉急迫，或不免操之過急。但如時際承平，地方無事，則此項銀兩確實大有可裁。清刊本的山東省各縣

志書中，對於刪減後的里甲夫馬銀兩數目開列頗詳，可供我們用來與明刊本志書所記載的數字互作比較，藉以瞭解此項銀兩是否確有浮濫之處。列表如下：

縣名	明代額設里甲走遞夫馬數			清代額設里甲走遞夫馬數			清代額設銀兩較明代額設銀兩節減比率	所根據之清代志書名稱
	走遞夫(名)	走遞馬騾(匹頭)	合計銀數(兩)	走遞夫(名)	走遞馬騾(匹頭)	合計銀數(兩)		
聊城縣	184	55	4,418.235	67	24	1,293.30	70.95%	嘉慶東昌府志卷6
堂邑縣	100	40	2,477.2483	11	4	211.60	91.50%	同上
博平縣	32	16	1,319.351	8	4	177.76	86.53%	同上
茌平縣	200	60	4,695.725	106	26	2,649.30	45.50%	同上
清平縣	30	8	1,053.798	5	4	140.40	86.67%	同上
莘　縣	54	26	1,656.053	5	4	162.00	90.22%	同上
冠　縣	85	40	3,031.695	19	4	341.87	88.73%	同上
臨清州	180	64	4,514.915	40	13	827.2385	81.65%	乾隆臨清州志卷2
丘　縣	32	15	1,316.958	8	4	170.00	87.10%	同上
館陶縣	57	18	1,778.275	12	4	242.60	86.36%	嘉慶東昌府志卷6
高唐州	300	60	6,114.068	160	16	2,390.00	60.90%	同上
恩　縣	300	60	5,595.715	160	16	2,390.455	57.28%	宣統恩縣志
夏津縣	84	32	2,309.545	7	4	189.90	91.78%	乾隆臨清州志卷2
武城縣	75	50	2,537.365	12	10	423.50	83.31%	同上
濮　州	54	23	1,956.835	4.5	4	155.8795	92.04%	光緒濮州志卷2
觀城縣	29	10	988.605	4.5	4	139.2329	84.92%	道光觀城縣志卷5
朝城縣	43	20	1,679.815	14	7	379.25	77.42%	民國重刊康熙朝城縣志
掖　縣	71	72	1,910.47	32	27	1,092.862	49.28%	乾隆萊州府志卷3
平度州	61	22	1,072.13	15	9	422.533	60.59%	同上
昌邑縣	90	30	1,397.20	20	17	678.492	60.01%	同上
濰　縣	90	38	1,764.00	20	17	678.492	61.51%	同上
膠　州	55	20	1,024.00	8	9	304.165	70.30%	同上
高密縣	48	12	787.00	6.5	6	191.71	75.39%	同上
即墨縣			827.00	6.5	6	181.155	78.10%	同上
汶上縣	300	60	4,722.00	185	38	3,504.366	25.79%	康熙汶上縣志

上表所列山東省聊城等二十五州縣明清二代額設里甲夫馬銀兩統計表，清代的額設數目均比明代為少。其節減的比率，最低為 25.79%（汶上縣），最高為 92.04%（濮州），平均為 73.75%。前文已曾說過，明代各地州縣平均額設里甲走遞夫馬數目約為銀一千五百兩；即使僅以一千兩估計，全國的總數當不下一百萬兩之譜。如亦以清代的節減比率實行裁節，所得銀數當不下六七十萬兩。崇禎初年，僅遼東及北方邊塞為征戰之地，陝西雖有流寇初起，但其禍害僅限於一隅，此外各地均為寧靜地區。在寧靜無事的地區酌裁事屬浮濫的里甲夫馬銀兩，既無礙於大局，亦不致重累小民，豈不是輕而易舉的事？然而明朝的士大夫們在當時未見有發為此言者，我們真不能知道他們的用心何在！

四、得失比較

明末清初兩個朝代中所實施的裁節驛費案，為我們提供了一個研究比較的機會，可以藉此檢討二者之間的得失成敗。

清順治初年，各地驛站的額設經費與明制略同。而額徵既苦不足，物價與工資又都較崇禎時高出甚多，所處的情勢遠較崇禎初年時困難。但因清政府對於驛站所處的困難情形能隨處留心改善，卒能賴缺額甚多的經費維持驛遞業務的推行，不能不使人承認，他們的努力確有可觀。

清朝政府能以他們本身的努力來克服他們所面臨的困難，明朝政府何以不能？這只能使人相信，明朝政府的工作能力太差，以及明朝末年的政治風氣太壞，自官吏以至士紳，大多缺乏公忠體國的精神，以致一切改革措施都因阻力太大而無人敢於嘗試。這些，在對比了兩個朝代的裁節驛費史事以後可以深深的體認得到。

總括起來說，明崇禎三年裁節驛費案的根本錯誤，在於不能節省差使而但知裁節夫馬工食。因為不嚴覈冒濫需索，則驛遞差使終不可省；驛遞差使不可省則額設夫馬終不可減，在這種情況下硬性裁扣額設夫馬的工食銀兩，無異是不揣其本而齊其末，必然會替國家社會帶來極大的禍害。當

然，杜絕冒濫需索與裁省驛遞差使，必需要有絕大的勇氣來摒除輿論的謗謗與人情的干擾，這方面的阻力太大，兵部與兵科的主事者都不敢一力肩當，於是大家只好避難趨易，以最拙劣的辦法──裁扣夫馬工食──來實行裁節。這種不正確的觀念與錯誤的方法，自始就註定了崇禎三年的裁節驛費案必將失敗。而時當軍興，征歙繁重，生產不足，物價正有日見上漲之勢。裁扣夫馬工食，必將直接影響驛站從業人員的生活。加以不合理的站銀協濟制度又拖欠了工料費用的及時給發，裁扣站銀之報解又刻不容緩，於是造成了驛遞的重重困難。試將這些困難因素逐一加以分析，便可知道，其中有很多本可藉人為的方法加以補救。然而明朝政府不曾如此做，這就證明了明朝政府的工作能力實在太差。

　明朝政府的錯誤覆轍，使清朝政府提高了警惕。因此，清朝政府之能夠改正錯誤，祇能說他們懂得體認歷史的教訓。但是，明朝政府在崇禎三年頒行裁扣夫馬工食的命令以後，眼見窒礙橫生，錯謬百出，而曾不知即籌補救之策，以收桑榆之效，實在也太使人感到失望了。

清初東南沿海遷界史事考實

一、引言

　　自從民國十八年謝國楨先生首撰〈清初東南沿海遷界考〉，開創了這一史題的研究工作以來，五十年中，陸續在這一史題上發揮其相關意見的研究論文，最少亦有兩篇。是即：

　　一、日人浦廉一所撰之〈清初遷界令考〉。[1]

　　二、蘇梅芳所撰之〈清初遷界事件之研究〉。[2]

　　衡之常情，後人之研究，必能勝過前人的藍縷草創，然而在這一問題的研究成績上似乎並不能適用此一原則。其原因大約是由于文獻不足而資料缺乏，以致浦廉一與蘇梅芳二人雖然很希望將這一問題研究得更為透澈圓滿，結果仍因資料方面之不能盡如人意，而終於無法在謝國楨先生的原有成績上有很大的突破。從另一方面看，謝國楨先生雖是首創此一史題研究之人，在這數十年之中，他似乎還不曾放棄對同一問題作繼續深入的企圖，只可惜天不假年，未能使其理想得以圓滿達成而已。

　　筆者之所以要說，謝國楨先生在寫成〈清初東南沿海遷界考〉之後，始終不曾放棄對同一問題的繼續研究，是基於下述事實的證明。

　　民國六十年，北平中華書局出版《清史資料》第一輯，收有清人余颺所撰之《莆變紀事》等雜史多種，記述清代初年莆田一帶之遷界史事甚

1　見《臺灣文獻》第 6 卷 4 期賴永祥先生譯文。

2　見於《國立成功大學歷史學報》第 5 期。

詳，乃是極有價值的參考資料。《清史資料》的編者在文前加有按語，說明這幾種史料的原始收藏者，即是謝國楨先生。謝先生本是國內素負重名的南明史專家，他所搜集的上述史料，在〈清初東南沿海遷界考〉一文中未見引用，可知其得到這些史料的時間，已在寫成上文之後。謝先生在寫成上述論文之後，仍勤於收集有關史料，其目的當然希望能對早期所發表的原作有所修正補充。假如天從人願，他所收集的資料足夠充實完備，他的修正論文亦必已早經問世。大概也還是因為他自認僅有上述資料仍不夠充實完備而遲遲未曾動手，所以他後來並無更深一層的研究意見發表。時至今日，各種資料日見增多，以現在所能知道的情形看來，更重要的一種原始史料亦已影印行世，比謝國楨先生當年的情況，更為有利得多了。

　　康熙二十三年，清政府決定廢除遷界令時，曾派遣朝中大臣四人，分別前往廣東、福建、浙江、江南等四省勘察邊界情形，其中被派往閩粵二省的，是工部尚書杜臻與內閣學士石柱。及差竣復命，杜臻特撰《粵閩巡視紀略》一書，詳記其奉使經過及勘察所見之情形。此書在乾隆時被收入《四庫全書》的史部傳記類中，卷帙完備，記載翔實，乃是極有價值的遷界問題史料。當《四庫全書》祇以抄本形式珍藏在故宮博物院及杭州的文瀾閣《四庫全書》中時，能夠看到此書的人太少了。謝國楨先生當初既不知有此書存在，亦未能獲悉其記事內容，對于遷界問題中所存在的種種疑竇，始終未能作有力而深入之廓清，自無法再在這一問題上有進一步的發現。如今時移勢遷，故宮博物院所藏文淵閣《四庫全書》，已因臺灣商務印書館之影印出版而化身百千，普遍出現于各大圖書館之中，杜臻的這一部《粵閩巡視紀略》，也就可以充份供應各有關學者的研究之用。筆者今撰此文，由于有《粵閩巡視紀略》及《莆變紀事》等新資料可用，對于謝先生及後起諸賢所未能充份了解的問題，自覺已能有更完整翔實的解釋。一得之愚，不敢自秘，藉此以伸拋磚引玉之意云爾。

二、遷界里數究有若干？

　　由謝國楨、浦廉一、蘇梅芳諸先生的研究論文可以知道，他們當時所根據的參考資料，主要只有清史、清實錄、清會典事例、東華錄，及福建、廣東、浙江諸省的若干方志而已。這些書都是經過剪裁編輯而成的間接史料，參考價值不高。浦廉一多參考了日文著作中的《華夷變態》，蘇梅芳多參考了若干南明野史，及中央研究院歷史語言研究所編印的明清史料，其記事內容亦復疏漏簡略。而野史之常多矛盾牴牾，更可證明它們的記述來源大多只是一些展轉傳聞的附會之談。以這些簡陋而多錯誤的資料，自難重建完整翔實的當年史事。惟其如此，所以《粵閩巡視紀略》及《莆變紀事》之類的史料，纔分外覺得可貴。因為這些書中的紀述，什九出自作者的親身涉獵或目睹耳聞，非得自展轉傳述的野史之流可以比擬。今試舉遷界史事中的遷界里數一事，以說明之。

　　蘇梅芳所撰〈清初遷界事件之研究〉第三章第二節，「遷界令施行之範疇」云：

　　　遷海界根據謝國楨及浦廉一兩位先生言，是距離海面三、四十里之間的五省沿岸地帶，亦包括海南島在內。筆者所能找到者，如《泉州府志》、《台州府志》、《聖武記》、《海上聞見錄》、《靖海志》、《福建通志》均載，撤海邊「三十里」居民入內地而空其地。而《偽鄭逸事》云「四十里」，《廣東通志》及《廣州府志》言，「徙內地五十里」，《朝鮮顯宗改修實錄》云，「沿海三百里清野無人」，《小腆紀年》云，「沿海居民三千里界外者盡徙內地，禁漁舟商舟出海。」《靖海紀事》翰林院侍讀陳遷鶴，序云：「以予所見言之，遷瀕海數十里內居民入內地以絕其交通之路。」由上諸書記載，「三百里」，如指遷界里數則太遠，海岸線則太短。故浦廉一先生以為是「三十里」之誤，而「三千里」當指海岸線無誤。陳遷鶴以親眼目睹情況，其言「數十里」當為確切，亦即

「三、四十里」之「數十里」。[3]

清政府在康熙初年所頒布的「遷界令」，其實施範圍北起江蘇而南迄廣東，首尾綿亘數千里之遙。在這南北相距數千里的沿海地區中，海岸地形有平原與山嶺之分，海岸線亦因地形不同而有平直曲折之異。若是在海岸線平直的濱海平原之地，或者可以在距海若干里之處畫一直線，以作為遷界的「界線」，在此界線以外的海岸線，亦可與此線保持相等的距離，不論是三十里、四十里、或五十里，悉可於畫界時決定之。但若是在崎嶇不平的丘陵地帶，不但海岸線因山嶺之起伏而有迴環曲折，陸地地面亦因地形之高低不平而無法畫定一條直線。在這種情形之下所畫定的界線，第一是必將因地形之高低起伏而成為彎曲，第二是必不可能與海岸線保持平行的等距離。這雖是理論上的推測，亦有具體的佐證可為徵驗。如《乾隆潮州府志》所載遷界線上所建的墩臺資料，即可為我們提供具體的說明。

《乾隆潮州府志》卷三十六〈海防〉，載有清康熙元年及康熙三年兩次畫定遷界線時的墩臺資料。在康熙元年時所建之墩臺凡七十三座，其設置地點及距海里數具如下述：

一、饒平縣境內共建墩臺十九座——

上里尾	接福建詔安界，逼近海口。
鹽樓	距海里許
柘林寨	距海口十里
青山	逼近海口
南潯	距海二里
下埔	距海里許
橫山	係內海口
新村	距海里許
下里尾	逼近海口

3 《國立成功大學歷史學報》第5期頁38。

草尾	海口甚寬
林厝	逼近海港
獅頭	逼近海口
五塘港	逼近海口
外浮山	距海里許
大隴	距海里許
塔護	距海里許
峙頭	逼近海口
員頭	逼近海口
仙村	

二、澄海縣共建墩臺十五座——

鹽竈	距海三里
樟林城	距海五里
東隴鄉	距海十里
神頭鄉	距海八里
山頭鄉	距海八里
三灣鄉	距海十二里
城外校場鄉	距海十六里
新港鄉	距海十二里
前沙尾鄉	距海八里
東港	距海十里
西港	距海十里
溪東港	距海七里
鷗汀	距海十里
蓬洲所	距海十里
小坑鄉	距海十里

三、揭陽縣共建墩臺五座

鄒堂鄉	距海一百十里

楓仙鄉　　　　距海一百十五里

古竹院　　　　距海一百三十五里

塔岡　　　　　距海一百四十里

洪岡　　　　　距海一百四十五里

四、潮陽縣共建墩臺十七座

石井寨　　　　距海四十里

赤水寨　　　　距海四十里

祿景山　　　　距海三十里

東中　　　　　距海三十里

竹山嶺　　　　距海三十里

桑田山　　　　距海十里

棋盤嶺　　　　距海二十里

華陽寨　　　　距海五里

糞箕灣　　　　距海二十里

蜑家宮　　　　距海里許

東山頂　　　　距海二十里

徑門　　　　　距海二十五里

十家村　　　　距海十里

錢澳　　　　　距海里許

古埔村　　　　距海十里

平湖鄉　　　　距海十里

神山寨　　　　距海十五里

五、惠來縣共建墩臺十七座

雙山寨　　　　距海五里

田心寨　　　　距海四里

和林寨　　　　距海四里

小黃岡　　　　距海十里

折舖　　　　　距海十三里

察江南、浙江二省的，則是工部侍郎金世鑑與都察院副都御史雅思哈。如今只在《四庫全書》中看到杜臻復命時所撰呈的《粵閩巡視紀略》，而未見金世鑑、雅思哈所撰呈之「江浙巡視紀略」。是否當時原有此書，因《四庫全書》未加著錄而遂致失傳？抑或當時此二人原未撰有此書？俱已無可瞭解。四省復界，只有粵閩二省留有紀錄，而江浙二省無考，遂致四省遷界史事未能窺見全貌，實在可憾之至。

三、遷界令的實際影響力量

以《粵閩巡視紀略》所記遷界距離與《海上聞見錄》、《靖海志》、《偽鄭遺事》等書互作比較，已可知道直接史料之可貴。同樣的情形，亦可在余颺等人所撰的《莆變紀事》等書中見之。因為這些著作雖亦只是雜史一類，但其記事內容得之於作者本身之親見親聞，以當地之人而記當地當時之事，非稗官野史出於展轉傳聞的耳食之談可比。這類著作，被收入清史資料第一輯者，凡五種，其名稱如下：

一、《榕城紀聞》——署名「海外散人」著
二、《寇變記》——清·李世熊撰
三、《清初莆變小乘》——清·陳鴻，清·陳邦賢同撰
四、《熙朝莆靖小記》——作者同上
五、《莆變紀事》——清·余颺撰

歷來史家論述遷界事件，多謂清政府之所以決定要將沿海居民遷入內地，其目的在斷絕鄭成功軍隊的接濟來源，使其無法得到立足之地。所據為此說的資料，即是當時人所上之奏疏、揭帖等。如鄭氏降將黃梧於順治十四年三月所上奏疏言：

> 鄭氏未即剿滅者，以有福、興等郡為其接濟淵藪也。南取米於惠、潮，賊糧不可勝用矣；中取貨於興、泉、漳，賊餉不可勝用矣；北取材木於溫、福，賊舟不可勝載矣。今雖禁止沿海接濟，而不得其

要領，猶弗禁也。……5

又如鄭氏另一降將蘇明，於順治十五年所陳「滅賊三款」揭帖云：

廈門地方周遭濱海，山無林麓，地少耕田，衣食舟楫之利，需於內
地者不少。苟非奸民接濟，則泉竭池罄，旦夕間矣。邇來廈門之粟
千倉，舳艫繼作者，非禁之不嚴，乃通津之路廣也。……6

「通津」屬于價買，「接濟」則兼包價買與輸納二者；價買以金銀錢
財之交易為手段，若是「輸納」，則就可能包括徵發與掠奪的一切手段在
內了。阻斷了通津與接濟的來源，使鄭成功的軍隊無論是使用雙方自願的
交易手段，抑或只是單方面的武力壓迫，都無法取得餉項、糧食、物資等
一切軍需供應，自然足以制其死命，所以這些策略完全有其理論基礎。但
若就事論事，則鄭成功軍隊當時所處之地位實在非常艱苦。價買既受困於
清政府之禁海令，而難以取得所需要的糧食與物資，徵發亦必須沿海人民
之樂於輸將。但若以清代初年福建沿海人民備受明、清雙方政府多方課徵
稅賦的沉重負擔而言，即使他們有心報效故國，恐怕亦有力不從心之苦；
更何況在戰亂不息的情形之下，雙方政府為了維持作戰力量，毫不顧惜當
地人民是否有能力備辦一切軍需供應，敲骨吸髓，精血俱枯，實在亦已無
此能力供應雙方政府之無窮需索。於是，除了在《延平王戶官楊英從征實
錄》中可以看到的徵發掠奪之外，在《莆變紀事》之類的地方文獻中，乃
更可看到較此更甚的掠奪行為。以此書之記事內容言，當時的鄭成功，似
乎非使用這些手段無法賴以生存。果屬如此，則清政府所實施的遷界令，
對鄭成功軍隊所發生的影響力量便實在太大。此事足以直接說明遷界令的
軍事影響力，也許這纔是遷界令最屬害的狠著。對於如此重要的歷史現

5　《清世祖實錄》卷一〇八。
6　《明清史料》丁編第二本葉 182。

象，不可輕易遺漏，因此不憚煩瑣，擇要引述於後。

清余颺所撰《莆變紀事》中之「海棼」一節云：

> 海上煽禍，十有餘年，其長驅踩躪內地者，自丙申（順治十三年）
> 七月南臺之變始。次年七月十三日，傾島而來，樓船葉飛，鯨鯢蟠
> 聚，直抵涵江、黃石。掠家資，抉倉廒，撤近水板扇梁柱，結筏裝
> 載入舟，三日不停。繫累男女幼穉，不可勝計。其丁男不分貴賤，
> 笋剝衣服，勒令挑運，不任者揮刃殺之。如孝廉陳維、明經陳賀、
> 鄉紳張昌齡皆遭毒手。老穉閨人，填溝壑而蹈白刃者，何啻千餘？
> 其掠而無歸者，亦復稱是。廬舍擇其大者付之一炬。至十五日晚，
> 鳴金振旅。賊退之後，哭聲遍聞。賊先捆載書籍，次乃欽收輜重，
> 故藏書之家片紙不存，於是吾邑又為一空矣。越三年庚子（順治十
> 七年），大艅復至。時二鄉已盡，即有衣被，皆寄頓城中，所掠者
> 米麥而已。然丁酉之掠在上鄉，庚子之掠在下鄉，盤踞海濱十餘
> 日，出偏師撲滅，夫亦何難？而主兵者偃然不顧。詰之，曰：「城
> 守，我責也，他何知焉？」[7]

類似的記載，亦見於陳鴻、陳邦賢合撰之《清初莆變小乘》，其順治
十年癸巳之記事云：

> 七月，國姓遣大鎮率兵札江口、涵江，郭爾龍札黃石、塘下，分布
> 各頭目，沿鄉催取虐民。差明朝舉人鄭擎柱為兵部，札黃石街，勒
> 索南北洋糧餉，繼取各鄉軍需器械布帛。富者拷餉數多，貧者拷餉
> 數少。五日一比，逆刑拷打，仍行監禁。富貴者破家浪產，貧賤者
> 出妻賣子。鄉民悉遭荼毒，廣業常太山民更慘。父母難保，兄弟離
> 散，妻子死亡，家業罄空。國姓各營兵在各府縣城外橫行無忌，省

7　《清史資料》第一輯頁127。

會文武及各處駐防官兵，置若罔聞，任其蹂躪。**8**

其順治十二年記事云：

鄭兵困仙（遊）不下，潛穿地道至城垣下，用大棺滿貯火藥納其
中，名曰滾地龍。正月初五日五鼓，火發，城垣崩三四丈，城上兵
民骨肉粉碎。鄭兵擁入，怒仙民堅守，盡行殺戮，刼掠一空，夷其
城而去。十三日，來圍興化，不二日，撤圍而去。新任知府張彥珩
見百姓流離困苦，飢餓不堪，命耆老同生員募米，煮粥賑飢，一日
二餐，至早熟方止。九月，貝子統兵救下游。從此鄭兵不敢近城，
離城不遠之民，稍可安生。海濱各島，仍遭刼掠拷餉。**9**

又其順治十四年紀事云：

七月十二日，國姓統諸鎮數萬人，各駕巨艦，擁入涵江、黃石、塘
下、馬峯等處，殺良民，焚大廈，淫少婦，擄小兒。殺二孝廉，三
鄉紳。男婦殺死溺死，共有千餘。拆屋結大筏，捆載衣服器皿、米
豆牛羊雞豕下海，一日一夜方退。**10**

又其順治十七年紀事云：

四月，滿洲將軍達素總統八旗兵馬，往漳州下游征國姓。我軍不諳
水務，大敗，達將軍回駐福州。七月十三日，鄭兵大隊駕舟入涵
江，抄及附近鄉村，擄殺刼掠，一日夜而去。福州同是日賊艘入南

---

8 《清史資料》第一輯頁 75。
9 同上書頁 76。
10 同上書頁 78-79。

臺，抄戮更甚。*11*

　　在《延平王戶官楊英從征實錄》中，常見有鄭軍至浙閩沿海州縣「取糧」之事。若以上述史料之記事內容看來，則當時鄭成功所部軍隊在沿海州縣所用的「取糧」方式，實為殘暴。明末野史《南天痕》中曾說：「成功之在海上，餉無常給，分地掠取而已。浙閩兩廣，沿海郡縣無不被害。」*12*觀此當可知其說不誣。平心而論，清政府當時對沿海地區實行嚴厲之「禁海令」，嚴禁一切物資偷漏接濟。鄭成功軍隊在無法取得接濟的情況之下，被迫而採取殘酷的迫拷掠奪方式，手段雖嫌暴虐，實亦為維持生存之必要措施。但如此這般的掠奪方式，無形中亦已透露出這是鄭軍賴以維持生存的最後手段，倘若由此更進一步，以堅壁清野之法騰空沿海地區，墟其地而空其人，必將使鄭成功軍隊的這一最後生存手段亦失去憑藉的基礎。對症下藥，此無疑為清政府最有效的禦敵妙著。遷界令的實施，應為此種情形下之產物；所謂杜絕偷漏接濟云云的說法，實在還只是淺乎言之而已。

四、倡為遷界之議者何人？

　　遷界之策，究竟出自何人之建議？自昔言人人殊。阮旻錫《海上聞見錄》卷二，以為其策出自原任漳州知府房星曄之弟房星曜；《臺灣外紀》卷五以為其策出自鄭氏降將黃梧；邵廷采《東南紀事》等書則以為乃是當時在清政府任職兵部尚書之滿人蘇納海所建議。這些資料，在蘇梅芳所撰〈清初遷界事件之研究〉中均曾加以引敍討論，其結論則是：「眾說紛紜，各執一是，甚難斷定。然就上所述，當以黃梧為貼切。因有關於房星曜之有力史料畢竟甚少，蘇納海則僅是奉命執行政策者而已。」關于這一

11　同上書頁 79-80。

12　見凌雪撰《南天痕》卷二十五。

層，筆者的意見頗為不同。今先引述一段蘇梅芳大文中所未曾引用的資料於後，然後再申述個人的意見。

清人王澐所撰的《漫遊紀略》卷三，有關于遷界史事的一段記述，說：

嗚呼！倡為遷海之說者誰歟？辛丑予從蔡襄敏公在淮南，執政者遣尚書蘇納海等分詣江浙閩粵，遷瀕海之民於內地。蔡公曰：「此北平人方星煥所獻策也。」予請其說。公曰：「星煥者，北平酒家子也。其兄星華，少時被擄出關。大凌河之戰，明師敗績，監軍太僕卿張公春被執不屈，太宗遣降將黑雲龍等多方說之，終不從。太宗深敬之，語諸臣曰：『此忠臣也，汝曹當效之。』命舘之於喇嘛寺中，待以客禮，稱為張大人。一日，星華偶同公兒入寺。張公舊嘗為北平監司，星華在家時，曾識公貌，遂向公叩首。公詢之，知為北平兒也，因曰：『若能侍我乎？』其主聞之，即以歸公。公命寺僧薙染之，名曰『和尚』云。星華固黠，侍公左右，稍稍習書計。久之，張公卒，太宗以禮葬之。星華歸其主家，從入關，始與其弟星煥相聚。星華官至漳南太守，星煥從之官。海上兵至，漳城陷，兄弟皆被掠入海，旋縱之歸。其主因問海上情形，星煥乘間進曰：『海舶所用釘、鐵、蔴、油，神器所用焰硝，以及束帛之屬，島上所少，皆我瀕海之民闌出貿易，交通接濟。今若盡遷其民入內地，斥為空壤，畫地為界，仍屬其禁，犯者坐死，彼島上窮寇，內援既斷，來無可掠，如嬰兒絕乳，立可餓斃矣。』其主深然之。今執政新，其說得行也。」蓋蔡公之言如此。當此時，諸臣奉命遷海者，江浙稍寬，閩為嚴，粵尤甚。大較以去海遠近為度。初立界，猶以為近也，再遠之，又再遠之，凡三遷而界始定。墮縣街城郭以數十計。居民限日遷入，踰期者以軍法從事。盡燔廬舍。民間積聚器物，重不能致者，悉縱火焚之。乃著為令：「凡出界者，罪至死。地方官知情者，罪如之。其失於覺察者，坐罪有差。」功令既嚴，

奉行恐後。於是四省瀕海之民，老弱轉死於溝壑，少壯流離於四方
者，不知幾億萬人矣。嗚呼！不仁哉！執政者方忻然以為得計也，
驟遷星煥官至山左監司，一夕嘔血死。而是時太僕張公子詣闕上
書，請出關遷其父喪歸葬同州，詔許之。予時在山左，因與周公述
蔡公前語，相與嘆息善惡之報果何如哉。……13

　　王澐書中所說到的「蔡襄敏公」，乃是在順治朝歷官江西巡撫與漕運
總督的蔡士英；「周公」，則是時任山東巡撫，後陞廣東廣西總督的周有
德；「辛丑」為順治十八年，王澐當時正在蔡士英幕中為賓僚，居於淮
安，因此有機會聽到蔡士英親口告訴他的這一段遷界秘辛。蔡士英在順治
朝官至巡撫、總督，位高秩尊，當然有機會接觸到政府高階層的決策謀
議。經由蔡士英告知王澐的這一段遷界緣起，自有其一定的史料價值。所
成為問題的是：漳州知府方星曄與其弟方星煥之名，與其他史料所載均有
不符，這問題又當如何解釋？
　　據阮旻錫《海上聞見錄》及《漳州府志》等書所載，漳州知府為房星
華、房星曄，或房星葉、房星燁，其弟則名為房星曜。其情形略如下述：
　　阮旻錫《海上聞見錄》卷二：

　　原任漳州知府房星曄者，為索國舅門舘，遂逃入京，使其弟候補通
　　判房星曜上言，以為海兵皆從海邊取餉，使空其地而徙其人，寸板
　　不許下海，則彼無食而兵自散矣。悉從其策，陞房星曜為道員，病
　　死無嗣。14

　　《漳州府志》卷四十七：

────────────

13　見新興書局影印本《筆記小說大觀》續編第十五本葉 3876-7。原書係由上海進步書局
　　出版之石印本。
14　臺灣文獻叢刊第二十九種《海上聞見錄》卷二頁 39。

順治十八年九月，遷沿海地區，以垣為界。……先是，原任漳州知府房星葉降賊逃歸，使其弟候補通判房星曜上言。……

《鄭氏關係文書》：

……原入海漳州知府投歸房星曄。……[15]

《延平王戶官楊英從征實錄》：

（永曆）八年甲午十一月初二，漳州協守將劉國軒獻城歸正。……知府房星燁……俱來降。[16]

《福建通志》卷二六八〈雜錄〉：

順治十一年十二月，成功陷漳州。……知府房星華……等皆降。……

清聖祖康熙帝名玄燁，繼立為帝後，「燁」字成為應避諱之字，或缺筆書寫，或改用形似或音近之字。但楊英係明鄭之官，無避諱之理由，故仍書作「房星燁」，而其他之一切官私文書，或作「房星華」，或作「房星曄」，皆形似之避諱字；至「房星葉」，則為音似之避諱字矣。由這些共同特徵可以知道，《延平王戶官楊英從征實錄》中之「房星燁」，應為其人之本名，其他諸書之改為「華」、「曄」、「葉」者，皆為敬避康熙御諱起見，非本字也。至於「房」姓是否「方」字之訛誤？則可於《乾隆山東通志》中之「房星煥」考見之。

---

[15] 臺灣文獻叢刊第六十九種《鄭氏關係文書》頁 17。

[16] 臺灣文獻叢刊第三十二種《楊英從征實錄》頁 72。

　　《乾隆山東通志》卷二十五之二，〈職官志〉所附之「文職裁缺歷官」諸人姓名中，有如下一條記載，云：

　　　　武德道房星煥，直隸永年人。[17]

　　滿清入關之初，一切制度沿用明朝之舊。各省布，按二司之下，設有兵備道、分守道、分巡道等「監司官」，分守道由布政司之參政、參議出任，兵備道及分巡道由按察司之副使、僉事出任，其後方大加裁併，以資裁官省費。山東省境內原設之兵備道有四：臨清道、武德道、曹濮道、沂州道，武德兵備道係後來被裁併之缺。房星煥在未裁缺之前曾任山東武德兵備道，與王澐撰《漫遊紀略》所述陛方星煥為山東監司之條件相合，與阮旻錫《海上聞見錄》所謂陛房星曜為道員之條件亦合，而方星華為房星燁之誤，前文已有證明，則房星煥之訛為方星煥，亦可不辨而明。房星煥既因獻畫界之策而得山東武德道為其酬庸，則創為遷界之說者，當然是房星煥無疑。阮旻錫《海上聞見錄》作「房星曜」，亦是展轉傳寫之訛誤。

　　房星燁本是漢人，在戰爭中為清軍所擄，因而成為滿人之俘擄。依照八旗慣例，在戰爭中俘獲之漢族人口，由各旗旗主分配予旗下之戰士為奴。王澐《漫遊紀略》中稱方星華有「主」，當即指這種因戰爭俘獲而來的主奴關係而言，惟不知其主者之姓名為何。阮旻錫《海上聞見錄》云，房星華後為索國舅之門舘，此「索國舅」，當是康熙朝極負盛名之權臣索額圖，其人乃康熙初年輔政四大臣之一索尼之子。索尼之長子名噶布喇，其女即康熙第一次所立之皇后赫舍里氏，故索額圖實際乃是康熙之叔岳父。稱皇帝之叔岳為國舅，不知義出何典。不過這索額圖的國舅之稱，亦曾於其他書籍中見之，可知在當時實有此名。清世祖福臨崩於順治十八年正月，康熙帝玄燁繼立，年甫八歲，遵遺詔由內大臣索尼、蘇克薩哈、遏必隆、鰲拜等四人共同輔政，時稱為輔政四大臣。當康熙尚未親政之時，

17　《四庫全書》地理類《乾隆山東通志》。

國家大政,實際上係由輔政四大臣裁決。索尼既是輔政四大臣之一,則房星燁房星煥所獻議之遷界策,自不難經由索額圖的關係到達輔政四大臣之前,並且能得其採用。這其間的來龍去脈,既有《漫遊紀略》、《海上聞見錄》的記載可尋,則遷界令之出自房星煥的建議,亦復無可懷疑。除此之外,雖然鄭氏降將黃梧、蘇利二人亦皆曾發為此說,由于此二人並無朝中之有力奧援,決不能與房星煥之議論發揮相同的力量。而且此二人之建議時間早在順治十四、十五兩年,清政府倘採用其說,亦不須等到康熙即位之後方纔付諸實施,其中道理,亦極為明顯。

五、初次遷界的實施時間及其影響

關於遷界令實施之情形,前人所撰諸有關論文,皆曾引述浙江、福建、廣東各省方志中之記載以為說明。但因其中不免有時間上之矛盾,讀之不免令人滋生疑竇,從而懷疑所記述內容之正確性,殊有必要加以澄清。今先轉引諸方志所記如後,然後再加以補充說明。

一、《浙江台州府志》卷一三七〈雜事〉記:

> 國初海氛未靖,當事議立界樁,以防肆掠,令近界居人皆徙。……順治十八年,遣尚書蘇納海沿海居民徙進內地三十里,拆毀民房木料,沿邊造作木城。……

二、《福建建寧府志》卷四十三〈祥異〉:

> (順治)十八年,督蘇尚書,李部院疏請遷移以絕接濟之根。州治路旁一帶,編籬為界,濱海人民悉遷界內,越界數步,即行梟首。田廬荒廢,漁鹽失利,百姓流離,慘不可言。……康熙元年奉旨:江南、浙江、福建、廣東、廣西五省,近海州縣遷入內地。十月,兵起,宮廟民房焚毀一空,男婦老幼,提攜號哭,東南北路盡絕人

烟。州地以大路為界，南路以州前為界，松山、後港、赤岸、石壩近城，亦在界外。道旁木柵，牛馬不許出入。每處懸一牌，曰：「敢出界者，斬。」界外田畝，盡為荒垃。

三、《廣東潮州府志》卷三十六〈兵防〉：

國朝定鼎，差內閣滿洲大臣蘇納海，鰲納議，沿海建墩臺，賊至烽火為號，以便守禦。徙民內地，以杜奸宄接濟臺灣之患。粵省東起饒平大埕所上里尾，西迄欽州防城。康熙元年壬寅，命吏部侍郎科爾坤，兵部侍郎介山，同平南王尚可喜、將軍王國光等人勘潮屬濱海六縣，建墩臺七十有三，而海氛未靖。三年甲辰，又遣吏部尚書伊里布、兵部侍郎碩圖，偕藩院、將軍、提督覆勘，令再徙內地五十里。海陽遷去龍溪、上莆、東莆、南桂四都，秋溪、江東、水南、三都之半；潮陽遷去直浦、竹山、招收、砂浦、隆井五都，附郭、峽山、舉練三都之半；揭陽遷去地美一都，桃山半都；饒平遷去隆眼、宣化、信寧三都；惠來遷去大坭、隆井二都，惠來、酉頭、龍溪三都之半；澄海遷去上外、中外、下外、蓬洲、鱷浦、鮀江六都，僅存蘇灣一都。增築墩臺八十有四，各設柵欄，以嚴出入。……

以上三書所記遷界之實施時間，《台州府志》作順治十八年，《福寧府志》作順治十八年及康熙元年，《潮州府志》則作康熙元年及康熙三年。三書所記各不相同，竟不知何者為準。幸而王澐《漫遊紀略》中曾記述蔡士英之言，曰：「初立界，猶以為近也，再遠之，又再遠之，凡三遷而界始定。」然則三書所記遷界時間，之所以有順治十八年、康熙元年、康熙三年之異者，正因為這三年中都曾有遷界之事了。這其間的情形，如以《莆變紀事》等書所記內容相參看，則蔡說似有其根據。《莆變紀事》中的「畫界」一節說：

瀚海波飛，以為濱海接濟之路生其心也。時有滿大人蘇達海巡歷形
勢，定為清野之議，將邊海居人盡移內地，燔其舍宅，夷其壇宇，
荒其土地，棄數百里膏腴之地，蕩為甌脫。刻期十月內不遷，差兵
蕩剿。以壺山、天馬側入雁沁為界。初議猶存馬峯、惠洋、笏石，
及滿洲官自來定界，并三鄉而截之。方其時，僦居城鄉，填門塞
巷，有親戚者興采葛依居之嘆，無親戚者盡離鴻中澤之哀。糗糧薯
麥，富者足支一年，貧者日月可計。于是流離轉徙，死亡蕩析，鄭
俠所上之圖，繪之不盡矣。**18**

又，杜臻撰《粵閩巡視紀略》卷五，記興化府畫界情形云：

興化府屬縣二，皆臨海，曰仙遊，曰莆田；莆田附郭。元年畫界，
自九峯寨歷楓亭驛、梅嶺、至壺公山尾，為仙遊邊。邊界以外，附
海二十里東沙，十里厝頭，三里陡門，皆移，共豁田地八十一頃有
奇。……自壺公山尾歷壺公山首、天馬山、清浦村、勝塔、至江
口，為莆田邊。邊界以外，斗入海六十里莆禧所，吉廖，五十里平
海衛，附海十五里南酒林，十里下尾，三里東雲及江口、勝塔兩岸
海灣之村若勾上、上皇港、東珠浪等皆移，共豁田地四千四百三十
頃有奇。……

　　這兩條記事，所記福建莆田縣的遷界時間，一在順治十八年，一在康
熙元年，彼此不侔。若以前述「三遷而界始定」之記事互相印證，乃可知
道，在順治十八年固有遷界之事，在康熙元年亦有第二度之遷界。《莆變
紀事》所謂：「初議猶存馬峯、惠洋、笏石，及滿洲官自來定界，并三鄉
而截之」者，就包含了這先後兩次定界之事而言。但若由《粵閩巡視紀
略》中所記之福建省遷界情形來看，福建省在康熙元年畫定界線之後，康

18　《清史資料》第一輯頁 127-128。

熙三年少見再遷情形，即使有，所割土地面積亦很有限，比較起來，廣東省在康熙三年再遷邊界之記事較福建為多，所割土地面積亦較廣。然則蔡士英所謂：「江浙稍寬，閩為嚴，粵尤甚」也者，當是信而有徵之言。

　　以上所記，乃是三次畫定界線的大致情形。由于歷來的記述都不知遷界界線的畫定時間有此分別，所以不能瞭解資料矛盾之由來，理應加以剖析說明。至于遷界以後沿海人民所遭受的痛苦情形，前此所見的各種記載，亦只有含混籠統的概括性說法，遠不若《莆變紀事》等書所記之具體而翔實。今為之摘引數條于后，藉以窺見其中實情。

　　署名「海外散人」所撰之《榕城紀聞》，敘順治十八年十月奉旨遷界情形云：

> 福建、浙江、廣東、南京四省近海處，各移內地三十里。令下，即日挈妻負子，載道路處。其居室放火焚燒，片瓦不留，民死過半，枕籍道塗。即一二能至內地者，俱無擔石之糧，餓殍已在目前。如福清二十八里，只剩八里；長樂二十四都，只剩四都。火焚二個月，慘不可言，興、泉、漳三府尤甚。部院住海邊燒屋，討長夫一千二百名。靖南王巡下游，討長夫一千四百名，送至福清。……*19*

　　此云遷界線以外濱海地區之民居盡遭焚毀，火燒歷時二月方盡，當是福州府所屬濱海各縣之情形；至于興化府屬各縣之情形，則其慘狀較此尤甚。《莆變紀事》記此云：

> 先是，近海十餘里及大度通平海、莆禧者，房屋盡毀，足迹如掃；其遠者如東沙尾、蓮塘等處，原寨未隳，居民復集其中，與主兵者約，聽其耕種採捕，每季納銀錢豆麥，比于租貸之例，稍一不敷，發兵追捕，先通一信，至中途候銀，銀至，鐃唱而歸。厥後京師巡

---

19 《清史資料》第一輯頁22。

界者至，勒令盡遷。鄉民負寨拒命，乃督兵攻下保，繫縲男婦入城，大呼曰：「官收我錢，許我耕，今乃殺命耶？」夤緣煬蔽，上司置若罔聞。當播遷之後，大起民夫，以將官統之出界，毀屋拆牆，民有壓死者，至是一望荒蕪矣。又下斫樹之令，致多年輪囷豫章，數千株成林菓樹，無數合抱松柏，蕩然以盡。近界居民尚有近界之利，三月間，使巡界兵割青，使寸草不留于地上。蓋附界種植，收成之候，皆與寨兵對分。至是，兵民兩失其利。**20**

　　撤屋毀牆，盡焚房舍之外，竟連地面上的樹木亦一概斫盡不留，附界地區人民不准越界種植，違者誅殺不貸。命令執行之嚴酷如此，簡直是要以極為徹底的堅壁清野之法使界外土地完全成為荒蕪無人的赤地，其手段誠為毒辣殘酷之至。為了貫徹命令執行，清政府更每年定期派遣滿官滿兵前來巡查稽察，務使漢官漢兵無從得財賣放。除此之外，清政府在遷界線上建築堡寨，以及被逼遷出沿海地區之人民，其生活遭遇為何？《莆變紀事》的「墩寨」一節中亦有詳盡的記載，再為之抄錄如下：

　　界畛既截，慮出入者之無禁也，於是就沿邊阨塞築寨四○墩十數，置兵守之。城外鄉民按戶徵銀，照丁往役。設寨幹一名，協副數名，催趲督辦。縣之胥役經管，百色苛求，而上司之差使勘驗，多方需索。一寨之成，費至三、四千金，一墩半之。拷掠鞭箠，死于奔命者不知凡幾矣。墩寨以石為身，石取界外屋址墓石，至于豐碑窮碣，輦致靡遺。又起蓋墩寨內兵房官廳，木植瓦料，盡取民間。設寨以稽出入，乃出入者反以寨為接引——界內之人，兵導之出，界外之貨，兵導之入，其無寨兵照驗者，立殺，故貧民奸民之死于巡兵之手，又不知凡幾矣。南洋以天馬，陳墓二寨為海道咽喉，每日放出驗入，各有錢，多二、三十金。每一換汛，營弁鑽求，略百

四、五十金。城中漁戶，按月納錢于將府；少有違期，令衙門放搶，一市為空。更異者，城中公然開市，鄉間人不得賣，沿邊挑運小販稍有夾帶，則以為出界通海，縱索騙而後已。古云：「民有百死」，此其一也。寨周濶一百六十丈，墩周濶十丈不等。[21]

畫定邊界而建築墩臺堡寨，以為沿邊設守之計，用意不可謂不周到。但墩臺既建之後，界內人民竟可在守邊弁兵准許之下，由墩臺之出入口前往界外，於是乃為守墩臺之弁兵製造了得賄賣放的發財機會。所謂「城中漁戶，按月納錢于將府」，「城中公然開市」云云，則是沿海的漁民一樣可以進行其漁獲之業，所不同的是過去可以自由為之，此時則必須納賄駐軍之首領而得其准許。所謂「界內之人，兵導之出，界外之貨，兵導之入」，則是海上的走私貿易亦可在納賄賣放的方式下通行無阻，只是未能如從前之公然行事而已。得賄賣放而偷漏盛行，已經使遷界令的堅壁清野目的為之大打折扣。而守邊將弁為了邀功與塞責起見，竟忍心將無知犯禁的愚昧小民抵罪，藉以表示遷界令之執行並無疏縱寬假，則這些守邊弁兵之蚊法營私，亦可說已到了無法無天的程度。《莆變紀事》的作者以「民有百死」之言為譬，讀之真可使人墮淚。如此這般的情形，在江日昇的《臺灣外記》中亦有類似的記述，云：

時守界弁兵最有威權，賄之者，縱其出入不問，有睚眦，拖出界墻外殺之，官不問，民啞冤莫訴。人民失業，號泣之聲載道，鄉井流離，顛沛之慘非常。背夫棄子，失父離妻，老稚填于溝壑，骨骸白於荒野。[22]

情勢發展到此一地步，遭受清政府遷界令打擊最為嚴重的，無疑只是

---

[21] 同上書頁128-129。

[22] 臺南文化出版社印行，《臺灣外記》卷六頁183。

那些被迫拋棄田園廬舍，不得不遷入內地居住的濱海地區人民。他們在未被逼遷之前，祇藉農耕及漁獲為生，一旦被迫遷入內地，完全喪失了他們賴以維生的田地及生產工具，勢必流離失所，無以為生，因此而造成的社會問題實在太大。前人所撰有關遷界問題的論文，因為所引據的只是正史、實錄、方志、野史等間接史料，對此均無詳細的記述，殊難了解其真實情況，似應根據當時人目擊之記錄加以補充，藉以窺見當時史實之全貌。清人陳鴻、陳邦賢合撰之《清初莆變小乘》，記康熙元年時之情形云：

> 海濱遷民，初時帶有銀米及輜重，變賣尚可支持。日久囊空，既苦餬口無資，又苦棲身無處。流離困迫，將四山坟樹斫賣。官府憐其離土失業，不行禁止。下里若吉蓼、小嶼、莆禧、平海等處，雖云濱海，不異居城，男享安逸，女多嬌養。一旦至此，謀生無策，丐食無門，賣身無所，展轉待斃，慘不可言。四月，太守李公見遷民及窮民飢困，自用銀百兩，包封硃標，到縉紳及各富戶，稱照時價買穀賑飢。各家將銀繳回，隨家計捐穀，或數十石，或十餘石，或數石，共收二千石零。並發積穀，令能幹士民監督，在玄妙觀煮粥賑飢，一日兩餐，早熟方止。後李公自發宋錢及銀票出賑飢民，每人穀三斗，錢一百文。……23

在這段記載中，被迫從濱海地區原居地遷往內地的不幸者，有了一個專用名詞，名之為「遷民」。因此在余颺所著之《莆變紀事》中，就專有「遷民」一節，云：

> 初，民之遷也，搬移糧食，攜帶老幼，以為暫塞功令，不久當復耳。既而焚屋撤墻，既而砍樹築寨，法禁日嚴，始有無歸之嘆，百

千為羣，騷擾城鄉。官府憫其失所，每從寬政，即有踰軼，亦常偏
宥。未幾而食空財竭，惡迹愈橫，凌轢土著，瞋目語難，動曰：
「我遷民也！」相率入田園，掠稻麥，摘果實，縛雞豚，居民悁悁
側目，不可奈何。一有死亡，則借尸居奇，羣呼搬搶，始本家，繼
鄰佑，繼同舖，遠近無一免者。如長庚之一村皆爐，朱氏之一姓皆
瘁，可嘆也。府縣間一懲創，終難禁止。癸卯之秋，有發端砍樹
者。不五六日間，遷民蜂起，壺山、谷城、天馬，二十餘里，合抱
條肆，濯濯然無枝幹之遺矣。當其時，稍有體面者猶就約束，窮不
安分者逸于山陬海澨，以大蚶蘆峰為窟，置奸黠內地為勾援，今夜
劫某鄉，明夜劫某人。渡海聚南日山，計產勒贖。初猶在地之家，
既而併遷移者俱擄矣，自沿海招安之後，惡風乃息。[24]

又，同書「招安」一節云：

自國姓全軀入臺灣，留其子在廈門，部下多叛，當事亦多方招撫。
於是大鎮如楊富、如周全斌、如郭誼、如施琅，皆入港歸化。至於
撥置郡縣、圍廬舍、歛米穀以奉之。各就原職加少師、加伯爵、領
給全俸，以俟升擢。……若山隊受撫者，俱屬新遷之人嘯聚，或在
湄洲，或在南日，打劫金銀，滿槖而入。或投誠本道，或呈身鎮
府，俱申督撫准其剃髮。俟文下，官給袍笠，置之麾下。為首數
人，隨標辦事，餘黨散處城市，勾凶徒，藏亡命，晝搶夜劫。民之
苦於若輩，又甚於未撫時也。最可笑者，拘人於海上，會銀於城
中，銀既入城，人隨上海，明目張膽，全不介意。方登岸，沿途放
搶三日。既入城，官司利其賄，豔其功，曰：「吾能招安也。」其
實所招也，皆內地初作奸之人；既招之後，又復跳梁犯難，出入無

禁。放虎狼於曠野，又復收之城邑，欲不噬人，其可得手？[25]

　　湄洲與南日，俱是實施遷界令時被勒令放棄的海外離島，實行遷界令後已屬於「界外」之地。「遷民」作奸犯科，至於嘯聚海島，擄人勒贖，而又復出入無禁，乍看之下，實屬駭人聽聞。由以上這些記述可以知道，當順治十八年至康熙元年，清政府初次頒布遷界之令，勒逼畫出「界外」的沿海人民遷入界內之時，這些被迫放棄其謀生資源的「遷民」，初時尚能勉循法令，相安一時，及至吃盡當完，走投無路之後，良善者轉死溝壑，強悍者鋌而走險，最後竟公然成為無人地帶中的大小股匪。及囊橐既充，則又藉納賄官府之法請求招安，然後憑此護符以橫行地方，繼續其魚肉鄉民的虎狼之行。《清初莆變小乘》及《莆變紀事》二書所記，雖然只是莆田一縣因遷界而衍生的社會治安問題，但又何嘗不是東南沿海地區的共同現象，只是在程度上或有輕重之分而已。由莆田一縣，可以推及他地。所惜者資料缺乏，文獻無徵，暫時只好存而不論。

　　由於清政府嚴格實行遷界令，而致東南沿海地區的人民流離失所，死亡載道，這已是前人所共知之事。由上述資料所顯示，則在死亡流離之外，更有驅民為盜之事，為社會治安帶來嚴重的問題。追源禍始，這一切問題當然都因清政府之強迫實施遷界令而起。為了消弭亂源，奠安民生，最好的辦法莫如廢此不人道的遷界令。於是乃有康熙八年一度「展界」的改善措施。

六、康熙八年「展界」

　　康熙八年的展界案，創議於原任廣東巡撫王來任，促成於御史楊雍建。《續修廣東香山縣志》卷八記其事云：

25　同上書頁 130。

康熙七年，遷民結黨為亂。三月，巡撫王來任上展界之議，其略
曰：「東粵負山面海，疆土原不甚廣。今概於濱海之地一遷再遷，
流離數千萬之民，歲棄三千餘之賦。地遷矣，又在在設重兵以守其
界，築墩臺，樹椿柵，歲必修葺，所費不貲，錢糧工力，皆出之
民，其遷者已苦佌離，未遷者又愁科派，欲民生不困，其可得乎？
請即弛禁招民復業，腹內之兵，撤駐沿海，以防外患，則國用可漸
補，土地不輕棄，而民生更大有裨也。如謂遷棄之地小而防禦之事
大。臣思設兵之意，以捍封疆而資戰守，今海寇侵掠，乃縮地遷
民，棄門戶而守堂奧，臣未之前聞也。臣撫粵二年有餘，亦未聞海
寇大擾，所有者乃被遷逃海之民，相聚為盜。今若展其邊界，即盜
亦可弭矣。」先是，遷者委居捐產，流離失所，而周李餘黨[26]，乘
機剽掠，巡撫王來任安插賑濟，存活甚眾。以病卒於粵，遺疏極言
其狀。及御史楊雍建條奏，詔可之。遣都統特某，副都統魯某，戶
部侍郎雷某等，會同平藩尚可喜、總督周有德巡勘，議撤排柵，改
設各汛墩臺。

　　當朝議決定採納楊雍建、王來任諸人之條奏，准令沿海各省稍稍展復
康熙初元時所畫定的遷界線時，《漫遊紀略》的作者王澐適在廣督周有德
之幕中，於是又在他的書中記述了此一次展復邊界的大概情形。今亦為之
引錄於後：

　　予以戊申（康熙七年）三月，自歷下辭周公南歸，遂訂嶺南之遊。
　　憶自乙巳（康熙四年）去家，已四載矣。五月，公南來，予偕林子
　　平子、孫子錫黃，追及於蕪湖。七月抵豫章，道聞朝議有遣使開界
　　之命，公色然喜，曰：「八年民命，其少蘇乎？」八月度庾嶺，至
　　端州受命，則聞朝使已先朝至羊城矣。公馳赴之。朝使都統完顏特

26　指當時寇掠廣東沿海之「蛋賊」周玉、李榮黨羽。

進、副都統吳申巴圖魯，並侍郎雷虎。三人皆善人，而虎尤清介。公與議曰：「朝廷恤民疾苦，德意甚盛。粵東濱海七郡，地方遼闊，萬姓喁喁，望恩如望歲。若必周行七郡而後上疏使遷民復業，則來年春耕悮矣。今我儞馬跡所至，當宣布朝廷德意，即令遷民出界，及時開墾，給以牛種，蠲其租賦，早一日則民受一日之惠也。」使者曰：「善。」於是從惠州始，從界外行至潮州，東抵分水關閩界而還，所至民皆扶老携幼，張樂焚香，歡聲動地。其還也，亦如之，則有負耒而耕者矣。以予所見，界外所棄，若縣，若衛所，城郭故址，斷垣遺礎，髑髏枯骨，隱現草間。粵俗鄉村曰「墟」，惟存瓦礫；鹽場曰「漏」，化為沮洳。水絕橋梁，深屬淺揭，行者病之。其山皆叢莽黑箐，豺虎伏焉。田多膏腴，溝塍久廢，一望污萊，良可惜也。向所謂「界」者，掘地為溝，廣不盈丈，插竹引繩以表之。或遇山，則繞山址為溝，曰：「此界外山也。」亦有去城不里許為界者，民間畏同陷阱，側足不前，而愚懵不知，往往誤入其中。是時，所司尚有以出界坐辟爰書請者，皆貧鏊村豎，往拾蚌蛤之屬，為吏所掩獲者。命出之。所司持之曰：「此未開界前犯也。」公曰：「今界已開矣！」立命出之。因嘆八年之間，冤獄殆不可以勝數矣。若乃奸人身負大戮，走死地如鶩。掉臂公行，吏熟視不敢出捕。久而羣不逞之徒窟穴其中，入界鼠竊，或駕小舟出沒島嶼，勾引海舶，交通彌甚，郡邑諱之。予在潮，語周公當備之。既而潮師遣兵出界除道，果遇盜艘，格鬥互有殺傷，乃陳兵以行，盜始歛迹。嗚呼！向之設界以防盜者，適所以為盜藪也。十月，惠潮事竣，歸途，公忽聞尊人之訃，哀毀謝事，兩上書請奔喪，而朝使敦趣公出。公堅執前意。予曰：「詩有之，王事靡盬，不遑將父，今日之謂矣。使者在門，王程有期，請勉竣事而伸前請，可乎？」公始強起。自高廉至雷陽，見珠崖孤懸海外，使者望洋而不敢渡。乃至合浦，西抵欽州交趾界而還，一如惠潮成事。在道果聞命，不允公前請。公乃向予潸然曰：「奪情，非

禮也；君命之，我何以為子矣？」己酉春，再至羊城，東自東莞，西至香山，廣界畢開。於是與使者公議上疏，請修築界外廢縣衛所城堡，設官如舊。革饒平土鎮，建立大鎮於碣石衛，沿海各汛，分設褊裨，捐貲營造戍兵廬舍，旌旗壁壘，煥然一新。疏上，報可。九月，使者覆命，蓋首尾一載而開界之事始竣。是役也，四省同時奉命，而粵民獨先一歲復業者，則公之力也。乃公猶邑邑不自得。蓋嶺南去京師遠，法令久弛，平南王尚可喜暮年驕恣，諸子多不法。往時督撫巽懦，事多掣肘。公以剛方自持，不少為之下，文移一遵典制，大拂其意，移書相詰。公引六部宗人府文移之制答之。時朝使至，問外藩相見之儀。公曰：「春秋王人序於諸侯之上，況公等大臣乎？」遂具賓主之禮。雖內積不平，然以公持大體，不能難也。因以女請婚，公力辭之。齮齕之意，時形於色，造作蜚語，欲相傾。惟開界之議，朝使咸推重公，故得行其志。而所棄海外大洲尚多，皆民間恒業，使者以越海尼之，公以為遺憾云。[27]

　　王澐此文，雖極力稱道廣督周有德實力奉行開復邊界、嘉惠遷民之德政，但其文中並未實際舉出所開復之邊界究有若干道里，對於當時的「展界」實情，便無從得悉其正確情況。這在杜臻所撰《粵閩巡視紀略》中，亦復如此。此書卷一，概述粵閩二省之畫界情形說：

康熙元年，副都統覺羅科爾坤奉旨行定海疆，自閩界之分水關西抵防城，接於西粵，畫界三千七百里，界外戍兵，移之內地。於是大城、甲子、捷勝、海朗、海安、海康、永安、樂民諸所，拓林、黃岡、瀾洲諸游汛，皆棄不守，更於內隩分設汛防兵餘。邊界五里一墩，十里一臺。墩置五兵，臺置六兵，禁民外出，情勢又復一變。八年展界，議以海邊為界，修復廢毀諸營，聽民出田界外，邊疆稍

拓，然亦未能如舊。至邊民之復業者，尤寥寥僅見也。今所守諸
汛，視八年所展之界又復不侔。事經變亂，文書散失，不能詳定
焉。

此一段敘述，為廣東全省遷界復界之大致情形。至於福建省之大致情
形，則見於同書之卷四，云：

上初即位，誅芝龍，下詔諸將一意討賊。兵部尚書蘇納海奉命遷
界，自省城閩安鎮始，北抵浙界之沙埕六百七十里，南抵粵界之分
水關一千一百五十里，通為閩邊一千八百二十里，築寨固守，禁民
外出。其入海之水曰潘渡河、曰銅鏡河、曰廉村河、曰洋尾河、曰
大梅河、曰赤頭河、曰雲霄河、曰開溪河，皆斷而守之，昔之遊寨
衛所，大率皆棄置。是時，靖南耿藩提兵一萬，自粵徙鎮，而又從
納海之請，加兵七千，以壯居重馭輕之勢，規制一變。康熙八年，
都統濟實奉命安兵，稍拓舊邊。然斗絕之境及諸洲島，猶棄不守。
實又請益兵，上不許，止令移閩安一鎮於海澄，而以戍守閩安責之
藩屬。既而海逆內訌，竊據漳、泉，旋即迅掃蕩平，盡收舊境。於
是提鎮諸營皆移海外，而內地之守，星羅如故焉。

由這兩段文字的記述可以知道，康熙八年展界之役，所「展復」的土
地實在不多。而且在數經大亂之後，冊籍盡失，在康熙二十三年時已有不
能詳知之苦，現在當然更是無從稽考。所以，見於《粵閩巡視紀略》中的
粵閩各省邊界，大抵只以「八年展界稍復」等字輕輕帶過，並無更詳細之
記述。所以然的道理，據康熙二十三年時的廣東巡撫李士楨所說，是當時
的禁海令太嚴，沿海人民生怕遷回故地之後誤蹈禁海法令，生死難卜，所
以不敢大舉前往開墾之故。[28]粵閩之外，江浙二省禁網稍寬，情形似乎較

---

[28]《粵閩巡視紀略》卷四頁 9，杜臻離粵，總督吳興祚及巡撫李士楨等詣行帳跪請聖

此為佳。《乾隆平陽縣志》卷十八〈武衛志〉頁 11 云,「康熙九年庚戌,復界外地,獨蒲門未復。」至二十三年,始展復蒲門界外之地。按,浙江省溫州府屬之平陽縣,康熙元年時曾遷去十餘里之多,蒲門乃所遷十餘都里中之一里。康熙九年展復界外地,十餘里中,祇蒲門一里未復,可見所復都里之多,遠過閩粵二省各縣。略述於此,以見浙江省展復遷界土地之一斑。

七、康熙十七年二度遷界

自康熙八年「展界」之後,又經過五年,就到了康熙十三年。此時,清政府開始面臨以吳三桂為首的反清運動,是即「三藩之亂」。在福建方面,靖南王精忠不但舉兵叛清,亦邀請在臺灣的明延平王鄭經率軍渡海前來相助。一時之間,福建的興化、泉、漳及廣東的潮州府,又成了明鄭的勢力範圍。大軍所至之處,「邊界」不撤而自破。由泉、漳、興化諸府向北,亦因耿精忠欲藉此結好閩人之故,公開宣布撤銷邊界,准許沿海人民自由出界墾殖。於是,歷時十數年的邊界封鎖線暫時不復存在。《福建通志》記其事云:「閩自甲寅逆變後,遷民悉復故土。」[29]乾隆二十七年《重修海澄縣志》亦云:「甲寅之變,沿海遷民悉復故土。」[30]甲寅,即康熙十三年。據陳鴻、陳邦賢合撰之《清初莆變小乘》所記,這一次的遷民出界行動,是由於耿精忠的告示。原書康熙十三年的記事中,有如下一段文字,云:

　　正月,鎮守雲南貴州平西親王吳三桂,於去歲十一月反,陷兩川湖

安,李士楨請杜臻代奏之言,中有:「沿海居民雖經展界,因海禁森嚴,尚懷疑畏,開墾無多」之語。

[29]　《乾隆福州府志》卷十三〈海防〉頁 53 轉引《福建通志》云云。

[30]　《乾隆海澄縣志》卷十八〈寇亂〉。

> 南等處。……三月十五日，福州靖南王耿精忠反，自稱總統兵馬上
> 將軍，令官民剪辮留髮，衣服巾帽悉依明制。……二十六日出示，
> 令遷民復回故土，耕種采捕，兵丁不得攔阻。……**31**

耿精忠因遷民之思歸故土而宣佈撤銷邊界，原是爭取人心的政治手段，自能得到當地人民之愛戴。不過，當鄭經所統率的大軍又控制了興化、泉、漳諸府，沿海居民又復遷回故土之後，當年鄭成功藉沿海諸府之餉以維持其軍隊之往事，又復重新搬演。由《清初莆變小乘》等書的記事內容看來，其實際情況幾與順治朝時事相彷彿。此書之康熙十六年記事云：

> 二月初一日，父老迎王師入城。四月，府縣役民夫填塞太平山所開
> 之溝。時王師克復，只得城池，外仍受海上節制。官府多方科派，
> 城鄉皆苦，鄭兵雜項苛求，村僻更慘；惟涵江、黃石、塘下民協，
> 海上不敢逆取。泉、漳城外，被鄭人肆虐更甚。六月，部院郎廷相
> 著各鄉設立練總一名，鄉壯三十名，以備堵禦。各催答應，塞責而
> 已。九月，江口城是夜被海上擄去男婦一百五十餘人。……**32**

自康熙十六年至十七年，鄭軍在閩南沿海地區所處形勢日益困難，在沿海鄉鎮之肆虐情形亦因此而愈甚。此書所記康熙十七年時之情形如次：

> 三月初三夜，海賊王三率眾抄掠漁溪甚慘，寨兵五十餘人不救。初
> 八早，烟霧四罩，海賊埋伏南洋鐵灶地方，俟土寨男婦出，即擄去
> 數十人。初十夜，又劫瀨溪地方，殺死差官差役，擄去千總及官兵
> 數十人，男婦百餘人，往來客商夫役不計人。後將官兵割鼻砍右

---

31 《清史資料》第一輯頁91。
32 同上書頁95。

手，放回，餘人准銀贖。閏三月初一夜，賊至濁口街，劈門入各家
抄掠，擄去男婦五六十人。初四夜，直入埔尾、佘埔等處，擄去男
女一百二十人。此係海鎮蕭武之兵。武令婦女放回，殘形垢面，裙
褲俱無，只留美婦十人，少艾三人，用銀贖之不得。十一日，海鎮
王一鵬率兵至仙邑慈孝里，攻大坡寨，擄汛兵十二人，百姓數十
人。二十五日，到猴溪地方，擄差官三員，喇將軍大廳一員，兵民
百餘人，傷卜知府內丁三人。海上所擄男女，論貧富收贖，上者百
餘金，中者數十金，下亦數兩。婦女要二、三十金，看貧富，看美
惡收贖，色妙者難贖。不從其命與無贖者，逆刑拷打。連夜劫擄，
官府無可奈何。……*33*

其時，鄭經與耿精忠的合作關係早已中止，雙方且因劃定勢力範圍的
意見不同而起武裝衝突，耿精忠在最後又復投降滿清，與清軍合而攻鄭。
所以，鄭軍此時在興化、泉、漳諸府沿海地區所肆行的擄掠劫殺，一方面
固然是藉此充實其餉需，另一方面也含有對耿精忠報復洩忿之意。當年房
星燁、房星煥兄弟建議清政府在東南沿海實施堅壁清野式的遷界令，期使
鄭成功的部隊無法以任何方法取得金錢、糧食、物資等等的軍需補給，想
不到眼前的情勢居然又與當年相若。然則欲防止鄭軍之在沿海肆掠，最好
的辦法，自然還是只有再度實施當年的遷界令了。因此之故，在康熙十七
年時，福建方面的清政府當局，乃二度實施遷界之令。《清初莆變小乘》
康熙十七年記事，其最末一段云：

十月二十八日奉文：濱海居民，依舊界遷入內地。以絕海上糧食。*34*

《乾隆福州府志》卷十三〈海防〉引《福建通志》，亦云：

---

33 同上書頁96-97。
34 同上書頁98。

　　康熙十七年十二月，復遷沿海居民於內地。閩自甲寅逆變後，遷民
　　悉復故土。丙辰，康親王疏稱，遷界累民，請罷之。至是，總督巡
　　撫復請遷移。

　　據此可知，康熙十七年所二度頒布的遷界令，其起因由於福建省總督
巡撫之請求。從康熙十三年耿精忠准許沿海居民復歸故土算到此時，前後
歷時又將五年。在這五年之中，回到遷界線外沿海故土的「遷民」，都已
經在荒蕪的棄地上重建其舊日的家園，耕稼種殖，漁撈採捕，一切都已漸
復舊觀，生活亦皆各有憑藉。想不到霹靂一聲，這一切都只像是一場春
夢，已回故土的「遷民」竟又必須再次拋撇他們美好的家園，再度流亡到
內地去過無家可歸的難民生活，此情此景，豈是人所能堪！《清初莆變小
乘》中存有若干紀錄，足以窺見，在當時被迫遷出家園的沿海人民，其依
戀故土的情形是如何值得同情。此書康熙十九年之記事云：

　　分守道出示：准百姓出界取掘番薯，並小港采捕。四月，遷民出界
　　甚多，守界兵無敢禁止。因漳浦、福清二處界官詳文，言：「遷民
　　在界外蓋茅棲止，插禾種豆。聞巡海大人將至，恐有未便，理合報
　　知。」上司行文，不許出界，地方官復禁采捕。文武官令各鄉兵出
　　界，將田園禾豆盡行拔去。[35]

　　被迫放棄田園廬舍的沿海遷民，為生計無著而冒死出界搭茅屋居住，
「插禾種豆」，以求能有收成而可免為餓殍，這種最低限度的生存要求，
亦因「巡海大人將至」之故，而被地方官派出鄉兵去連根拔除。其最後結
果，當然是使這些依戀家園、守土不去的遷民無法再在被迫遷的土地上生
活下去，而非走上流離他鄉的道路不可。康熙初年的流民圖，至此時乃再
度出現。在軍事重於一切的前提之下，民命輕如草芥。這些不幸而居住在

---

[35] 同上書頁98。

沿海地區的中國人，他們的遭遇實在可憐。

八、遷界令之終於撤除

　　清康熙二十二年六月，福建水師提督施琅統率清朝大軍進攻臺灣，澎湖一戰，鄭軍精銳盡燼，延平王鄭經嗣子克塽遣使乞降，臺灣平。明鄭既亡，東南沿海僅存的抗清武力從此消失，滿清政府終於除掉了他們的心腹大患。當年的遷界令，本係針對明鄭的抗清戰爭而發，此時自可廢棄不用。因此，東南沿海的遷界令，在理論上應遲至康熙二十二年施琅平臺之後方始撤廢。但事實上則早在康熙二十年時，清政府即已接受福建總督姚啟聖與巡撫吳興祚的建議，准開福建沿海邊界，俾界外「遷民」可重回故土復業。《清聖祖實錄》卷九十四，康熙二十年二月初七日辛卯記云：

> 福建總督姚啟聖、巡撫吳興祚先後具疏，請開邊界，俾沿海人民復業。得旨：「廈門、金門諸處已設官兵防守，應如所題，照舊展界。如有奸民借此通賊者，仍令嚴行察緝。」

　　姚啟聖，字熙止，浙江紹興人，出身明季諸生。入清後，投入旗下，由廣東香山縣知縣歷陞至福建總督，以軍功顯。此人富於文武才略，尤其善用金錢賄賂之法，以招降納叛之方式離散鄭經屬下的水陸將領，使之叛鄭降清。康熙十八年，鄭經連失泉、漳二郡，部下將士又多叛降於清人，無法再在金廈二島立足，最後只好全師而退，撤回臺灣本島。鄭經既退回臺灣，勢窮力蹙之餘，事實上已暫時不可能西向與清人爭衡天下。而鄭軍降者既多，清政府亦必須有所安插收容，以免發生其他問題。因此姚啟聖建議撤銷福建沿海的封鎖線，准許遷民回鄉復業，並以餘地安置降眾，以資綏輯地方，奠安民生。《粵閩巡視紀略》卷一，有關於此事的敘述，云：

王師收閩，寇眾仍遁。疆臣再修海備，盡掃游氛，而海壇金廈，復實戍兵矣。於是降者又多，無以處之。康熙十九年六月，福督姚啟聖上疏言：「投誠之眾，率皆前日遷徙之民也。若不給與俸餉，無所安其身心，欲給之則有限金錢，不可為繼。若令歸農，又多無農可歸，勢必復去而為盜。以臣愚慮，莫若將界外田地盡行給還。方今海外要地，已設提督總兵大臣重兵屯守，是官兵在外，投誠在內，夫復何慮？且彼等樂得故土，人人有安土重遷之思，即迫之為盜，亦不可得矣。故臣以為界外田土，查有主還民之外，應悉給投誠開墾」。疏上，部議駁覆再三，奉旨會議，應俟設兵完畢之日請行。上可之。啟聖又同撫臣吳興祚，提臣萬正色合詞保題，其言曰：「星羅棋布，漸見海波不揚，正臣等遵旨請開邊界之日也。一開界則上可以增國賦，下可以遂民生，併可收魚鹽之利以餉新兵，安投誠之心，永無反側，又可使臺灣之眾望風來歸。」疏上再議，得奉「照舊展界」之旨。於是閩界稍稍開。二十年二月，科臣傅感丁奏曰：「伏見福督臣姚啟聖請開邊界，業奉允行。夫近寇之省莫若閩，閩且得開，他省遠寇者何不可開？乞勅各督撫將界外田地招徠舊遷之民，及情願墾荒者令其耕種，三年之後起科。」部議下所司詳酌保題，久之，皆鰓鰓過慮，無敢直任者。

　　據此可知，福建省遷界線外田地之所以能在康熙二十年「開復」，原來是由於總督姚啟聖等人之一力擔當，方能得到朝議之允准；而浙江、廣東諸省之未能同時開復，則是因各該省總督巡撫之缺乏擔當，不肯負此責任之故。及至康熙二十二年施琅平臺之後，廣東督、撫之保題疏方至京師，於是兵部乃議請援照福建之例，一律開界。清聖祖因此降諭內閣曰：

　　前因海寇未靖，故令遷界。今若展界，令民耕種采捕，甚有益於沿海之民。其浙閩等處地方，亦有此等事。爾衙門所貯本章，關係海島事宜甚多，此事不可稽延。著遣大臣一員，前往展立界限，應於

何處起止，何處設兵防守？著詳閱確議，勿誤來春耕種之期。*36*

　　由於有這一道諭旨，內閣大學士在召集有關衙門核議之後，決定派遣吏部侍郎杜臻，內閣學士席柱*37*二人往勘福建廣東海界，工部侍郎金世鑑及副都御史雅思哈往勘江南浙江海界。杜臻、席柱二人於康熙二十三年閱視竣事，回京復命，撰呈《粵閩巡視紀略》一書，詳述廣東福建二省今昔遷界情形及復界後應設兵防守之地方，以俟皇帝之最後決定；至於金世鑑及雅思哈二人閱視江南浙江二省所見情形如何？以及二省之前後遷界情形如何？則因並無類似《粵閩巡視紀略》之書可以查考之故，不詳。杜臻席柱查閱粵閩二省復界田地及議設兵防之奏疏，附載原書之中。欲知當時之展復邊界情形，不可不看此二疏。今為之摘錄於後。

　　《粵閩巡視紀略》卷三，杜臻會同內閣學士石柱，戶部郎中張建績、主事殷特、廣東總督吳興祚，巡撫李士楨所上〈廣東耕種防守事宜疏〉，略云：

　　　　臣等會查得，廣州、惠州、潮州、肇慶、高州、雷州、廉州等七府所屬二十七州縣二十衛所沿海遷界，并海島港洲田地共三萬一千六百九十二頃零，內原遷拋荒田地二萬八千一百九十二頃零，額外老荒地三千五百頃零，應交與地方官給還原主，無原主者招徠勸墾，務令得所外，有欽州所屬之潿洲，吳川所屬之硐洲，隔遠大洋，非蓬桅大船不能渡，仍棄勿開。臣等宣布皇仁，百姓歡呼載道。據州縣衛所陸續呈報，復業丁口三萬一千三百有零，承墾田地一萬一百四十六頃有零。其丁口姓名及拋荒、老荒、開墾屯田、鹽田、竈

---

36 見《清聖祖實錄》卷一一二。

37 《清實錄》所記杜臻當時之官銜為吏部侍郎，《四庫全書總目提要》則稱為工部尚書。似侍郎係其當時官職，尚書則後陞之官也。又，「席柱」之名，在杜臻書中作「石柱」。

田、分別細數，應聽該撫造冊另報，照例起科。邊界既開，無蓬桅小船筏子准其捕魚，漁課鹽課亦應照例起徵，惟海禁如舊。先因遷界，沿海多設墩臺。今既展復，應將不緊要處兵丁歸併緊要處。（下述各營汛設置情形及部置兵員數目，從略。）

同書卷五，杜臻等會同福建巡撫金鋐，靖海將軍施琅等所上〈福建防守耕種事宜疏〉，略云：

查福州、興化、泉州、漳州等四府，福寧一州，所屬十九州縣原遷界外田地，共二萬五千九百四頃零，自康熙二十年展界，至二十二年止，已經墾復四千八百八十六頃零，尚餘未墾田地二萬一千一十八頃零，并額外老荒七百頃零，共二萬一千七百一十八頃零，並交地方官，有原主者令其復業，無原主者招徠勸墾。據州縣陸續呈報，歸業丁口四萬八百有零，承墾田地一萬七千一百三十二頃零。其丁口花名及拋荒、老荒數目，并鹽田、竈田、屯田分晰數目，聽該撫造冊另報，令其照例起科。其沿邊所有漁課鹽課，已經原任總督姚啟聖於康熙二十年題准開復，現在徵收，應無容議。惟海禁仍行禁止。至於沿海地方先因遷民立界，遍造墩臺，各設防兵，或五名，或十名，或二十名，自廣東交界至浙江交界止，有防兵八千八百一十一名。今海寇已除，遷界已復，沿海田土已經給還，應將不緊要處兵丁歸併緊要處。（下同，從略）

由上述二疏之內容可以知道，因邊界開復而得到復業的閩粵二省人民，共計有七萬九千三百餘人，開復之田地共計五萬七千五百九十六頃有餘。這還只是閩粵二省在「開界」之後回到「界外」地區之部分人口，若論當年被迫遷界之時從沿海地區撤出之人口，再加上江浙二省之「遷民」數目，其總人數很可能會在十五萬人以上。如此數目的「廣土眾民」，在當時竟因純粹的軍事原因而一概視為棄物，對於不肯遷離家園之人更不惜

		龍灣山、箝口山、梧桐山、田頭山、徑口山、至大鵬所為新安縣邊。	守	頭。十里半天雲、小坑、石祖廟、新橋。及附海六、七里至一、二里河上鄉等村，及佛堂門、大奚山、南頭、香港、大澳等諸海島。	
廣東	歸善縣	自大鵬所歷西鄉凹、石灰山、長山仔村、白雲墟、欄盤寨、烟岡寨、大埔屯、官田村、盤圓口、黃浦墟至雙園村為歸善縣邊。	於平海置重兵、盤圓口諸處因界設守	距海二十里者，蒲田、燕門。十五里稿木洞、後壠。十三里蕉子坑。十二里官埔。十里貴到河、蕉子園、上葵坑、雲嶺，及附海七、八里至一、二里潮陽村等。	八十頃有奇
廣東	海豐縣	自雙園村歷琵琶寨、鮖門港、南門山、西洋舖、黃嶼鄉、南竈、碣石衛、上林鄉、海峽北峯、上寮、文昌鄉、大寨、後窟至靖海所，為海豐縣邊。	因界設守	距海三十里，三興寨、牛扼寨、海山港。十里水尾寨、圓墩寨、汲水門寨、出水村。及附海五六里至一里、黃家村、新寨、駱駝寨、牛朗寨、莆嶺、上、中、下罟寮。	三千二百四十頃有奇
廣東	惠來縣	自靖海所歷洪橋、小黃岡、田心寨至神仙寨，為惠來縣邊。	於靖海所等處因界設守	附海八里至一里，湖邊鄉、後衡寨、前林村、後湖寮、石塘驛、東湖鄉、蓋洋寨。	八百三十七頃有奇
廣東	潮陽縣	自神仙寨歷古埕村、海門所、桑田山、虎頭山、祿景山、石井寨至洪岡山，為潮陽縣邊。	於海門所置重兵，因界設守	附海四里至一里，鳳山上、下寨、西蘆寨、祿景舖、赤水寨、竹林寨、海田寨、華陽寨、桑田寨及海島達濠埠。	七百六十頃有奇
廣東	揭陽縣	自洪岡山歷深埔山至鄒堂山為揭陽縣邊。	於舖前河置重兵，因界設守	附海八里至三里，雙港、土尾鄉、大蓮鄉、石港鄉、後田鄉、仙埔鄉、楓鄉、鄒堂鄉等。	八十六頃有奇
廣東	澄海縣	自鄒堂山歷蓮塘山、蓬州所、鷗汀背、南洋外沙、南洋寨、樟林村、洪溝村、仙村、鹽竈村至驛邊村，為澄海縣邊。	於鷗汀背諸處設重兵，因界設守	附海三里小坑村、乾岡村、白頭村、新寮村、大場、天港、玉井、石城、鮀浦、蓮塘村等。	五百三十五頃有奇
廣東	饒平縣	自驛邊村歷水磨村、黃岡	於梅洲寨	附海栢林寨、賴家下岱	六百十五頃有

		、江台埭、大城所至分水關接福建境，為饒平縣邊。	因界設守	、埔下岱、上灣、下灣、上里鄉、大埕鄉、長美、神前、嶺後。	奇
福建	詔安縣	自分水關歷赤南山、鳳山亭、大興寨至梅洲寨，為詔安縣邊。	於梅洲寨因界設守	斗入海三十里懸鐘所。附海十五里西張、西岐嶺，十里竹港、梅嶺。	三百八十四頃有奇
福建	漳浦縣	自梅洲寨歷油甘嶺、高塘洋、雲霄鎮、大梁山、高洋口、苦竹嶺、秦溪村、荔枝園、浯江橋、趙家堡、張坑至橫口，為漳浦縣邊。	於荔枝園、高洋口因界設守	斗入海四十里月嶼，二十里舊洋，附海三十里虎頭山，十五里埔頭，十二里後葛司，十里洋尾橋、杜潯，七里舊鎮。	一千一百六十三頃
福建	海澄縣	自橫口歷洪礁、獨石山、關廂村、蔡家莊至三叉寨，為海澄縣邊。	於石馬、洪礁、團山、三叉寨因界設守	附海十七里陳輝村、十二里甘輝村、七里太江等村。	七百八十四頃
福建	龍溪縣	自三叉寨歷江東橋、東尾、九頭、馬鬃山至蓮花村，為龍溪縣邊。	於龍江舖江東橋因界設守	附海二十五里海滄、十五里烏臼。十里姚嶼石尾等村。	三百八十二頃有奇
福建	同安縣	自蓮花村歷烏頭、孤山、鳳尾山、灌口寨、苧溪橋、石潯、三忠、官巖山、店頭舖至小盈為同安縣邊。	於灌口寨、苧溪、蹈石山設兵駐守	附海二十里埕頭、潯尾，十五里馬鑾、唐厝港，五里鼎尾。及大嶝、小嶝、烏沙、烈嶼等島	一千九百四十一頃有奇
福建	南安縣	自小盈歷東嶺至大盈，為南安縣邊。	於大盈設守	斗入海三十里石井、附海十里雞籠山等村。	三百七十二頃有奇
福建	晉江縣	自大盈歷龍源山、鷓鴣寨、後渚澳、至洛陽橋，為晉江縣邊。	於觀樹、塔山，因界設守	斗入海五十里福全所、三十里永寧衛、二十里祥芝澳、十里東石澳。	一千二百五十二頃有奇
福建	惠安縣	自洛陽橋歷石任寨、下金山、下曾山、文筆山、柳莊、溪石寨、丘戶村至九峯寨，為惠安縣邊。	於石任寨等處因界設守	斗入海四十里黃崎灣、三十里崇安所、峯尾、二十里白沙、獺窟、十五里橫頭澳。	一千九百零九頃有奇
福建	仙遊縣	自九峯寨歷楓亭驛、梅嶺至壺公山尾為仙遊縣邊。		附海二十里東沙、十里厝頭、三里陡門。	八十一頃有奇
福建	莆田縣	自壺公山尾歷壺公山首、天馬山、清浦村、勝塔至江口，為莆田縣邊。	於勝塔等處因界設守	斗入海六十里莆禧所、吉廖，五十里平海衛。附海十五里南酒林、十里下尾、三里東雲及江	四千四百三十頃有奇

				口、勝塔兩岸海岸村落如勾上、上皇港、東珠浪等。	
福建	福清縣	自江口橋歷仙嶺、蒜嶺驛、綿亭嶺、漁溪舖、玻璃嶺、松樹嶺、錦屏、松潭山、牛宅村、里美至定軍山，為福清縣邊。	於海口橋、東大石、漁溪舖、蒜嶺驛因界設守	斗入海八十里萬安所、七十里牛頭寨、五十里澤朗寨、四十里松下、十里鎮東衛、附海五里海口橋、上逕鎮、二里該竈村等。	四千六百三十四頃有奇
福建	長樂縣	自定軍山歷高嶺山、小石山、石屏山、石龍山至閩安鎮，為長樂縣邊。		斗入海四十里梅花所、二十五里東山，十里海路等。	九百十三頃有奇
福建	閩　縣	自石龍山歷象洋山至馬門嶺，為閩縣邊。		邊界以外十五里東岐、高樓、十里象洋等。	三百八十九頃有奇
福建	連江縣	自馬門嶺山歷浦口、麻嶺、透嶺至棋盤山，為連江縣邊。	於浦口因界設守邊	邊界邊界以外，斗入海九十里北茭、六十里奇以外，斗入海九十里北茭、六十里奇達澳、三十里定海所。附海二十里馬鼻、十五里大澳、五里舘頭等。	二百三十四頃有奇
福建	羅源縣	自棋盤山歷岐陽舖、護國舖、烏坑山、界首嶺至白鶴嶺，為羅源縣邊。		邊界以外斗入海六十里濂澳門、五十里粧裏、附海三十里大獲、二十里蹟頭、十里松山等。	二百六十六頃有奇
福建	寧德縣	自白鶴嶺歷寧德縣治、銅鏡河、溪漓、洋頭、閩坑至小留嶺，為寧德縣邊。	於閩坑嶺因界設守	邊界以外，斗入海八十里象溪、七十里梅溪、六十里飛鸞、附海三十里金埇河、二十里黃坑、十里三嶼等。	一百六十頃有奇
福建	福安縣	自小留嶺歷廉嶺、縣前、洋尾河、茶洋嶺、大梅、柳溪、至杯溪村，為福安縣邊。	於大梅因界設守	邊界以外，斗入海六十里衡洋、五十里白石司、附海三十里三江口、圮灣等。	四百八十四頃有奇
福建	福寧州	自杯溪村歷福寧州城、赤岸橋、楊家溪、店頭，至與浙江分界之沙埕止，為福寧州邊。		邊界以外，斗入海八十里沙埕、七十里水澳、四十里三沙、三十里圮灣、鹽田、附海十里松山等。	一千七百九十七頃有奇

附錄二、康熙元年福建沿海遷界示意圖

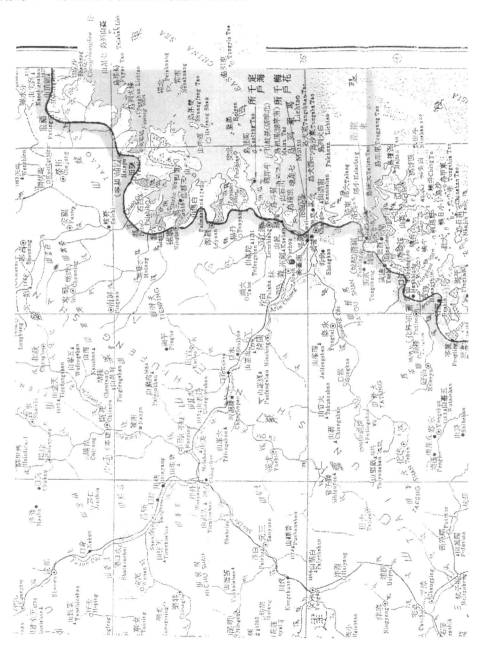

附錄三、康熙元年廣東沿海遷界示意圖（之一）

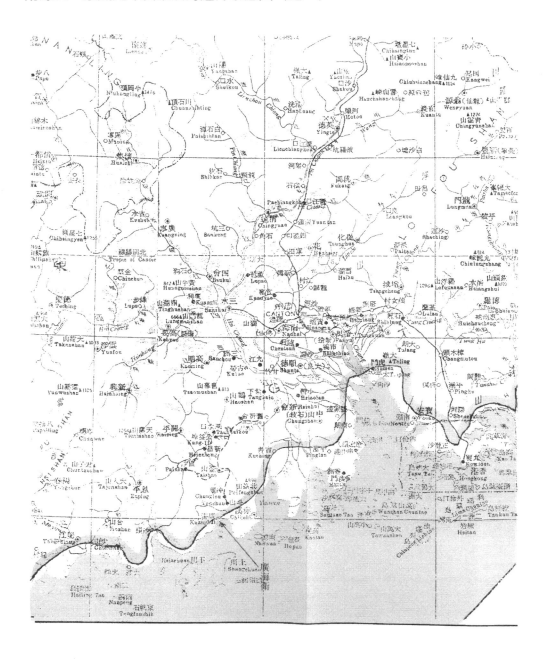

〔附錄〕三之一

康熙元
年廣東
沿海遷
界示意
圖

（界外棄地）

━━（界內）

附錄三、康熙元年廣東沿海遷界示意圖（之二）

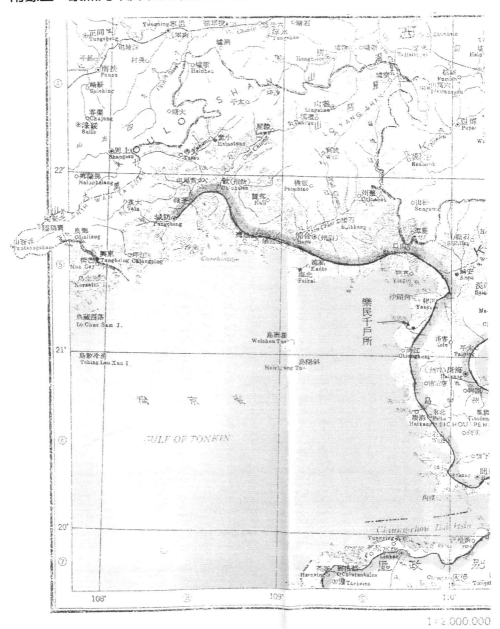

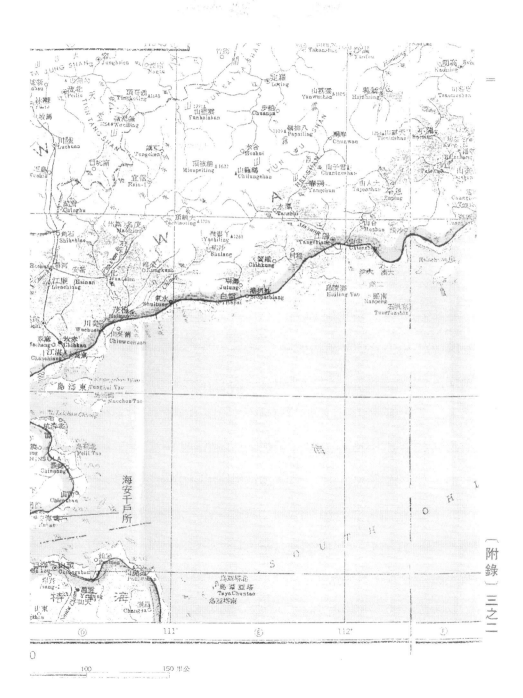

《臺灣外記》關於鄭芝龍早期史事研究

　　關於臺灣鄭氏的歷史，一直是臺灣史研究範圍的一大課題，多年以來，有關於這方面的研究成果，為數已不在少。但通觀全局，似乎始終只以鄭成功、鄭經、鄭克塽祖孫三代歷史的研究成績最稱豐碩，關於鄭芝龍的部分，則不但研究成績遠為不如，其內容亦多矛盾錯誤，難有定論。推原其故，顯然是由於文獻資料不足，以致研究成績大受限制，難以達到理想標準之故。

　　鄭芝龍可說是臺灣早期歷史的開拓者，其早年事蹟，在臺灣早期的開發史上甚具重要性。但有關鄭芝龍早期歷史的文獻資料，其亡佚程度卻最嚴重。其中原因，除了當時人對文獻資料不知重視，很多資料因未能及時保存以致大量亡佚的原因外，鄭芝龍本人的人格因素，無疑亦是極重要的原因，如眾所知，鄭芝龍本是在明末橫行於東南沿海的大海盜，作惡甚多。其後他雖接受政府招安，而在南明隆武朝廷中成為舉足輕重的柱石之臣，卻在國家面臨生死存亡的重要關頭時出賣了國家，以致凡有血性的後世中華子孫，無不將他視為民族敗類，唾棄鄙夷之不暇，更有何人願意齒及他的生平？滿清定鼎中原以後，鄭成功高舉反清復明之義旗，號召中國人同抗胡虜，雖其志願未遂，其為中華民族伸張大義的高尚志節，則已永遠在歷史上留下了大名。相形之下，鄭成功的凜然大節，愈益彰顯其父鄭芝龍的所作所為，實在狗彘不如。由於這些重重疊疊的複雜因素，鄭成功的後代子孫，大概都不願提起他們家的上代中，竟然還有這麼一個民族敗類的祖先，再加上鄭芝龍在未曾發跡之前，還有很多不可告人的醜德穢行，自更不願使鄭氏子孫在其家族歷史上詳細記述其生平。在這種情形之下，清人江日昇所撰《臺灣外記》，居然能將鄭芝龍的早期歷史自其家

世、出生，及其早年事蹟一一詳為記載，怎不令後人視此書為研究鄭芝龍歷史之無價瑰寶呢？

《臺灣外記》所記鄭芝龍早期史事是否翔實可信？乃是一個極大的研究課題。十多年以前，筆者曾撰〈鄭芝龍與李魁奇〉一文，根據明人徐日久之自撰年譜及曹履泰《靖海紀略》二書中之記載，參以《崇禎長編》及《廈門志》等有關資料，考定《臺灣外記》卷一所記鄭芝龍與李魁奇二人之歷史全出杜撰，毫無採信價值。舉此一例，可知《臺灣外記》所敘鄭芝龍早期史事雖稱詳盡明白，其真實性卻大有可疑。筆者多年來仍留心此一問題，根據陸續所得資料，可以確信，《臺灣外記》卷一所記鄭芝龍早期史事，至少還有下列各點為不可信。

⑴鄭芝龍之父是否名為「紹祖」？

⑵鄭芝龍是否生於明神宗萬曆卅二年？

⑶鄭芝龍自離開家庭到成為大海盜，其中間所隔時間至少在十年以上，應非如《臺灣外記》所說之只有三年。

⑷鄭芝龍在二十歲時到日本定居後，曾數度往來中、日之間，至後來忽然變為海盜，中間所歷變化甚多。《臺灣外記》以為他在日本圖謀起事作亂未成，倉卒間奪船逃往臺灣亡命之後，不久即成為著名海盜，絕非事實。

⑸鄭芝龍以海盜身份成為福建沿海之大患，其最猖獗的時間應為明熹宗之天啟七年，而非《外記》所說之天啟六年。

何以知道《臺灣外記》所記以上五點鄭芝龍早期史事俱不可信？這在目前而言，除第一點已有新出現的譜系資料可查，第五點尚有檔案文獻中的翔實記載，俱可一一覆按外，其餘三點雖尚缺乏具體而正面的文獻資料可為證明，亦仍可從側面資料及外國文獻中的相關資料中鈎稽其隱密，逐漸判定其實際情形為何。我們知道，鄭芝龍在明末清初的歷史中雖是爭議甚多的人物，卻也是在當時東亞歷史上深具影響力的人物，所牽涉的國家包括日本、荷蘭、英國、葡萄牙等，除了國內的文獻資料外，在上述諸國的文獻資料中也頗有鄭芝龍的蹤影可查。將以上各種中外文獻彙集在一起

研究比較，往往能為本國文獻所缺載的歷史舊事提供適當的補充，從而發現《臺灣外記》一書的錯誤。本文之作，即是基於以上之認識，希望能在彙集各種文獻資料中的相關記載之後，能為《臺灣外記》所記鄭芝龍早期史事作出適當的糾正與補充，以期後來的讀者不致為此書的錯誤記載所誤導。

　　以上所述，可以說是本文的開場白；以下接述本文，共計分為五節來加以論述。

一、鄭芝龍的父親是否名為「紹祖」？

　　《臺灣外記》卷一，「江夏侯驚夢保山，顏思齊敗謀日本」一回中說，鄭芝龍誕生於明神宗萬曆甲辰年之三月初十日，父名紹祖，乃福建泉州府之庫史。按，鄭芝龍父名紹祖及曾為泉州府庫史之說，不僅《臺灣外記》之所記如此，即明末以來各種稗官野史如邵廷寀之《東南紀事》，吳偉業之《鹿樵野聞》等書中亦俱作此說，似為明末清初時人所共知之傳聞。但若由石井鄭氏之有關譜牒、墓誌銘等文字記錄考之，又殊不然。大陸史學家張宗洽於一九八四年發表〈鄭成功家世資料《鄭氏宗譜》和《鄭氏家譜》的新發現〉一文，[1]引據他所親見的上述兩項抄本《鄭氏宗譜》與《鄭氏家譜》之所述，謂鄭芝龍之父在石井鄭氏中為排行第十世之「象庭公」，名士表，字毓程，無論「名」「字」「號」三者，均無「紹祖」之說。此一內容，與早年即已傳世之《石井本宗族譜》所記並同，其真實性不容懷疑。所不同的是，《石井本宗族譜》已缺第六世至九世間之確實內容，而在新發現的兩譜中仍可完整無缺地了解其具體情形，於是，自鄭芝龍上推十世以來的譜系次第及其內容，便可完整地重現於世人之前。為行文簡潔起見，今將張文所述自石井鄭氏一世祖隱石公至第十一世飛黃公（即鄭芝龍）的譜系內容列為一表以說明之，表如下：

---

[1]　見 1984 年刊印之《中國史研究》第 4 期，頁 153-160。

石井鄭氏——十一世譜系表

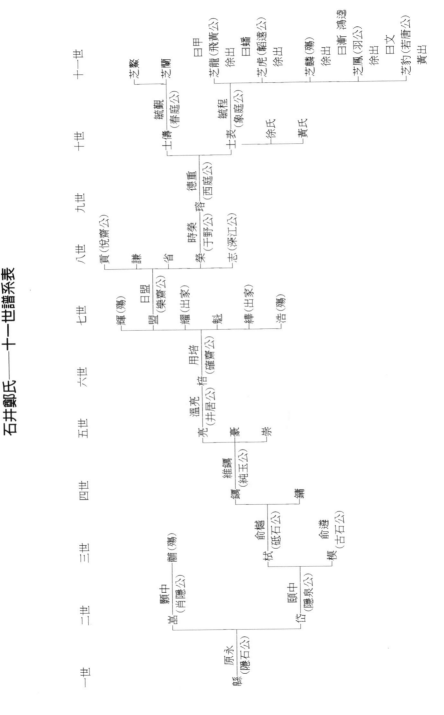

　　按，早年所發現的《石井本宗族譜》雖亦為鄭氏家族的重要資料，只因其中獨缺第六世至第九世的資料，對於鄭芝龍以前各代間的傳承遞嬗關係疑莫能明，便不能稱之為完整的資料。在《鄭氏宗譜》及《鄭氏家譜》二書發現之後，此一缺陷已獲彌補。經過整理排列而成的世系表，閱之已可一目瞭然。兩譜原文所記鄭芝龍父子兩代之父母兄弟情形如次：

　　十世象庭公，西庭公次子，誥贈鎮國將軍。諱士表，字毓程，葬南安三十三都金坑山。妣徐氏，誥贈鎮國夫人，葬晉江口都大覺山。黃氏，誥贈鎮國夫人。子五：芝龍、芝虎、芝麟（殤）、芝鳳，官名鴻逵，俱徐出；芝豹，黃出。

　　第十一世飛黃公，象庭公長子，諱芝龍，字曰甲，號飛黃。妣顏氏，鎮國夫人，葬安定門外土城關北西白草洼。翁氏，日本人。陳氏、李氏、黃氏。子五：森，翁出，太學生，應襲錦衣衛副千戶；渡，陳出，官名焱；恩，顏出，官名垚；蔭，李出，官名鑫；襲，黃出，官名淼。

　　照《鄭氏宗譜》及《鄭氏家譜》的記事體裁來看，譜中稱為「妣」者，照例指嫡室正妻而言，「側」字則指姬妾，小妻也。鄭芝龍之父士表先後兩娶，原配徐氏生芝龍、芝虎、芝麟（殤）、芝鳳（鴻逵）等四人，繼妻黃氏生第五子芝豹。鄭芝龍的生年若是明神宗萬曆二十一年（西元1593年）而非萬曆卅二年（西元1604年），當他在清世祖順治十八年（西元1661年）遭清人處死時，應已六十九歲。而照廖漢臣先生的推算，其在北京的繼母黃氏亦祇七十歲左右，[2]二人的年齡頗為相近。然則明末野史所傳，鄭芝龍因「烝後母」而為其父所逐的說法，便很有成立的

2　民國三十九年八月《臺灣文獻》第一卷第三期，廖漢臣撰〈鄭氏世系及人物考〉。

可能了。3

　　鄭芝龍之父「諱士表」、「字毓程」而號象庭，其間並無「另名」紹祖之說，然則《臺灣外記》及野史所傳鄭芝龍「父名紹祖」之說，究竟從何而來？唯一可能的解釋，應為「士表」乃是族譜所用的「譜名」，而「紹祖」則是出任公職時的「官名」。如鄭成功譜名鄭森，字大木，其後乃專用「成功」二字為名，此「成功」二字，即為官名，與譜名「森」字並不衝突，但鄭芝龍之四弟只用官名「鴻逵」而不用譜名「芝鳳」，在兩譜中記載甚明，鄭紹祖如果亦是只用官名而不用譜名的別例，何以又不在譜牒中詳加記載，以致有後來的歧異，則其中原因仍難明瞭。所以，「紹祖」二字可能為其官名之說，仍有待查證。

二、鄭芝龍生於何年？

　　《臺灣外記》卷一，「江夏侯驚夢保山，顏思齊敗謀日本」一回中說：「萬曆甲辰三月初十日，春暖融和，天氣晴朗，……十八日辰時，芝龍生。」萬曆甲辰即萬曆卅二年，公元一六○四年。依據此項記錄，將此書中所記鄭芝龍在萬曆、天啟年間之各項重要行事逐一以年分繫載於其年齡之下，可以列為如下一表：

歷史紀元		鄭芝龍年齡	重　要　行　事
明代紀年	公元紀年		
明神宗萬曆			
卅二年	1604	1歲	鄭芝龍生於福建泉州。
卅三年	1605	2歲	
卅四年	1606	3歲	
卅五年	1607	4歲	
卅六年	1608	5歲	

3　吳偉業《鹿樵野聞》卷中：「既長……因烝後母，為父所逐。」又劉獻廷《廣陽雜記》所記亦同。

卅七年	1609	6 歲	
卅八年	1610	7 歲	因擲石過墻誤中太守蔡善繼紗帽，未蒙罪責。
卅九年	1611	8 歲	
四〇年	1612	9 歲	
四一年	1613	10 歲	
四二年	1614	11 歲	
四三年	1615	12 歲	
四四年	1616	13 歲	
四五年	1617	14 歲	
四六年	1618	15 歲	
四七年	1619	16 歲	
四八年	1620	17 歲	
明熹宗天啟			
元年	1621	18 歲	離家潛往廣東香山澳，尋其舅父黃程。
二年	1622	19 歲	
三年	1623	20 歲	奉舅命押貨乘船至日本，娶日女翁氏。
四年	1624	21 歲	與顏思齊等人密謀在日本起事未成，與同伴逃往台灣。
五年	1625	22 歲	秋間，顏思齊病死，餘眾共推芝龍繼為首領。
六年	1626	23 歲	率盜船劫掠閩粵沿海一帶，聲勢浩大。
七年	1627	24 歲	受福建巡撫熊文燦招安，題委為海防遊擊。
明思宗崇禎			
元年	1628	25 歲	
二年	1629	26 歲	
三年	1630	27 歲	
四年	1631	28 歲	

　　上列行事年表，簡單鈎勒出了鄭芝龍早年歷史的一個框架。如果《臺灣外記》所述不謬，應該就可以為鄭芝龍的早期形象畫出了大致的輪廓——天縱英明、少年豪傑，僅只在二十二、三歲時就成為縱橫東南沿海、威震中外的大幫海盜之首領。稽之載籍，以這樣的年齡而能有如此偉大的「事業」成就，無論是在中國或外國，都應該是極罕見的紀錄。然而鄭芝龍的早期歷史在國內的記載雖然簡略，若從日本、荷蘭等有關方面的文獻資料中鈎稽查考，仍有若干記述可資參考比較，但卻與上述行事年表所構

成的框架有嚴重的扞格難通之處。今試據中、外各國的不同記載提出比較，以求確定那一方面的記載比較合理而可信。

《臺灣外記》卷一說，鄭芝龍於天啟元年由泉州原籍來到廣東香山澳尋其母舅黃程，自此即在香山澳住下。「至天啟三年癸亥夏五月，程有白糖、奇楠、麝香，欲附李旭船往日本，遣一官押去。」此處所謂之「一官」，即鄭芝龍，「一官」是其小名。據此云云，可知鄭芝龍初到日本之時，是明熹宗之天啟三年夏間，其時鄭芝龍年方二十歲。但若由日本方面的文獻資料考之，鄭芝龍初來日本之時雖然亦是二十歲，其時間卻是比《臺灣外記》所說之天啟三年整整早了十一年的明神宗萬曆四十年（西元1612 年）。日本學者川口長孺所撰《臺灣鄭氏記事》記此云：

> 慶長十七年壬子，明萬曆四十年，明鄭芝龍及祖官來謁幕府於駿府。幕府親問以外國事。芝龍獻藥品。

此書中雖未記明鄭芝龍在慶長十七年初來日本之時年齡若干，但在日人丸山正彥所撰《臺灣開創鄭成功》一書中有之。根據此書所說，鄭芝龍於「明萬曆四十年我慶長十七年五月乘商船來我邦，時年二十。」[4]川口長孺的著作，是由日本舊時國史《武德大成記》、《國史》、《武德編年集成》等書輯錄相關史事編寫而成的，具有相當可信的價值。此外則日人種村保三郎所撰《臺灣小史》說：「芝龍……萬曆卅九年（慶長十六年）乘船來日本，時年二十歲。」此與《臺灣開創鄭成功》所說慶長十七年二十歲時來日本之說相差一年，仍應視為是相似的說法。根據這些文獻資料之所說，鄭芝龍雖然是在二十歲那年來到日本，其時間卻是萬曆卅九年或四十年，較《臺灣外記》的天啟三年之說相差十一、二年。果屬如此，則《臺灣外記》所記鄭芝龍生於萬曆三十二年之說，也就有了問題。要確定這兩種相互牴觸的說法孰可信孰不可信，有一個重要的相關因素不可不加

4　據廖漢臣撰《鄭芝龍考》轉引《臺灣文獻》第十卷 4 期。

以注意，是即鄭芝龍附搭商船來日時的船主人問題。

　　鄭芝龍如何附搭商船來日？以下各種明末野史中有不同的說法。今先為之引錄如下——

　　吳偉業《鹿樵紀聞》卷中：

> 鄭芝龍，字飛黃，泉州南安府石井人。其父紹祖為府吏。……既長，益嫵媚，音律挎蒲，無不精好。因烝後母，為父所逐，有巨商攜往海外。初至日本，為人縫紉以餬口。

　　劉獻廷《廣陽雜記》卷四：

> 飛虹烝其後母某氏，其父欲殺之，逃往海盜李旦舟中，有寵於旦。

　　彭孫貽《靖海志》卷一：

> 芝龍為父所怒，持棍逐之。芝龍大恐，與其弟芝虎奔上海船，乃懇巨商攜往海外。芝龍姣媚嫵順，音律挎蒲，靡不精好。同抵日本。

　　以上所引三種文獻資料，基本上所敘述的都是同一件事——鄭芝龍在弱冠之年時，因中冓之醜而為其父所逐，由海商攜之前來日本。此海商是誰？祇劉獻廷在其《廣陽雜記》中稱為李旦，《鹿樵紀聞》與《靖海志》則祇稱之為「巨商」而不名。《廣陽雜記》所稱之「李旦」，在其他書籍中或又稱之為「李習」，如黃宗羲所撰《賜姓始末》云：

> 初，芝龍之為盜也，所居為泉州府之東石，其地濱海。有李習者，往來日本，以商舶為事，芝龍以父事之。習授芝龍萬金，寄妻子。會習死，芝龍乾沒之。遂召集無賴，為盜於海中。

又，溫睿臨所撰《南疆繹史》〈鄭芝龍傳〉亦說：

> 鄭芝龍……少隨大賈李習販日本，撫為義子，為娶長崎王族女為妻。……

這些林林總總的稗官野史雖然將鄭芝龍附船前往日本的船主人分別稱之為「李旦」或「李習」，與《臺灣外記》所說的「李旭」各不相同，但若據近代學者之研究，則皆以為此所謂李旦、李習、或李旭者，應該指的都是同一個人，其真實姓名應是李旦。[5]李旦是泉州人，先到馬尼拉經商，是當地華僑之巨頭。因與西班牙人發生衝突，被拘留在船上服苦役，後來逃到日本平戶。到日本後不久，便成為富商和平戶華僑之領袖。李旦在一六一三年開始出現於英、荷等國人士的記載中時，已是在平戶擁有精美華宅、一妻數妾、子孫滿堂的巨商，在長崎、平戶二地都擁有巨額財富。他在此二城市中的交游甚廣，甚著聲望。包括英國東印度公司平戶商館館長考克斯、司令官賽利斯、以及當地的日本貴族、地主、地方長官等人在內，都與他有相當交情。這些事實，都是日本學者岩生成一博士研究英、荷等國文獻資料之後對李旦所獲得的研究結果，詳見其所撰《明末日本僑寓支那人甲必丹考》及《慶元英人書信集》中。由岩生成一之研究，可知李旦不但實有其人，而且是在明朝末年活躍於中國東南沿海的最大海商集團之首領，並與英、荷、日本等國均有密切的關係。由於得到李旦的提攜，鄭芝龍方能在遭其生父逐出家門之後，在日本、臺灣各地開創其生命史上的新局面。但鄭芝龍與李旦的關係究竟如何？則因在這些文獻資料

---

5 主此說者，遠之如毛一波所撰〈鄭芝龍史料中的李旦和顏思齊〉一文說：「但就我的看法，旦、習、旭都是同指一人，理由是芝龍往日赴台或回閩，均坐的是李家船也。」近之如徐健竹所撰〈鄭芝龍、顏思齊、李旦的關係及其開發臺灣考〉云：「《臺灣外記》中的李旭，《賜姓始末》《南疆繹史》中的李習，《廣陽雜記》中的李旦，都是一人。」「李旦是在臺灣海面最大的海商集團的首領，鄭芝龍就是依靠這位同鄉富商發達起來的。」（見《明史研究論叢》第三輯，頁 288、293）。

中皆無明白交待之故，甚多疑竇，勢必需參考其他方面的相關記述，方能了解其間之真正內情。

　　民國八十年間，筆者曾在《臺灣文獻》第四十二卷三、四兩期合刊中撰寫〈李旦與鄭芝龍〉一文，根據前引各項野史所記鄭芝龍「面目姣好」、「長益嫵媚」之容貌特點，參以沈德符《萬曆野獲編》中〈契兄弟〉一條之記載，相信鄭芝龍之所以能得寵於李旦（或李習）之真正原因，便是由於福建人愛好龍陽的同性戀關係。鄭芝龍既是姿容姣好的美少年，自然容易為酷好男風而又不便在海船上攜帶婦女同乘的巨商豪酋所寵愛，名雖乾兒義子，實為其人之男寵。符合此一資格者必須具備年輕、貌美、柔順之條件，而鄭芝龍恰是最合適的人選。因此他方能在年方弱冠之時由此巨商攜帶，同乘海船至澳門、日本。由於日本方面的文獻資料明記其來到日本之時為明神宗萬曆之卅九年或四十年，二十歲，比較《臺灣外記》所謂天啟三年，二十歲之說整整提早了十一、二年，則鄭芝龍的出生年份，顯然也應由《臺灣外記》之萬曆卅二年說提早十一年或十二年，改為萬曆二十年或二十一年。此一情況，雖與《臺灣外記》的內容大不相同，但如以外國文獻所記鄭芝龍離家以後的其他各項行事紀錄相比較，反倒能夠彼此呼應，若合符節。然則《臺灣外記》所記，鄭芝龍生於萬曆卅二年的說法，顯然更難以使人相信的了。

三、鄭芝龍由離家出走到成為大海盜，中間相隔的時間究竟有幾年？

　　照《臺灣外記》之所說，鄭芝龍於十八歲時離家赴澳門，二十歲至日本，在當地娶日女翁氏為妻，翌年即誕生長子成功，時為明熹宗之天啟四年，芝龍二十一歲。此年八月，顏思齊、楊天生、洪陞、陳勳、張弘等一班友好夥同鄭芝龍等人，圖謀在日本起事，因機謀外洩而匆忙駕船逃往臺灣亡命，從此開始其海盜生涯。這也就是說，鄭芝龍開始作海盜的時間甚早，當時其年齡祇二十一歲。再過兩年，鄭芝龍廿三歲，他就成了繼承顏

思齊事業的各寨海盜首領，以大海盜的身分縱橫肆虐於東南沿海各地了。鄭芝龍初到日本之時，還祇是一個年方二十的生意人，想不到在時間相隔僅只短短的三年之後，就能由文弱商人搖身一變而為縱橫海上之劇盜，這其間的變化過程未免太過突兀，所間隔的時間也未免太短了。

　　照常情而言，一個人由原來的生活環境轉變到另一個截然不同的新環境，必須有相當時間完成其適應、轉變之過程，方能由此一時期順利過渡到另一時期，否則必難免因無法適應而發生種種問題。離家以前的鄭芝龍，只是一個出身富裕家庭的紈袴少年，所熟悉的只是物質享受與娛樂玩好，不論在文學、武藝、或人情世故方面，都是異常陌生的新事物。要從這樣的條件轉變為叱咤風雲、馳騁戰場、殺人不眨眼的海上劇盜，這其間所需要轉變的時間過程一定很長，否則他如何能由手無縛雞之力的文弱生意人轉變成為習慣於使刀弄槍而且精通武藝的強盜首領？又如何能具備圓滑機智的領導統馭能力去應付機詐百出而且極端危險複雜的生態環境？這其間若無十年八年的長時間訓練陶冶，培養不出一個心狠手辣而又機詐善變的大幫海盜頭子。明末以來的各種稗官野史，包括《臺灣外記》在內，在記述鄭芝龍早期歷史時，沒有一種書籍能將這其間的轉變情形交待清楚，自無法對這種矛盾牴牾的現象提出合理的解釋，好像鄭芝龍只要靠他的好運氣，有機會坐上海盜首領的金交椅，立刻就能由一個少不更事的浮滑少年一變而為海上劇盜，此外完全不需要講求什麼才智、技藝、以及領導統馭能力的問題。由這些地方看來，流傳於日本及荷蘭方面的若干資料，反倒有很多地方可以補充這些重大疏漏。如日人葉山高行所撰〈河內埔鄭氏遺蹟碑〉，記述鄭芝龍初到日本以後的情形說：

> 幕府召見，問以外國事。命館長崎，遂徙我河內埔。……屢訪藩士家，學雙刀技。……又屢乘商船，往復於明國。……[6]

6　據前引廖漢臣撰〈鄭芝龍考〉轉引。

又，日人山崎繁樹的《臺灣史》亦說：

> 芝龍後移平戶，受藩主松浦氏厚遇，賜宅地於河內埔，稱為平戶老
> 一官。就藩士之門，學圓明流雙刀法。又屢乘商船往復於明國。[7]

當時的平戶藩主是松浦隆信，其人與李旦的交誼甚密，說見岩生成一所編《慶元英人書信集》。[8]由此不但可以看到鄭芝龍初到日本之時獲得來自李旦勢力的照顧，也可知道他在此時曾致力研究學習日本武士所用的刀法。在明代的若干文獻資料中，李旦有時是被稱為「海寇」的。[9]大概當時的「海寇」與「海盜」只是一間之隔的類似人物，海盜專門從事海上劫掠，海寇則亦商亦盜，雖以海上貿易為名而有時亦出之以剽劫，所以雖是海商而亦需要其船員熟諳武術，否則無法遂行其亦商亦盜的雙重任務。鄭芝龍若是透過李旦的關係而在日本學習武士所用的雙刀技，則其目的似乎亦只是希望能藉此為李旦效海上之勞，其與李旦之間的關係似乎又深了一層。李旦在當時東亞海上貿易的實際活動情形，前引徐健竹撰〈鄭芝龍、顏思齊、李旦的關係及其開發臺灣考〉一文曾引據岩生成一等人的著作加以概括敘述，說：

> 李旦以日本平戶為據點，他的商船常年駛往臺灣、呂宋、澳門、印
> 度支那等地。據當時考克斯的日記和其他人的記載，從一六一四年

7　同上。

8　見徐健竹前引文，《明史研究論叢》第三輯，頁293。

9　《明史·南居益傳》云：「紅毛夷者，海外雜種，紺眼赤鬚髮，所謂和蘭國。……入澎湖求市，且築城焉。巡撫商周祚拒之，不能靖。會居益代周祚，賊方犯漳、泉、招日本、大泥、咬嚼吧、及海寇李旦等為助。……」李旦在此處被稱為「海寇」。又周凱《廈門志》卷十六〈舊事志·紀兵〉云：「天啟二年……（紅夷）犯廈門俘斬數十人。乃詭詞求欵，再許毀城遠徙，而修城如故。泊舟風櫃仔尾，出沒浯嶼、白坑、東椗、莆頭、古雷、洪嶼、沙洲、甲洲間。海賊李旦復助之，濱海郡邑戒嚴。」在這裏，李旦亦被稱為「海賊」。

到一六二五年十一年間，他的十八隻商船中，有十一隻是航行臺灣的；沒有見於紀錄而到臺灣的，當亦不少。他從一六二二年四月至一六二五年七月，曾先後四次住在臺灣，每次居住時間一年或幾個月不等。最後於一六二四年到臺灣後，除九月至十一月去澎湖和廈門活動外，一年多的時間都是住在臺灣。直到一六二五年七月，才因病離開臺灣回到日本，八月十二日死在日本平戶。**10**

岩生成一在《明末日本僑寓支那人甲必丹考》的第四節中考定李旦在臺灣的活動情形，信而有徵，應可信為當時之事實。李旦與鄭芝龍的關係密切，他在臺灣的活動如此頻繁，鄭芝龍的實際行動應該亦與此類似。若由荷蘭方面的文獻資料稽考之，確實可以得出相似的結論。

徐健竹在撰寫前引〈鄭芝龍、顏思齊、李旦的關係及其開發臺灣考〉之前，曾撰〈鄭芝龍任荷蘭譯員和遭訥茨誘捕析疑〉一文，仍引岩生成一前述著作及荷蘭檔案《殖民地文書》之所載，舉出兩點事實來證明，確信鄭芝龍在天啟四年前後曾經做過荷蘭人的翻譯。他所舉證的兩點事實如此：

⑴一六二七年（天啟七年）十二月十八日，代理臺灣總督在一份給荷蘭東印度總督的報告裏寫道：「一年多以前，一個名叫一官的人，過去是公司的譯員，後來悄悄的離開我們，成為一伙海盜的首領。他聚集了大量的船隻和人員，威脅整個中國海岸。蹂躪許多城市、村莊，使那部分沿海的航行陷於癱瘓。」一六二八年（崇禎元年）一月六日，荷蘭臺灣總督給荷蘭東印度總督的報告中說：「一六二七年六月，在漳、泉海岸有一支力量強大的海盜，控制了海岸，不但燒毀沿海的船隻，更搶掠陸上居民。這支四百隻船、七萬人的首領名叫一官，他曾在臺灣公司做過譯員。他當了海盜，一瞬

10　《明史研究論叢》第三輯，頁297。

間獲得如此偉大成就，中國政府對他毫無辦法。他和我們有良好的友誼。」

(2)李旦的兒子奧古斯汀（Angustine）也名一官，一六三三年八月二十九日和九月十四日，給當時荷蘭臺灣總督普特曼（Hans Putmans）的信中說，他父親李旦在總督宋克統治期間（1624-1625），幫助過荷蘭人在一六二四年從澎湖遷往臺灣。還說那時（1624-1625）譯員一官為了積累財產，從事海盜生涯，在李旦死後又吞沒了他的大部分財產。後來一官在福建沿岸進行搶掠。他希望普特曼合作對付一官。現在已看到的當時西方紀錄中，以「一官」命名的，只有鄭芝龍和奧古斯汀，還沒有發現第三個名一官的著名人物。奧古斯汀稱替荷蘭人當過翻譯，並侵吞他父親李旦財產，當了海盜的「一官」，當然就是指的鄭芝龍。[11]

荷蘭人於天啟二年侵佔澎湖之媽宮，明朝政府發大軍前往征討，當時曾透過李旦之居中斡旋，荷蘭人願意以從澎湖撤退至臺灣來換取中國政府應允與荷人通商的條件。此說見於荷蘭文獻《巴達維亞日誌》一六二五年四月六日之記載，其他外國文獻如 C. B. Boxor 的 *The Rise and Fall of Nicholas Iguan* 等書中亦有相同的記載。中國方面的文獻紀錄雖然說法稍異，但仍可看到當時有李旦從中活動的影子。如前引《明史・南居益傳》之所云：

> ……賊方犯漳泉，招日本、大泥、咬𠺕吧、及海寇李旦等為助。居益使人招旦，說攜大泥、咬𠺕吧。賊帥高文律懼，遣使求款。

李旦之所以介入這一場中荷紛爭，是由於他希望能藉居間斡旋的關係在中荷雙方都能獲得實際利益。這可以證明他在早先既已得到荷蘭人的信

---

[11] 北京中華書局出版《文史》第二十三輯，頁 161-162。

賴，後來也能取得中國官方的倚信，左右逢源，實惠之至。鄭芝龍恰在此時到臺灣來擔任荷蘭人的譯員，很可能便是由於李旦的推薦，使他在彼此間的往來交涉中擔任傳話，以免洩漏重要機密。但鄭芝龍不諳荷語，他又如何能勝翻譯之任？關於此一問題，岩生成一博士在他的《明末日本僑寓支那人甲必丹考》中曾根據英、荷、西、葡等國的文獻紀錄綜合研究，最後得出其研究結論，可以為這個問題提出答案，他說：

> 鄭芝龍於一六二四至一六二五年間曾作過荷蘭東印度公司的譯員。他雖然不一定懂荷蘭語，但他早年在澳門跟葡萄牙人工作過幾年，且信奉基督教，受了洗禮，教名 Nichalas，他掌握了葡萄牙語。葡萄牙語同後來的英語一樣，是當時亞洲的商業通用語，所以他具備了當翻譯的本領。[12]

根據外國傳說，鄭芝龍早年在澳門時，曾在當地商人的家庭中擔任僕傭，在那裏學會了葡萄牙語，更接受基督教的洗禮，成為教徒。[13]藉此種種關係，建立了他日後能與荷蘭人往來的機緣，因此後來有機會先做荷蘭

---

12 據前引徐健竹文轉引，《文史》第二十三輯，頁 163。

13 說見德國史家韋爾斯（Albreoht Wirth）所著《臺灣之歷史》，中云：「鄭芝龍，歐洲人稱他為『一官』，是福建的漁夫之子。他幼時到澳門去謀生，受洗禮而被稱為 Nichalas Gaspard，做傭人以餬口。」又，法國學者霍爾特（Camille Inbault-Haurt）所撰《臺灣島的歷史與地理》一書中亦說：「鄭芝龍生於泉洲府安海附近石井地方的小村中，出身於一貧苦的漁家，早歲即赴澳門謀生。在該處受洗並取得 Nichalas Gaspard 的教名。他從澳門往馬尼拉，而在這兩個地方都受僱為僕役。」這兩條資料雖未說明鄭芝龍在澳門時期所服務的僱主家庭是否葡萄牙人，但另一個匈牙利傳教士匡衛國（Martion Martini）在他所著的《韃靼戰史》（De Bello Tartarico Historia）中說：「當時有一個著名的海盜，叫鄭芝龍，生於福建省，開始為澳門的葡萄牙人服務，後來又為臺灣島上的荷蘭人工作。外國人稱他為一官。後來他成為一個海盜。」綜合此諸家之說，可知鄭芝龍之能夠說葡萄牙語，必定源自他在澳門居住時期的工作。如果所服務的僱主家庭是葡萄牙人，學習葡語就更方便。

人的譯員，再在荷蘭人的幫助之下發展其海上勢力，成為名著一時的大幫海盜之首領。至於他之要留在澳門工作，並藉此機緣學會葡萄牙語，是否亦出於李旦所作的有計畫安排？則因文獻無徵之故，不能妄加推測。不過，若由李旦經營海上貿易的性質推想，他若要與在澳門的葡萄牙人、在菲律濱的西班牙人、在臺灣的荷蘭人發展貿易關係，勢必需要通曉西、葡等國語言之人居間媒介，則這方面的語言人才事屬必需。鄭芝龍如果在一開始就成為李旦的親信人物，則他之有計畫地培養鄭芝龍學習貿易，學習西、葡兩國語言，以及學習日本武士的武術，都是很可能的事。鄭芝龍後來在脫離李旦勢力的影響之後，便能夠單獨發展與荷蘭人既合作又對抗的海上關係，又能在擁有數萬人的海盜勢力後以一人高踞其上，充分施展其領導統御之能力，若非他早已具備通曉經濟貿易，足勝外交折衝及統御大支武裝力量的才智能力，如何能擔負起這一大責重任？由此亦可看出，他之能夠由一紈袴惡少變成威震一世之大海盜，中間所經歷的生活磨練及技能學習，正不知有多少年頭與多少艱辛，這又豈是《臺灣外記》所記述的，簡直可說是一蹴可幾地輕鬆容易之事？僅此一點而言，《臺灣外記》這部書，就把鄭芝龍的奮鬥成功過程看得太容易，寫得太簡單了。

　　鄭芝龍因嫵媚姣好，體態風流而能成為海上豪酋李旦的男寵，憑藉其政商關係之蔭庇而能在當時的複雜環境中逐漸發展其個人勢力，應該是鄭芝龍能夠獲得成功的基本條件。《臺灣外記》完全不明瞭這其間的真正內情，又不知道鄭芝龍亡命海外以後的生活史，只以極輕鬆容易的描寫手法將這極端複雜而又為時長達十餘年的歷史過程簡化為三年，不費什麼力氣便繼承了顏思齊的海上事業，在極短時間之內成了大幫海盜的首領，不但其記事方式極為草率，其記事內容也太簡略，完全與真實情況不符。如此荒誕錯謬的齊東野語，居然能被推崇為「足備國史採擇」的「外史」，豈不可怪之至！

四、因為在日本起事不成而
亡命臺灣之說是否可信？

　　鄭芝龍之入臺灣，根據《臺灣外記》之所說，是因為他與顏思齊等人謀在日本起事不成，將遭官府緝捕，不得已而亡命前來臺灣。這一段記事的內容是否可信？非常值得懷疑。首先可以提出來的，是日本當時記述此一段時期歷史的《駿府記》、《華夷變態》、《臺灣鄭氏記事》等有關史書中，並沒有所謂顏、鄭造反作亂的相關記事，當時在日本的英、荷等國人士亦無有關此事的記錄，可以猜想當時實無此事，造反作亂之說，只是《臺灣外記》作者之虛構想像。其次則是鄭芝龍在離開日本之後，仍與日本當局保持相當友好的往來關係，若是曾有造反紀錄，如何仍能有此友好關係？其他更有力量的反證，還可以舉出顏思齊之入臺時間為例以說明之。

　　清人季麒光所撰《蓉洲文稿》，有關於顏思齊入臺時間之記述，云：

> 萬曆間，海寇顏思齊據有其地，始稱臺灣。思齊剽掠海上，倚為巢窟。臺灣有中國民，自思齊始。思齊死，紅夷乘其敝而取之。

　　此文謂「臺灣有中國民，自思齊始」之說容或有誤，但顏思齊之入臺時間甚早，此書之所說應可提供若干參考。較「萬曆間」之說稍遲的，是天啟說，其說法又有不確定年分之「天啟間」與確定時間之「天啟元年」說二種。如康熙二十三年首任臺灣總兵官楊文魁所撰之〈臺灣紀略碑文〉，即為不確定時間之「天啟間」說，其文曰：

> 故明天啟間，海寇顏思齊入巢於此，始有漢人從而至者。[14]

---

[14] 據前引〈鄭芝龍、顏思齊、李旦的關係及其開發臺灣考〉一文轉引。《明史研究論叢》第三輯，頁296。

　　此外之作「天啟元年」說者，則有高拱乾所修《臺灣府志・沿革志》，云：

　　　　天啟元年，顏思齊為東洋甲螺，引倭屯聚於臺。鄭芝龍附之，始有
　　　　居民。

　　又，清人王士禎所撰《香祖筆記》卷一亦說：

　　　　天啟改元，有顏思齊者，為東洋甲螺，引倭酋歸一王屯臺灣。閩人
　　　　鄭芝龍附之，始建安平鎮城。

　　所謂「東洋甲螺」，據原書之附註，謂即日本所派之「頭目」一類人物，其任務在管領其所轄華人。果屬如此，則顏思齊與日本倭寇之間，應是合作互利而非相互敵對之關係。若由後引史文見之，又可知道在天啟年間之臺灣島上，實同時存在著中國海盜、日本海盜、與荷蘭侵略者這三種武裝力量，其彼此間常有互相牽掣而又相互利用的關係，其合縱連橫、忽分忽合的往來關係十分複雜而微妙，遠非《臺灣外記》一書中所敘之簡單。

　　《明熹宗實錄》卷五十八，天啟五年四月初一日，福建巡撫南居益奏請用間諜離間荷蘭人與日本海盜間的關係，俾我國政府可以從中操縱利用，坐收制馭之利。其奏文中提到中國海盜在此二者間的影響力量，值得注意。南居益在原奏疏中說：

　　　　……近據諜者言紅夷消息，尚泊數船於東番，將有事於呂宋。夫呂
　　　　宋我之屬國，今商民乘春水，赴之者甚眾，遭於洋，必無幸矣，可
　　　　虞者一。東番，倭寇之藪，今雖暫異於夷，久之，啖夷利，勢將復
　　　　合，小則劫洋，大則要市，滋蔓難圖，可虞者二。即亡論紅夷，東
　　　　番之寇，率倚倭陸梁，附於夷固為我患，不附於夷亦自能為我

患。……

上文中所說的「東番」，即臺灣；所謂「東番之寇」，即是以臺灣為根據地的中國海盜；「夷」即荷蘭，「倭」則日本海盜也。由此可知，當天啟四年荷蘭人從澎湖撤往臺灣時，臺灣島上本已存在著日本海盜與依附日本海盜的中國海盜，至此乃又增加了荷蘭人這股新的武裝勢力。中國海盜之佔據臺灣作為其根據地，其事並不始於顏思齊。天啟二年三月，兩廣總督陳邦瞻的奏疏中就說：

> 閩廣之間，海寇林辛老等嘯聚萬計，屯據東番之地，占候風汛，揚帆入犯，沿海數千里生靈無不受害。[15]

陳邦瞻的奏疏於天啟二年三月到達京師，可知此疏的奏發時間已在天啟二年之初。疏中說到海寇林辛老「嘯聚萬計，屯據東番」，又可知其嘯聚屯據之時間遠早於陳邦瞻上奏之時。然則臺灣在天啟元年以前早已成為由林辛老為首之大幫海盜根據地，事實固甚明顯。顏思齊依附日本海盜的勢力入據臺灣，即使其時間亦在天啟元年，但若與林辛老「嘯聚萬計」的龐大實力相比，實遠為不逮。然則臺灣之有中國海盜，不自顏思齊始，其事實亦甚為明顯。林辛老之後的大幫海盜，其首領人物有袁進、李忠、楊六（即楊祿）、楊七（即楊策）、鄭芝龍、李魁奇、鍾斌、劉香等，亦大多倚臺灣為其巢穴，說見陳衍所撰《福建通紀》之〈何楷傳〉中。何楷乃福建晉江縣人，中天啟五年進士，崇禎初年時以戶部主事權稅滸墅關。其時福建海寇日熾，當事者方以招撫為得計，惟何楷以為不可，上疏極言其非。《福建通紀·何楷傳》錄其疏語云：

> 臣家居海濱，頗識近事。自袁進、李忠、楊祿、楊策、鄭芝龍、李

魁奇、鍾斌、劉香相繼為亂，海上無寧息，迄今二十餘年，惟進、忠、芝龍三人就撫。進、忠用之遼東，無聞，芝龍建功海上，新躋副將。諸賊不謂其以功得官，謂其起家亡命而烜赫如斯也，謬謂非作賊無以得官，則撫之一字為之囮也。請著為令，今後但遇海賊發，專以剿滅為事，有言撫者，死無赦。如是而從賊者無更生之望，庶乎有所畏而自止。臣更謂小賊不剿，大賊不止；當為小賊，剿之猶易，及為大賊，殲之實難。且今欲靖寇氛，非墟其窟不可，其窟維何？臺灣是也。臺灣在澎湖島外，距漳泉止二日夜程，地廣而腴。初，貧民至其地，規漁獵之利，後見兵威不及，遂聚而為盜。近則紅毛築城其中，與奸民互市，屹然一大聚落。墟之之術，非可干戈從事。必嚴通海之禁，俾紅毛無從謀利，奸民無所得食，出兵四掠，我師乘其虛而擊之，可大得志，紅毛舍此而去，然後海氛可靖也。

　　何楷此疏，具體指出了中國海盜及奸民與荷蘭互相勾結，倚恃臺灣為巢穴，而為明朝政府之兵力所不能及，因此得以有恃無恐的情形。他主張中國應嚴通海之禁，絕貿易之利，俾荷蘭人因無法達到其圖利目的而捨臺灣他去，然後政府軍可以乘虛而犁庭掃穴，一舉肅清臺灣島上的海盜巢穴，然後可以永絕後患。這番話是否即是肅清沿海海盜的不二南針，姑置不論；但由此可以看出的則是：鄭芝龍之所以要交結荷蘭人，顯然即是要利用荷蘭人對他的支援，來與中國官軍相對抗。沒有荷蘭人的支援，鄭芝龍固然不一定便會被政府軍所打敗，但有了荷蘭人的支援之後，他一定可以輕易打敗明朝的政府軍，則事實固甚明顯。其理由無他：荷蘭人在當時擁有堅船利礮的裝備優勢，非明朝政府軍所能抵敵；鄭芝龍如果也能獲得荷蘭人的「夾板船」與「西洋大礮」，豈不就可藉此利器縱橫無敵於海上嗎？證以明朝官方文書中所見的情形，當時的事實正是如此。

　　崇禎三年十二月初一日，兵部尚書梁廷棟上疏論述福建沿海海盜猖獗難平的原因，其中就曾經提到這一點。梁疏云：

閩寇之起也有二，其猖獗也有四，其蔓延而不可撲滅也有二。請言
其起。

閩地瘠民貧，生計半資於海，漳泉尤甚。故揚帆蔽海，上起浙直，
下及兩粵，貿遷化居，惟海是藉。自紅夷據澎湖而商販不行，米日
益貴，無賴之徒，始有下海從夷者，如楊六、楊七、鄭芝龍、李魁
奇、鍾六諸賊皆是。此賊起之一。閩之土既不足以養民，民之富者
懷資販洋，如呂宋、占城、大小西洋各處，歲取數分之息，貧者為
其篙師長年，歲可得二、三十金。春夏東南風作，民之入海求衣食
者，以十餘萬計。自紅夷內據，海船不行，奸徒闌出，海禁益嚴，
向十餘萬待哺之眾，遂不能忍飢待斃，篙師長年，今悉移其技為賊
用，此賊起之二。

其猖獗也，承平日久，武備全弛。兵船非不大造小造，汛地亦有春
防秋防。而篷不可揚風，船不可破浪，塗人像卒，子虛烏有，有警
惟恃欺掩，而賊始大肆無忌。此猖獗之一，賊外附紅夷，於是楊六
楊七撫矣。楊六楊七撫，而餘黨仍歸鄭芝龍。至芝龍則所資者皆夷
船，所用者皆夷礮，連艟至數十百艘。又能不妄淫殺，不妄焚掠，
以竊假仁義之名，故附之者遂日以眾。此猖獗之二。……*16*

由梁疏可知，荷蘭人於天啟二年進佔澎湖，對於福建沿海之海盜猖
獗，具有直接與間接之刺激因素。在直接因素方面，是福建沿海的對外貿
易活動因荷蘭海軍之封鎖與殺掠而告全面停頓，從而導致船員與水手之大
批失業，直接造成海盜勢力之大幅度擴展。間接因素方面，則是荷蘭人意
圖以培植中國海盜之手段製造中國社會之動亂不安，希望藉此可以達到其
脅迫中國政府，接受其要求通商之目的。其結果則是使閩粵沿海的海盜在
天啟二、三年之後忽然大量增加，很多盜幫甚至就是從荷蘭人那裏獲得武
器與船隻之支援，使其戰鬥實力遠遠超出中國官軍之上，大幅增加了其為

---

16 《崇禎長編》，卷四十一。

患東南沿海各省的力量。梁疏中更特別指出，鄭芝龍海盜幫所使用的「夾板船」與「紅夷大礮」都來自荷蘭人，更可看出鄭芝龍與荷蘭人的關係尤其非比尋常。鄭芝龍與荷蘭人之間的這種不尋常關係當然非一朝一夕所造成，其最早的淵源甚至可以上溯到鄭芝龍來自李旦的蔭庇。這是《臺灣外記》所從未觸及的空白處。由此當可知道，《臺灣外記》對鄭芝龍的瞭解程度到底有多少了。

五、鄭芝龍做了海盜之後，其為患最烈之時間是天啟七年而非天啟六年

　　根據《臺灣外記》之所說，顏思齊是在天啟五年九月因感染風寒而病死在臺灣的。到這年十二月，其同黨楊天生、洪陞等人共推鄭芝龍繼顏為統領，鄭芝龍從此成為這一幫海盜的領袖。天啟五年即公元一六二五年，以與荷蘭文獻相比看，鄭芝龍開始作海盜的時間居然亦在此年。所不同者，是《臺灣外記》說，鄭芝龍是先參加了顏思齊一幫人物之後方纔成為海盜的；而由荷蘭文獻所透露的鄭芝龍此時行蹤看，他應該是在顏思齊作了海盜之後很久，方纔加入其盜夥的。這期間的差異不小，所顯示的意義亦很不尋常，殊不可以等閒視之。

　　顏思齊以「日本甲螺」的身分來到臺灣，其時間早在天啟初年，詳見前引高拱乾《臺灣府志》及王士禎《香祖筆記》；但鄭芝龍在天啟四、五年時還在荷蘭人處擔任譯員之職，則顏思齊初到臺灣之時，其黨羽人物中並無鄭芝龍，其理甚明。至於鄭芝龍擔任荷蘭譯員的確定時間在何時，則可以後文所引的各種荷蘭文獻中見之。

　　日本岩生成一博士所撰《明末日本僑寓支那人甲必丹考》引據荷蘭文獻《殖民地文書》中的記載說，一六二四年二月二十日，荷蘭海軍司令雷約茲（Cornelis Reyertz）從澎湖寫給荷蘭東印度公司總督的信上，記載了一位中國譯員乘坐「好望」號船從日本來到澎湖的事，信上說：

我們接待了一位從日本來的中國譯員。雖然我們目前還用不著他，
仍給他很好的待遇。

此信中雖未記明這一個來自日本的中國譯員是誰，但在後來海軍司令
微特（Gerard Frederikszoon De With）的一封信中，曾有「雷約茲的譯員
一官」[17]的話。由此可知，雷約茲從日本僱請來到澎湖的這個中國譯員，
便是「一官」。一六二五年一月廿七日，維多利亞（Victoria）號快艇的
航海日誌曾記有：「中國譯員一官被派往北方，去截擊與俘獲一些船
隻。」[18]之事。同年十月廿九日，臺灣總督微特給荷蘭東印度總督的報告
中，有「曾經作過司令官雷約茲譯員的一官」[19]之文字，可知到了天啟五
年十月時，一官已不作荷蘭人的譯員了。然則此「一官」由日本來澎湖為
荷蘭人作譯員的時間，約為一六二四年二月至一六二五年九月。至於何以
知道此「一官」即是鄭芝龍？則可以從下列文字中得到證明。

荷蘭文獻《殖民地文書》第九九九號，載有 Het Wapen Van Seelaut
號帆船在一六二五年五月廿二日寫給臺灣總督宋克（Martinus Sonck）的
報告中說：

四月二十七日，星期日，頭領一官跟隨七、八名以大刀、小刀，和
銃武裝起來的中國人，突然來到我們船上，他向我們致意問候。

此一官本是荷蘭人的譯員，此時忽然成為有七八名武裝人員跟隨扈從
的「頭領」，來到荷蘭海軍船隻上來向船上官兵「致意問候」，顯示他此
時已是離開荷蘭人的海盜首領了。參以前引匈牙利傳教士匡衛國在《韃靼

17　原文見 C. B. Boxor: The Rise and Fall Nichalas Iguan，今據《文史》第二十三輯，徐健
　　竹前引文轉引。
18　《殖民地文書》九九九號，據前引徐健竹文轉引。
19　同上。

戰史》中之所說：「當時有一個著名的海盜，叫鄭芝龍，生於福建省，開
始為澳門的葡萄牙人服務，後來又為臺灣島上的荷蘭人工作，外國人稱他
為一官，後來他成為一個海盜」云云，其間的互證關係十分明白。而由此
帆船寫給臺灣總督宋克的報告中又可知道，鄭芝龍離開荷蘭人去作海盜的
時間，還可以提前到天啟五年陽曆四月以前。隨後不久，與臺灣荷人及鄭
芝龍關係均極深厚的李旦病死在日本平戶，[20]他在臺灣的大筆財產悉為鄭
芝龍所攫奪，這就使得鄭芝龍在做了海盜首領之後，就可以充份利用這筆
財富向荷蘭購買船艦、軍火，迅速發展其海盜事業了。在鄭芝龍未曾成為
海盜首領之前，活躍在閩、浙、兩粵的大幫海盜中並無顏思齊之名，可知
顏思齊雖然亦是海盜首領，在海盜群中卻並無赫赫之名，其盜幫勢力亦並
不突出。但到了鄭芝龍成為顏思齊一幫的海盜首領之後，他的名聲忽然大
增，其盜幫勢力亦迅速擴大，成為同時盜幫中之翹楚，顯然可以看出鄭芝
龍的領導能力甚為高明，其所使用的手段與方法尤其不平凡。

　　臺灣銀行經濟室所編印的《臺灣經濟史第五集》，收有周學普所譯德
國學者 Oskar Nachod 的《十七世紀荷蘭與日本在臺灣商業交涉史》一
文，其附錄二十三，記載荷蘭東印度公司平戶分公司經理 Cornelis Van
Neijenroode 於一六三〇年一月十四日寄呈巴達維亞總督 Specx 的呈文中
說：

　　　日本人又稱，臺灣之荷蘭人與海盜一官勾結，以鎗礮及軍火予以援
　　　助，共同分贓。日本人之蠶絲在荷蘭人手中，或至少因荷蘭人之妨
　　　礙而被留在中國，故要求我方賠償此項蠶絲，及因此而造成之損失
　　　及利息。

　　原書的德國作者因此認為，日本人所指「荷蘭人配置戰船給中國人使

20　見岩生成一著《明末日本僑寓支那人甲必丹考》第四節，據前引徐健竹文轉引，《明
　　史研究論叢》第三輯，頁 297。

用，以搶劫和偷竊一切船舶」，即是指荷蘭人與鄭芝龍的合作關係而言。果爾，則在鄭芝龍領導下的這一幫海盜勢力，不但與荷蘭人的關係極為和睦，彼此間的圖利目的亦大致相同。然則鄭芝龍之由荷蘭譯員轉變為中國海盜，當然亦是很合理的了。凡此種種，在《臺灣外記》中皆毫無蹤跡可尋，更可知道此書作者對鄭芝龍早期史事之缺乏瞭解程度。

《明清史料》乙編第七本頁 15-16，收有崇禎元年二月之兵部題行稿一件，中云：

> 鄭賊固甚么麼，而狡點異常，習於海戰。其徒黨皆內地惡少，雜以番倭驃悍，三萬餘人矣。其船器則皆製自外番，艨艟高大堅緻，入水不沒，遇礁不破。器械犀利，銃礮一發數十里，當之立碎。……

荷蘭人在天啟、崇禎年間來到中國，所藉以橫行沿海各地的利器，就是俗稱為「夾板船」的艨艟巨艦，以及「銃礮一發數十里，當之立碎」的「紅夷大礮」。若非荷蘭人之刻意支援，鄭芝龍的海盜幫能從何處獲得這種在當時號稱「堅船利礮」的先進武器？有此堅船利礮為作戰之利器，加上海盜幫中人人都是「番倭驃悍」的亡命之徒，裝備窳劣而且缺乏鬥志的明朝政府軍當然非其敵手。因此，當鄭芝龍的海盜幫蠭擁而來時，但見官軍的戰船檣艫灰飛，兵敗將逃，幾於望風披靡，不堪一擊。其強弱之間的對比情形，十分明顯。

《臺灣外記》卷一，「蔡善繼出海招安，盧毓英陸鵝被釋」一回中說，鄭芝龍所部海盜船隻於天啟六年二月開始出發侵犯金廈，四月間移師南下，攻擊廣東之靖海衛、甲子千戶所等處，每戰皆勝，無攻不克。當事者對之一籌莫展，只好設法招撫。因之乃有調來蔡善繼使之出任泉州巡海道，以圖招撫鄭芝龍之事。但鄭芝龍雖然願意接受招安，而其弟芝虎、芝豹等不以為然，策動鄭芝龍既撫復叛，再度肆虐海上。故而在天啟六年以前，廣東之海豐崁頭村，甲子千戶所、靖海衛等處，又復成為鄭芝龍所部大幫海盜的侵擾之地，至天啟七年以後更甚。福建巡撫朱一馮先後檄調都

司洪先春、遊擊盧毓英、及總兵俞咨皋等前往征剿，俱遭敗績，鄭芝龍之
聲勢乃日益浩大。《臺灣外記》在敘述這一段史事時，在天啟七年六月初
八日以後，即接敘崇禎元年六月初九日之事，對於天啟七年六月初九日至
崇禎元年六月初八日這一整年時間之內，鄭芝龍之動向及作亂情形如何，
完全沒有交待，看起來實在使人無法理解。

　　《臺灣外記》卷一所記鄭芝龍自開始為盜以及蔡善繼出面招安以後的
一切史事，如以現有各項公私載籍與檔案文獻等項資料考查之，無論其開
始為盜之時間。焚殺寇掠之地點，敵對將領之姓名，以及接受招安之始末
等等，幾乎無一正確。前引兵部尚書梁廷棟在崇禎三年十二月初一日所上
之奏疏，其後半段曾有關於這一段史實的概括性敘述，讀之即可明瞭其實
際情形之一斑。今為之續引如下，以便作為證明之用。梁疏續云：

　　……芝龍起，楊六楊七逃，李魁奇鍾六皆其徒黨，兵船民船，悉被
　　焚掠，而海盡賊矣。在芝龍未嘗一日忘撫，地方士民苦賊，亦群上
　　書撫按，代芝龍求撫。蓋芝龍雖少焚掠，然海絕營運，地值旱飢，
　　漳泉之民，死亡已逾十三，積敝之後，振刷為艱，殘破之餘，收拾
　　不易，故不得不出於撫。此猖獗之三。芝龍既撫，當事者若能推誠
　　待之，藉其人船器礮以剿捕餘黨，歸正者稍為安輯，則賊早平矣。
　　無如因其既撫而易視之，且有所挾以苛求焉。責之以剿捕，靳之以
　　月餉，苦之以點閱，李魁奇遂挾其人船器礮以復叛，而漳泉之焚殺
　　無虛日矣。此猖獗之四。新撫之寇，苦於文法之督過，與貪弁勢豪
　　之索勒，憤懣已極。魁奇乘之，意在敗撫以殺芝龍，而以身要撫，
　　如芝龍昔日圖楊六楊七之故智。故一鬨於電白，而副將陳拱之船二
　　百被焚；再鬨於興化之吉了，而金富、廉貢、王獻之船二百亦爐。
　　芝龍乃自裹餱糧，備器用，之閩之粵，日與尋殺。然而兵寡力單，
　　悉被挫衂，此蔓延而不可撲滅之一。……

　　將前面所曾引敘的梁疏前半段與此合看，可以很清楚的看出來，在天

啟六、七年時，福建沿海的海盜作亂情形，大致如下所述：

一、海盜幫之興衰，有其時間次第。自從荷蘭人佔據澎湖而截斷了福建海商的對外貿易通路後，最先崛起於海上的海盜頭目，是林辛老與袁進，其後乃有楊六楊七（即楊祿、楊策）。楊六楊七接受了福建撫按之招撫後，方有鄭芝龍之繼起，而鄭芝龍似乎還是原出於兩楊勢力之下，鄭芝龍接受招撫後，又有李魁奇、鍾斌二人為之後續。

二、鄭芝龍就撫後，福建官方若能推誠相待，不吝其月餉，不苦以點閱，貪弁劣紳亦不借題勒索其獻納，則鄭芝龍部下之大頭目李魁奇即不能借此為題目，鼓勵鄭芝龍的大幫海盜再次叛逃出海。但即使如此，仍非鄭芝龍自己之既降復叛，與《臺灣外記》所敘仍為截然不同的兩事。

就上述一、二兩項情形而言，其間的演變過程既極曲折，其後來的發展更是頭緒紛繁，要將這其間的關係一一爬梳整理，以清楚明白的文字建構起完整的輪廓，若以現有的文獻資料加以估計，大概仍需有兩、三萬字的篇幅，顯非本文所能容納。由於此一緣故，本文的論述暫時只能到此為止，其餘容後再論。不週之處，敬請鑒諒。

「李自成夾山禪隱說」之我見

一

　　一九八九年，湖南大學出版社出版了《李自成禪隱夾山考實》一書，係由「湖南李自成歸宿研究會」編，收集在此書中的學術論文、歷史資料、文物資料等為數甚多，並附有相關圖版多幅，洋洋灑灑，蔚為大觀。只因此書出版時筆者已由原服務單位退休，其發行量又只有三千冊，在大陸書銷售極為狹隘的台灣市場上並不容易見到，所以一直到去年，我才有機會在中研院近代史研究所的圖書館中見到此書，至感驚喜。但在讀畢全書之後，又覺得心中存有疑竇甚多，必需一吐為快。因撰此文，以就教於當世之專家、學者。

　　關於李自成之死，《明史》卷三〇九李自成傳記中本來已有記載，說：

> 順治二年……秋九月，自成留李過守寨，自率二十騎掠食山中，為村民所困，不能脫，遂縊死。或曰：村民方築堡，見賊少，爭前擊之，人馬俱陷泥淖中，自成腦中鉏死。剝其衣，得龍衣金印，眇一目，村民乃大驚，謂為自成也。時我兵遣識自成者驗其屍，朽莫辨……

這種既云「縊死」而又說是被通城縣九宮山村民所擊殺的兩存之說，本已令人發生疑惑，更何況在滿清官方遣人前往九宮山實地查驗時，所看到的

又只是一具「朽莫辨」而難以知其真偽的腐屍呢？由於有這種不確定的記述存在，所以懷疑此事的歷史學者乃根據了《清世祖實錄》中的有關記載提出異議，以為《明史》中所記李自成死於通城九宮山之說並不可信，其實際真相如何，正復大有可疑。亦正因為如此，所以才使後來的「禪隱夾山」說有其發展之餘地。

《清世祖實錄》卷十八，記有順治二年閏六月靖遠大將軍和碩英親王阿濟格所奏，李自成已於逃入九宮山後「為村民所困，不能脫，遂自縊死」，惟因屍朽莫辨之故，「或存或亡，俟就彼再行察訪」云云之奏。但在順治二年七月阿濟格班師回京時皇帝所頒之詔諭訓示，則與前奏之內容顯有不同。《清世祖實錄》卷十九記此詔諭之內容說：

> 此次遣人迎勞，原以兵丁遠行勞苦故也。至於王及行間大臣，本應遣官特迎。但爾等先稱流賊已滅，李自成已死，賊兵盡皆剿除，故告祭天地宗廟，宣諭中外。後又言自成身死是真，戰敗賊兵凡十三次，則先稱賊兵盡殲者，竟屬虛語。今又聞自成逃遁，現在江西。此等奏報情形前後互異，以此諭眾，已駭聽聞，況經祭告天地宗廟，豈有如此欺誑之理？……

由於皇帝有此諭旨，所以阿濟格等班師回京之後，不但未蒙獎敘，反因欺誑等罪遭削爵之懲處，則阿濟格前次奏報李自成已死於九宮山之說，顯然亦是不可信之誑語了。阿濟格是當時奉命前往征討李自成的清軍主帥，主帥的報功疏如此誑言欺蔽，有關李自成的生死存亡問題，豈不成了難解之謎？但是，儘管阿濟格因報功不實而遭到削爵降黜之罰，滿清的官方文書中，卻從此不再看見有關李自成生死存亡的記載。這其中的道理何在，就是一個很大的疑竇了。

二

　　滿清入據中原，為了鞏固其政權，自入關以後，即無時不注意防範可能危害其統治基礎的反對力量。當時的反對力量主要來自兩方面，一是漢人因不甘受其統治而勃興的反清復明運動，二是曾經顛覆明朝統治的全國性革命運動——農民叛亂，亦即是明、清兩朝官書記載中所稱之「流賊」。因反抗滿清統治而興起的義軍，必以擁戴故明遺裔為興復之號召力量；所以清政府當時不但全面搜捕故明的藩王、宗室，更特別查緝最具有號召力量的崇禎諸皇子。自順治朝至康熙朝，明朝的宗室胤裔慘遭搜捕殺戮殆盡，能獲倖免者只有靠遁跡空門或以改名換姓的方式藏匿偷生。至於李自成張獻忠被剿滅後所殘留的餘黨，若非與反清義軍合流，在最後同為清軍所滅，亦難逃根株追捕而斬薙無遺之命運，其下場與明朝宗室同樣地極為悲慘。要知道其實際情形如何？在明清檔案中的順治朝殘餘檔案裏，可以看到很多有關的文書奏報。不暇備述，姑舉在歷史上有鼎鼎大名的「朱三太子案」為例，即可見其一斑。

　　孟森先生所撰《明清史論著集刊》上冊第 28-77 頁，收錄其〈明烈皇殉國後記〉一文，其第二篇〈清聖祖殺故明皇四子及其眷屬〉部分，所記即是俗稱之「朱三太子案」。其中之主角人物，乃是明思宗崇禎帝之第四子慈煥，在展轉逃亡藏匿六十餘年之後，最後仍為清政府所緝獲，並其妻妾子孫皆遭屠戮之始末經過。由孟森先生此文所考證之史實，即可窺知滿清政府如何跟蹤追捕明室遺裔，雖歷時數十年之久而仍毫不鬆懈之事實。

　　根據孟森先生大文之所考，慈煥原封定王，於北京城破時藏匿民間，旋為李自成所獲。李自成為入關清軍所敗，餘黨各自奔逸，慈煥亦逃出北京，為一名為「毛將軍」之人帶往河南，棄馬買牛，種地為生。一年多以後，因「清朝查捕流賊緊急」，毛將軍棄慈煥而逃生，其時慈煥年方十三，自往南行。至鳳陽，為一王姓鄉紳所收留，從此改姓為王，名士元，與此鄉紳之子同學讀書。數年後王紳病故，慈煥無可倚靠，乃渡江而南，至一寺廟中削髮為僧。後遊方至浙江，為一胡姓宦裔所收留，蓄髮還俗，

更以女妻之。自此久居於浙江之湖州，有子有孫，儼然可以安居樂業。此後數十年中，他在浙江各地教讀為生，其子改名為王子則的，則到山東河北各地處館。一家人向來謹慎小心，只圖苟全性命，從不敢有興復之想。但因其出身來歷畢竟是收留之人所知道的，而這些人又不免因言語不慎而洩漏了消息，以致外間逐漸有人知道慈煥未死的秘密，於是慈煥之名居然被野心亡命者所利用，藉「朱三太子」之名號在各地結黨起事，所掀起的動亂規模居然不小。這就使各省的地方官吏大為震動。經由捕獲亂黨所供出的線索，直隸、山東、安徽、浙江等省巡撫按「順藤摸瓜」的方式展轉查緝，直到康熙四十七年，才在浙江長興、山東饒陽等縣將已改名王士元、王子則的慈煥父子六人俱皆拿獲，其後皆問擬斬罪，其餘姚家中另有一妻二妾三女一媳，聞事變捕捉，舉家投繯，同時畢命。孟先生大文中引《雞林舊聞錄》所載此案爰書之判語有曰：「朱某雖無謀反之事，未嘗無謀反之心，應擬大辟，以息亂階。」這就是說，不管朱慈煥有無謀反之事，只要他是崇禎皇帝的子孫，就非死不可。孟森先生因此很感慨地說：

> 朱三其時，一教書謀食之寒士耳，而猶不共與戴天，聖祖之萬不令明有後，意灼然矣。

滿清皇帝為什麼不能令明室有後？其原因就是因為他們具有被野心人士擁戴利用的資格，為了鞏固滿清皇朝的統治基礎，非將他們斬刈無遺不可。由朱三太子案可以知道，滿清皇朝對於可能危及其統治基礎的危險人物，決不會輕易放過；即使竭數省之力，歷十餘年之久，亦必要將此人查獲為止。由此更可知滿清皇朝的查緝能力甚強，即使如改名換姓、隱匿民間已數十年之久的慈煥一家人，最後亦仍難逃出其查緝之網。慈煥之事例如此皎然明白，如果是李闖王，又當如何呢？

假如闖王李自成果如民間傳說所云，確實是在通城九宮山一帶乘亂失去了蹤影，站在滿清政府的立場，必然因震懾於李自成號召能力之強的緣故，必不敢絲毫放鬆其明查暗訪的緝捕工作；而只要滿清政府不放鬆其緝

捕工作，以湖北、湖南、江西三省毗鄰地區面積之小，應該沒有查緝不獲之理由。然則我們不禁要懷疑，如果李自成真的是在九宮山一帶失去蹤跡的話，滿清政府豈有不大舉搜捕，而且居然搜捕不獲之理？更何況所謂石門縣夾山寺並非僻處荒陬的野寺破廟，李自成又如何能在寺中藏匿而不被察覺呢？

三

論述至此，應該先回過頭來看看所謂李自成禪隱夾山之說究竟從何而來，然後再根據此一傳說剖析其能否成立之理由，即不難察見其中之是非真偽。

傳述李自成「禪隱夾山」的文字紀錄，始見於何璘所撰之《澧州志林》。何璘曾於清乾隆時出任澧州知州，石門即為其屬縣。此書卷二十三中有〈書李自成傳後〉一文，其主要內容云：

> 闖賊李自成之死，野史所載不一。《明史》載為我兵所迫，部眾多逃降，走咸寧蒲圻，竄於通城之九宮山。秋九月，留李過守寨，自率二十餘騎略食山中，為村民所困，不能脫，遂縊死。又載有「或曰村民方築堡，見賊少，爭前擊之，人馬俱陷泥淖中，自成腦中鋤死」，說各不一，其以為死於村民之手，一也。野史則載，村民不知為自成也，截其首獻何騰蛟，驗左顴傷鏃，始知為自成。《明史》則云「剝其衣得龍衣金印，眇一目，村民乃大驚，謂為自成。」雖死於縊與死於鋤說各不一，其以為果死，亦一也。余以澧志不備，周諮遺事。有孫教授為余言，李自成實竄澧州。因旁訊故老，聞自成由公安奔澧，其下多叛亡。至清化驛，隨十餘騎走牯牛壩。後棄騎去，獨竄石門夾山寺為僧，今其墳尚在，云。余訝之。後至夾山，見寺旁有石塔，覆以瓦屋，塔面大書「奉天玉和尚」。前立一碑，乃其徒野拂所撰文，載「和尚不知何氏子。」夫「奉

天」豈和尚所稱？曰「玉」，曰「何氏子」，蓋寓言之，亦諱言之也。遍問寺僧，對不甚詳。內一老僧年七十餘，尚能記夾山舊事。云和尚順治初年入寺，是律門，不言來自何處，其聲似西人。復有一僧來，是其徒，乃宗門，字野拂，係江南人，事和尚甚謹。和尚歿於康熙甲寅歲二月，年約七十。臨終有遺言於野拂，彼時幼，不與聞。奉天和尚為其自號，野拂即以名其塔。寺尚藏有遺像，命取閱之，則高顴深額，鴟目蠍鼻，狀貌猙獰，與《明史》所載相同，其為自成無疑。自成之構亂也，初僭號曰「奉天倡義大元帥」，後復僭號新順王。其曰「奉天玉和尚」，蓋以「奉天王」自寓，加點以諱之；而玉又璽質，為天子所寶，殆迄死不去僭號。自成受我兵追躡，由襄陽分路南奔，時何騰蛟在長沙，尚為明守，料其痛君父之仇，必不容己，故令妻侄乞降，而己由公安別竄，蓋欲走辰州，由黔入川，與張獻忠合。而常德又為騰蛟別將所扼，進退不得，乃舍騎入山，削髮亡命，亦勢所不得不然。而我師與何騰蛟彼時皆以得自成為首功，因而設疑代斃，以為緩追脫身計。此又其腹心謀臣之所共為，安知後夾山之野拂，非即其逸黨耶？《明史》於九宮山鋤死之自成，亦言：「時我兵遣識者驗其屍，朽莫辨」。而老僧親聆驚咳，其東西音又異焉也。爰臚異聞，備書傳後，俾後之怪史傳異辭者，亦有所參考云。

何璘此文，舉李自成可能隱遁於石門縣夾山寺為僧的各種理由，甚為詳盡，而通觀全文，以「奉天玉和尚」係陝西人，其相貌猙獰，與《明史》所載相同；其僭號奉天，殆至死猶不忘其曾為皇帝之意等等證據來加強他的說法，雖似言之成理，其實經不起實際證據的查驗。如以《李自成禪隱夾山考實》中所收集的各種實物證據來逐一查證其可信程度，以上種種說法，就會出現太多的罅漏。何璘曾以澧州知州的地方長吏身份親至夾山寺考查，何以竟對現存於寺中的各種實物證據視而不見，如不存在，卻仍要在這一篇〈書李自成傳後〉中鼓其如簧之舌，恣為異說，其用心實在大有

可疑之處。

　　被何璘隱指為李自成削髮隱遁的這個「奉天玉和尚」究為何許人？這個問題，應先從奉天和尚之來歷及夾山寺之名稱與歷史沿革說起。《李自成禪隱夾山考實》頁 310「文物資料」一，〈夾山寺的地理位置及沿革〉云：

> 夾山，在澧水之南，東沿澧水入洞庭，西距石門縣城十五公里。「夾山寺」為「靈泉禪院」的俗稱，座落於夾山之麓，山環水繞，環境幽美，為楚南名剎。該寺創建於唐懿宗咸通十一年，宋神宗元世祖先後敕修，故有「三朝御修」之盛名。因山門兩廊與正殿相距甚遠，有「騎馬關山門」之說。迨明末清初，成為廢墟。幸賴奉天大和尚來此住持，率領弟子修葺開拓，漸復舊觀。

　　讀何璘的〈書李自成傳後〉，使人想像「李自成禪隱夾山」的夾山寺，似乎只是一座僻處山陬而且十分簡陋敝敗的鄉野小廟；惟其如此，所以才能讓一個語音難曉而面貌猙獰的野和尚一住幾十年而無人知曉。但在讀此沿革簡介之後，這種觀念顯然應該大加改變。第一，夾山寺原來是距石門縣城並不太遠而規模頗大、歷史悠久，有「楚南名剎」之稱的著名佛寺，其正式名稱是「靈泉禪院」，始建於唐懿宗咸通年間，至明朝末年，因兵火而幾淪為廢墟，至順治年間，賴有奉天大和尚前來主持，方才重獲復興之機運。至於這奉天大和尚的來歷及修復夾山寺之經過，則康熙四十四年〈重興夾山靈泉寺功德碑〉中說：

> 迨明末兵火，幾至邱墟。獨賴奉天老人從西蜀南遊，恐祖庭之蕪沒，於焉騎錫，思復舊觀……時順治壬辰夏月也。有本邑魏侯諱紹芳，欽老人開拓行力，捐俸而給牛種，並贖取附近田畝為常住供眾之本。是年冬，則野拂大和尚由鼎州而來，投老人披剃。……

此碑文中明白指出，夾山寺遭明末兵燹後幾成廢墟，至順治壬辰年後始重
獲興復。按，順治壬辰即順治九年，此與石門知縣魏紹芳在石門任職之時
間相吻合。由魏紹芳之捐俸買牛給種，又贖取附近田畝為寺中僧眾的耕種
之資，夾山寺始能重獲興復。然則這位「奉天大和尚」並非潛蹤匿跡，不
為官府所知的情形，顯然十分明白。而由另一篇夾山文獻〈夾山說〉中之
所見，這位奉天和尚不僅為官府所熟知，而且曾遠赴華容縣敦請當地文士
嚴平子為之撰寫記文，則其並非不敢在社會大眾間公然露面的事實亦十分
明顯。嚴平子所撰〈夾山記〉云：

> ⋯⋯百年來天下梵剎競盛，多位大山喬嶽，往來名公鉅卿，借富商
> 大賈為檀越。獨某師安住石門郡，人跡稀闊，建場其中。而予舊友
> 為華令者，一日擲版出家，歸依茲山，予年近八旬，躬耕岩端，稱
> 在家僧，可四十年矣，三者皆有隱意。忽一日，某不遠五百里，一
> 盂一笠，來瀨園屬予為紀。予色然如入歡喜地，曰：「此同心之言
> 也」，爰盥手燃炷而紀之曰：「古石門郡今為縣，薄近溪洞，有夾
> 山，古所稱『猿抱子歸青嶂嶺，鳥鳴花落碧岩泉』，蓋最勝也。
> 《燃燈》《指月》諸錄及《高僧傳》所載，善會祖師說法於此。唐
> 咸通十一年，奉旨指州邑賦建道場，銅鐘象鼓，為吾楚大觀，師塔
> 至今有。迨宋神宗朝，丞相張無盡奏請圜悟禪師住持，著《碧岩
> 集》。元世祖特賜敕修，爰有「三朝御修」之敕，勒石題額。明三
> 百年鐘鼓不替，丁亂灰燼，賴茲興復。眾六十人，甘苦與共，皆令
> 力耕自食。釋氏云：「苦行莫如力田」，則僧家南州高士乎？⋯⋯

由嚴平子此記，更可知道，由奉天大和尚主持興復的石門夾山寺，在順治
九年草創規模時，由於原來的廟宇毀圯殆盡，興復之初，只有僧眾六十
人，完全依靠力田耕食，不恃外來香火之濟助。這與前引〈重興夾山靈泉
寺功德碑〉中所說，知縣魏紹芳捐俸購買牛種，及贖取附近田畝，俾寺中
僧眾可以躬耕給食的情形，亦完全吻合。草創興復的夾山靈泉寺，在奉天

大和尚的督率領導之下，有僧眾六十人之多，他們除了唪經禮佛之外，還須要勤懇力田，過著苦行僧一般的生活。這樣的光景，豈能有李自成藏身潛蹤其中，完全逃出官府監視的可能？應當是很容易了解的問題。

據嘉慶二十三年重修的《石門縣志》卷三十五〈職官志〉之所記，石門縣歸清以後第一個來做知縣之人，是山東曲阜縣人孔尚標，以後的第二、三任則是魏紹芳與邵元璽。魏紹芳於順治七年到任，至順治十年，改由邵元璽接任。這魏紹芳與邵元璽，與重建興復的夾山寺都有甚為密切的關係，其情形可由另一篇夾山寺文獻中見之。建立於清道光三十年的〈重修夾山靈泉寺碑志〉云：

> ……噫，兵燹之餘，古跡湮沒者多矣，獨茲也乎哉？我朝順治壬辰歲，有和尚字明玉者，飛錫來茲，實繁有徒，叢林大啟。癸巳年，明府邵公，蒞我石邑，公餘之暇，遊心淨界，廣種福田。兼有楊君道義昆仲，丁君朝輪等解囊勸事，而廟貌一新。孔長史剃草開林，蔡安西崇基表刹，殆復見如昔日矣。二百年來，香火如舊……

由這篇文章可以知道，在歷經石門縣前後兩任知縣魏紹芳、邵元璽的提倡，及當地紳士楊道義兄弟、丁朝輪的努力捐獻之下，夾山寺在兵燹之後又復漸具規模，幾如昔日之舊。這其間所經歷的時間似乎並不太久，至其建制規模如何，則在康熙四十五年來任石門知縣的許湄所撰遊記中大致看到其輪廓。嘉慶《石門縣志》卷四十九〈藝文志〉所載此記云：

> 邑之清泉、福田及花藪、花山諸寺，山中之名勝也，巉岩荊棘中得此憩息而眺覽，亦曰：苟如是足矣。而山之奇特，僧閣之幽峻，門徑之迂迴，兩山相夾，別有天地，則以夾山為稱，非親履其地而得諸傳聞彷彿間，其與耳食何異？戊子春，以公事息肩於此。屢折委迤，引人入勝。寺南清池，廣二畝許，澄波洒然。入山門，登大雄殿，考之碑碣，知創於唐，為善會禪師卓錫於此，其題句有：「猿

抱子歸青嶂嶺，鳥鳴花落碧岩泉」，亦足想其磊落風致，能會上乘
法者。青嶂嶺南，即碧岩泉，泉極甘美。遂登大悲殿，層級而上，
至方丈地，過湧泉亭，不啻司空圖白馬觀之遊，令人心地清涼也。
乃知天造地設，自然之真境常在人間，而鹵莽滅裂者不能歷其藩
翰，況閫奧乎？故佛氏以入山而知性之至空，儒家以入山而悟理之
至實。後之遊覽者，請高著眼，均作夾山可也。是為記。

許湄的這篇〈遊夾山靈泉記〉，不僅寫出夾山靈泉寺的山水形勝，也大致
勾勒出此寺之規模輪廓，在山門及大雄寶殿之外，尚有大悲殿及歷級甚高
之方丈地。「屢折委迤，引人入勝。」參以康熙〈重興夾山靈隱禪院功德
碑〉中之所云，「至辛酉秋，大興土木，極力重修。首圓通殿，次大雄
殿，以及鐘樓鼓樓。山門兩廊，依次畢舉，咸修無缺。雖不知視宋、元為
何若，而雄峙西南，應為今日之僅見也。」可知在順治、康熙間一再修建
的夾山靈泉寺，其大致規模，在康熙晚年時猶能保持原來的狀態，「雄峙
西南」，堪稱為楚南之名剎。奉天和尚於順治九年壬辰來主此寺，於康熙
十三年甲寅三月病歿，其卓錫於此之時間，首尾凡二十三年。在這二十三
年之中，夾山靈泉寺由「幾至邱墟」的頹敗情況重新興復至如此規模，皆
奉天和尚的經營擘畫之功。為了籌募經費，他必須廣結善緣，與當地知縣
及紳士們交結往來；為了請名人作記，他也曾遠赴華容縣親自向當地名士
嚴平子請求。像這樣拋頭露面、奔走往來的住持大和尚，豈是由流賊首領
藏身匿跡，惟恐為人察覺的李自成所能擔任？更何況李自成的面貌猙獰而
一目已眇的特殊形象十分惹人注意，他又怎有此可能在眾目睽睽的情形之
下與各方面交際往來而不畏人知呢？凡此都已是無法解釋的矛盾，即使是
撰寫〈書李自成傳後〉的何璘亦無法解答，如果再以後面的問題向他提出
考詢，恐怕更將使他瞠目結舌，啞口無言的吧！

四

夾山寺文獻中有一篇〈弘律奉天大和尚塔銘〉，乃是近代發掘奉天和尚墓穴所得的隨葬文物。此塔銘說：

> 師於大清壬辰年六月，受石邑魏侯請書，領徒開山，歷盡清要，臥風餐水二十年，叢林大舉，門弟子數千眾……

清朝的順治九年壬辰，即南明永曆朝廷的永曆六年壬辰。考之史籍，此時的湖南石門縣，正是明清兩軍征戰頻繁的軍事前線。據王夫之《行在陽秋》所記，南明軍於此年三月克復沅州，又復平遂衛、藍田縣等地。五月廿一日，平東王孫可望自靖州率大軍進攻湖南，清將沈永忠發兵迎戰，敗績。七月初一日，明軍克寶慶。初四日，安西王李定國進攻廣西的桂林城，激戰多日後終將桂林克復，守城的清定南王孔有德自刎死，其部將曾盛、祖秘希、孔承先等皆伏誅，明軍大獲勝捷。李定國率大軍乘勝追擊，廣西州縣皆聞風降附。至八月十八日，孫可望軍更進抵長沙附近的善安縣，深入湖南腹地。清軍在湘、桂各地的連串敗績，使清政府大感震恐。而這一段時間內的石門縣，也正是知縣魏紹芳遠從四川延請奉天和尚來到夾山靈泉寺，籌畫興復此一「楚南名剎」的時候。石門縣位處湖南省的北境，隔洞庭湖與常德府相對，雖然尚未成為明清二軍的戰場，畢竟仍是接近前敵的軍事戒嚴地區。在軍情緊急之時，接近前敵的州縣地方官以籌措軍需糧秣及綏靖地方為首要之務。在這個兵荒馬亂的動亂時刻裏，石門知縣魏紹芳在應付緊急軍務尚且不遑暇晷之時，居然還有這一分閒情逸致，遠從四川去請來這個奉天和尚，還捐俸銀，積極進行夾山靈泉寺的興復工作，這種舉動看起來是不是很不尋常呢？

清代制度，州縣官的成績考核最看重錢糧徵收及盜賊緝捕這兩大項目。所謂錢糧，就是現代所稱之田賦，如在戰時，還包括緊急徵用的軍需糧秣及夫馬供應。錢糧徵收不能達到規定的分數，或地方發生盜賊人命而

地方官不能在限期內獲盜破案，輕則參罰降處，重則革職。這種獎懲處分的「功令」在平時就很嚴格，在戰時如因此而延誤軍情，罪名更重。順治年間，清政府對南明及明鄭的戰爭始終未能停止，軍費及糧秣的供應調度十分緊張。而大亂之後，人口大量死亡，地方凋殘，田畝拋荒，無論是徵銀徵糧及僉派夫馬，都十分困難。石門縣位處前敵，支吾應付之不暇，身為知縣的魏紹芳、邵元璽卻可以拋撇錢糧短缺的困難，拿出銀子來做修寺置產的「不急之務」，實在教人不可思議。這其間如果沒有更大的政治目的與作用，魏紹芳、邵元璽的作為，就未免背悖情理。這一層，應是了解當時環境後應有的認識。

　　由前引何璘所撰〈書李自成傳後〉一文已可知道，早在何璘未到澧州之前，當地就已流傳著各種有關李闖王的說法，以為「李自成實竄澧州」，及「獨竄夾山寺為僧」云云。魏紹芳、邵元璽來到石門的時間更早，所聽到的這一類傳聞當然更多。他們二人身為石門縣的知縣，聽到這種傳說後當然要十分關心，而且有責任要在查明事實真相之後設法將藏匿在夾山寺中的李自成緝捕到案，奏報朝廷。查明事實真相的方法至少有兩種，一是派軍前去搜查，二是責成負責緝捕工作的差役廣布眼線，明查暗訪，以求達到目的。但派遣軍隊不免驚駭地方人民，而且也不可能持久；則責令捕役訪拿緝捕的辦法應該比較妥當。但這裏也不無問題存在，因為寺廟乃清淨佛地，一再上門搜查，未免跡近騷擾；則以幫助興復寺廟為名，表面上熱心贊助而暗寓親身體訪之實，應該是最不動聲色的查訪緝捕之法。相信魏紹芳、邵元璽等人在當時之所以熱心幫助夾山靈泉寺展開興復工作，此應是其真正的動機所在。如其不然，何以前後兩任的石門知縣都如此熱切關心夾山靈泉寺的興復工作呢？在邵元璽之後來任石門知縣之人，在嘉慶《石門縣志》卷三十五〈職官志〉中可以考見其姓名的，尚有翟檜、張國紀、郭世純、程光禮、金璋、王興宗、張霖等人。翟、張、郭、程四知縣之任職時間不詳，金、王、張霖三人之到任時間則分別在康熙十三年、十八年及十九年。由夾山文獻中可以考見，在邵元璽以後的七任石門知縣中，只張霖亦曾有捐款興寺之功，其餘六人並皆缺如。康熙夾山碑記中有一段相關文字云：

於時四方歸依者雲集，苦其供奉不給，前任邵侯諱元璽、張侯諱霖、九溪守府袁諱鯛，相繼捐俸、置田數處，免其租徭，永為供奉接眾之費……

由此更可知道，在順治、康熙之間來做石門知縣的這些地方官吏之中，魏紹芳與邵元璽雖然對興復夾山靈泉寺最為出力，其繼任者自翟檜、張國紀、郭世純、程光禮、金璋以至王興宗六人，幾乎都不聞不問，只有最後的張霖才是熱心贊助之人，其來任石門知縣的時間則已是康熙十九年了。在這一段長達二十餘年的時間裏（自順治九年至康熙十八年），為什麼只有魏紹芳與邵元璽這兩個前後任的知縣對興復夾山寺最為積極，而其餘諸人並皆不聞不問？很可能與他們在任時間的軍事、政治環境有關係。

　　由於夾山靈泉寺距離石門縣城只有十五公里的路程，由縣城前往此寺，當日可以往返。在魏紹芳、邵元璽來做石門知縣之時，地方上既有李自成竄身夾山寺削髮為僧的謠傳，他們當然有責任要將此事查理清楚。既然魏紹芳所採取的是柔性處理的暗中察訪之法，而且還遠從四川請來奉天明玉和尚擔任住持，積極從事夾山寺的興復重建工作，則他無論是真的熱心興復佛教或只是藉表面上的贊助以便於實際上的監督控制，他都必須積極地為此廟籌集經費以為興寺購田之需。魏紹芳於順治十年去任，邵元璽繼任知縣，如果對查緝訪尋李自成的工作還不能停止，他當然也必須繼承魏紹芳之作為，以表面贊助暗中監控之法繼續執行對夾山靈泉之注意。在經過魏、邵二任歷時數年的訪查監控之後，如果已可確定李自成決不可能匿跡遁身於此寺之中，則對夾山靈泉寺的監控工作顯然已可證明其全無必要，以後來任石門知縣的翟檜、張國紀等人，還有什麼理由需要對此事繼續捐錢出力，純粹只是扮演宗教贊助者的角色呢？由此所顯示的事實則是：到了順治朝的最後一段時間裏，李自成禪隱夾山寺的傳說，在經過魏紹芳、邵元璽、翟檜、張國紀等一連串當地長吏的實地了解之後，已證實其根本無此可能，所以在以後來任石門知縣之人，似乎已完全放棄對此寺的注意。由此所顯示的另一項事實則是：所謂李自成禪隱夾山的傳說，已

經可以證明它只是一項無稽之謠傳而已。

五

　　基於以上的論述，照筆者的管見，石門知縣**魏紹芳**之所以要在順治九年遠從四川請來這位奉天明玉和尚擔任夾山靈泉寺之住持，又多方設法捐款購贖田產，積極幫助此寺的災後重建工作，其目的顯然是為了便利對此寺的監督與控制，防範其潛藏奸宄之可能。這奉天明玉和尚既然是**魏紹芳**從四川所延請來湘的來歷分明之人，則他的面貌是否猙獰可畏而眇一目、面有箭鏃傷痕等等特徵，豈不是**魏紹芳**所深切了解的？這樣一個當家大和尚居然便是藉薙髮出家以便遁跡方外的李自成，而**魏紹芳**亦居然視若無睹，這種說法未免跡近天方夜譚。所以，在**魏紹芳**、**邵元璽**這前後兩任石門知縣嚴密監控下的夾山靈泉寺，其不可能有李自成藏身匿跡其中的事實，應該十分明顯，而奉天明玉大和尚之不可能是李自成的理由，更是十分明顯不過。何璘輕易相信不可靠的傳說更加以附會，便編織出了這一段荒誕成分太多的故事，其態度實嫌輕率。《李自成禪隱夾山考實》頁 141 載有穆長青先生所記錄的另一則故事更說：「據夾山民間傳說，闖王削髮於夾山寺後，清軍曾先後搜捕過三次，其中一次情況很危急，幸賴李過負之過牆而逃，方免於禍」云云。這大概便是何璘來做澧州知州之前流傳在當地的故事，所以他才會特別相信「程教授」與寺中老僧之所說，認定此奉天玉和尚即是削髮禪隱的李闖王。由上文所舉各項理由可以知道，這些故事顯然都忽略了一些基本事實，即夾山靈泉寺並非僻處山陬的村野破廟，而且是在石門知縣**魏紹芳**手中重新興復的「楚南名剎」，在**魏紹芳**與**邵元璽**這前後兩任知縣的監控之下，不僅寺中的動態可以一一掌握，甚至連當家大和尚都是**魏紹芳**所遠道延聘前來的親密友人，故事中所傳說的種種事實，怎麼有可能在當時發生？實在是筆者心中最大的疑竇。管見如此，不敢自秘，特地寫出來請求指教。

洪昇「家難」考

一、文人命窮

洪昇，字昉思，號稗畦，浙江錢塘人，乃是清代初年有名的戲曲作家。他所撰的戲曲極多，而以《長生殿》為最有名。梁廷枏《藤花亭曲話》論之，謂：

> 《長生殿》為千百年來曲中巨擘，以絕好題目，作絕好文章，學士文人，一齊俯首。自有此曲，毋論驚鴻、彩毫空慚形穢，即白仁甫秋夜梧桐雨，亦不能穩占元人詞壇一席矣。

又，王季烈所撰的《螾廬曲話》亦極稱之，謂：

> 余謂古今傳奇，詞采結構排場並勝，而又宮調合律，賓白工整，眾美悉具，一無可議者，莫過於《長生殿》。

但是，洪昇雖因《長生殿》的寫作而斐聲文壇，又能在清代文學史上得到崇高的地位，他本人的遭遇，卻十分屯邅可憐。別的不說，就以康熙二十八年禮科給事中黃六鴻彈劾都中名流在國恤期間演戲，為大不敬，請按律治罪一案，都中士大夫因此而得罪者數十人，洪昇亦被株連，革去國子監生，因為這天所搬演的戲劇，就是這部有名的《長生殿》。阮葵生《茶餘客話》說，都中人當時有口號，云：「可憐一齣《長生殿》，斷送

功名到白頭。」描寫罹禍諸人之狼狽尷尬，殊為刻薄。洪昇既被革去監生，功名無望，回到杭州之後，從此放浪西湖，高歌縱飲，有如明朝時的江南才子唐伯虎一般。康熙四十三年六月遊茗溪，不幸於大醉後失足落水，竟然溺死，時年六十歲。杭人鄭景會有詩弔之，云：

> 潦倒名場四十年，歸途竟作水中仙。尊前顧曲無公瑾，鄴下論交少仲宣。故國魂招烏戍月，新秋夢斷白蘋煙。臨流欲灑山陽淚，悵望西風倍黯然。

由此可知，洪昇的《長生殿》雖然寫得極好，這一本戲劇名作所帶給他的困擾，卻是十分惡劣的。另外一點，則因他因為性耽音律而酷愛戲劇之故，竟然失愛父母，在艱難的人生道路上備嘗困頓苦厄，說來就更令人為之扼腕歎息了。

關於洪昇早年曾經落魄京師，流寓困窮的事，各種有關資料中都有記載，可以毋庸置疑。如清人錢林所撰的《文獻徵存錄》說：「洪昇，字昉思，錢塘人，上舍生。遭家難，流寓困窮，備極坎壈。」又，王士禎《香祖筆記》：「昇，予門人，以詩有名京師。遭家難，流寓困窮，備極坎壈。」其他類似記載尚多，不備舉。這些資料雖然都說明了洪昇早年流寓京中，備極困難，但是對於造成此事的「家難」二字，頗有錯誤的解釋；因此竟不能使我們明瞭，此所謂「家難」，究竟是指何事而言？筆者此文，就是希望藉現有資料的記載，查明其中的真正原因，以澄清不必要的錯誤解釋。

二、何謂「家難」

《文獻徵存錄》及《香祖筆記》等書中所一再提到的洪昇的「家難」，大部份研究洪昇生平的學者，都把此二字看成了政治性事件。如陳萬鼐先生在《圖書館學報》第九期所撰〈洪昇家難質疑〉，就以查嗣庭之

「家難」為例，認為清時人所謂之「家難」，大都只是當時人對於身罹政治性刑獄的一種諱飾之辭，其重者甚至可能一家數十人盡赴詔獄，所隱諱的災禍可能十分重大。基於此一論點，陳萬鼐的大文，就以洪昇之父在康熙十八年因罪遣戍之事開始，從各方面探索其可能之內情。但因洪昇的《稗畦集》中對此事並無詳盡記述，其他各種有關洪昇的傳記資料，對此也都含糊隱約，因此陳先生雖然認定此即是造成洪昇流寓困窮的所謂「家難」，畢竟沒有正面的資料可為佐證。其後，曾永義先生撰《洪昇年譜》，則以為洪父因罪罹禍的時間，似在康熙十二年以前，並非陳萬鼐先生所說的開始於康熙十四年；這是因為洪昇在康熙十二年時已攜眷旅京，而趙執信所撰《懷舊集》，其洪昇詩前小序云：

> 錢塘洪昇昉思，故名族，遭患難，攜家居長安中。殊有學識。

趙執信既說，洪昇是因為遭患難而攜眷移居京師的，而在康熙十二年時他已住在北京，則家難發生的時間理應是在康熙十二年洪昇攜眷移居北京之前。但洪昇之父因罪入京，確實是康熙十四年的事，此二說遂有矛盾。

曾永義先生根據洪昇攜眷移居北京的時間，推測其「家難」發生的時間不可能發生在康熙十二年以後，其見解十分正確。只是曾先生亦把洪昇的「家難」認定是其父因罪遣戍而起，那就不免與陳先生犯了同樣的錯誤，而且自陷矛盾。照筆者的淺見，洪昇之父因罪下獄而至充軍，固然可以看成洪昇的「家難」，但造成洪昇流寓困窮的「家難」，似乎並不一定便是此事。清乾隆時的錢塘諸生沈紹姬，是洪昇之子洤修的好友，著有《寒石詩鈔》十二卷。此書卷十，有一首詩的題目是：〈喜洪洤修過存，並讀其尊人昉思《稗畦續集》有感，賦此以贈。〉詩云：

> 浮雲流水兩悠悠，五十年前亦舊遊。萬疊風波經九死，一編詞賦足千秋。青箱不墜魂堪慰，紅豆重歌淚未收。玉茗主人應有後，寒光疏草重南州。

此詩的前四句詠洪昇，後四句則讚洰修克紹家學，足慰父魂於地下。最重要的，乃是此詩的第三句下原有四字小注，於考證洪昇家難一事極有幫助。此小注是：

　　洪家多難。

　　按，此小注中的「洪」字，自然指的是洪昇；所謂「多家難」，意思是家難不止一次，而至少應在兩次以上。亦惟有如此，「萬叠風波經九死」的意義，方能為人瞭解。由此可知，洪昇之父因罪遣戍，固然是洪昇所遭家難之一，而在此之外，正復另有家難，而未曾為我們所注意。能夠把握住此一點，對於洪昇因遭家難而致流寓困窮一事，就不致與洪昇之父因罪遣戍之事相牽混，而陷入無可解釋之矛盾。

三、失愛父母

　　要知道洪昇早年所罹的家難究為何事，可以先看看同時人所稱之家難，亦可以包括那一些事。《國朝杭郡詩輯》卷十，沈紹姬詩前所附小傳云：

　　沈紹姬，字香嚴，錢塘諸生，有《寒石詩鈔》十二卷。香嚴年十二學為詩，沉思苦索，常竟日不暇食，人呼為吟癡。家饒于資，居東城橫河兩橋之間。……後遭家難，避于南屏，遇妓蕭又殊婢落花，脫簪珥贈之，使他逸，乃遊吳楚間。晚歲寓袁公浦，瓦盆土銼，與彌勒同龕，始末幾三十年。以賣文錢給朝夕。

　　讀此小傳可知，沈紹姬之所謂「家難」，乃是因為他不能見容於家庭，以致初則於被逐後避于南屏，繼乃遊於吳楚，至晚年猶不能復返故里，以致落魄困苦，窮老無歸。以此為例，洪昇早年所遭之家難，殆亦彷彿。洪昇

友人之一魏坤，在所撰《倚晴閣詩鈔》中有〈贈洪昉思〉一首，云：

> 足踐清霜怨伯奇，十年悁悁去何之？黃金臺外瞻雲恨，泣補南陔東皙詩。

此詩中一共有兩個與家庭父子有關的典故，一是伯奇，一是南陔。蔡邕《琴操》云：

> 履霜操，尹吉甫子伯奇所作也。伯奇無罪，為後母讒而見逐。晨朝履霜，自傷見放，於是援琴鼓之，而作是操。

又詩序釋「南陔」：

> 南陔，孝子相戒以養也，有其義而亡其辭。

由前一個典故，似乎洪昇是因失愛於後母而為其所讒，以致無罪而被逐；由後一個典故，則是洪昇雖被父母所逐，仍未忘其對父母之孝思。這與《兩浙輶軒錄》卷四王著所撰的〈輓洪昉思詩〉及其序言中所說的話，殊不謀而合。王序說：

> 昉思以《長生殿》傳奇被劾，而才名愈著。余與昉思交差晚，讀其舊稿《幽憂草》，乃知昉思不得於後母，罹家難，客遊京師。哀思宛轉，發而為詩，取古孝子以自勉。世第以詞人目之，淺之乎視昉思矣。

而且不僅此也，金埴所撰的《不下帶編雜綴兼詩話》，也有一條說：

> 漁洋山人云，昉思遭天倫之變，怫鬱坎壈纏其身。

漁洋山人即是王士禎，乃是洪昇入京以後所拜的學詩老師；所以，王士禎
對於洪昇的家庭情形應該很清楚。王士禎在他所撰的《香祖筆記》中，已
說洪昇因遭家難而致坎壈終身；現在金埴轉述王士禎的話，又說此所謂家
難乃是「天倫之變」。然則魏坤王著所說的，「為後母讒而見逐」云云，
豈不是已十分明白的畫出了此中之輪廓麼？有了此一認識，再來看當時人
所寄贈洪昇的若干詩作，其中本來頗覺隱約難辨的地方，也就明白如見。
如陳訏《時用集》，康熙二十八年己巳所寫的〈寄洪昉思都門四首〉云：

> 我憶長安客，飄零寄此身。賣文供糴酒，旅食轉依人。八口家仍
> 累，雙親老是真。多年遙負米，辛苦踏京塵。

> 掉臂離桑梓，其如俯仰難。逢時多屈曲，避患且盤桓。士賤文為
> 活，親遙夢不歡。有家尤念切，彈鋏甚馮驩。

> 備筆為生拙，天涯口漫餬。有家歸不敢，負罪子如無。行役何妨
> 遠，傷心獨向隅。親恩終浩蕩，但返莫踟躕。

> 大杖愁雞肋，飄然跳此身。走非忘歲月，歸竟屢逡巡。飲泣天涯
> 淚，辭榮世外人。知君還不遠，倚望慰天親。

這些話中不但寫出了洪昇京居生活之窮困窘迫，還隱隱約約地說出了
洪昇之離家旅京，是「掉臂」而去的，所以到了後來，即使辛苦羈旅，餬
口維艱，也還是有家而不敢歸，雖然陳訏竭力勸他說是「親恩浩蕩」，洪
昇自己，終於還是踟躕徬徨，逡巡卻顧。至於他當年離家出走的光景，則
詩中更有「大杖愁雞肋，飄然跳此身」的話，可知當時其父至以大杖相
加，非趕快倉皇逃走，將不免有性命之憂。然則他之因失愛父母而不得不
離家出走的情形，也就更加明白了。

但是，話雖如此說，即使我們已經知道洪昇早年所遭之「家難」，乃

　　按，《錢塘縣志・文苑傳》中的〈洪昇小傳〉曾說他：「尤工樂府，宮商五音，不差脣吻。」由蔣景祁之詩看來，洪昇所撰詩詞樂府之所以深合五音，不差脣吻者，他這位善於音律而工於詩詞的賢內助，無疑亦有絕大的貢獻。準此而言，洪昇和他的黃氏夫人，應是一對情投意合而十分親熱的愛侶。但是這裏也就存在了若干問題——洪昇性耽音律而愛好詩詞戲曲，已經足以影響他的前途，如今這位新婚夫人又在這方面給予更多的鼓勵，豈不更助長他鄙視八股而恣意從事於詩詞戲曲的創作麼？假如當時的情況果真如此，那麼，洪昇後來之所以失愛於父母，這應當是可能的禍根。

六、北上讀書

　　洪昇在康熙三年二十歲時結婚，到了康熙七年二十四歲時，他離開杭州原籍，到北京的國子監去讀書。關於洪昇初次赴國子監肄業的時間，《稗畦集》中沒有明確的記載，所以有的人以為他離杭赴京的時間在康熙七年，有的以為是在康熙八年。這個問題當然可以做考證，但因沒有太大的關係，可以暫時擱在一邊，先看看洪昇北上讀書的動機為何？

　　照明清兩朝的科舉考試制度規定，讀書人如果希望在科舉考試中得到進身之路，就必須通過一連串的考試，在一一及格之後，便可以由童生變為生員，再由生員變為舉人，由舉人變為進士、翰林。童生如果不能考取生員（俗稱秀才），亦可以走另一條捷徑——捐監生，然後在北京以監生資格參加順天鄉試，得中之後，一樣也是舉人。洪昇赴國子監讀書的動機為何，雖不可知，但這無疑是監生的一條出路，不可不加注意。

　　國子監的監生，來源甚多：父居高官而廕子入監讀書，是為廕監；因公殉國而特准其子弟入監讀書，是為功監。此外則各地學校中的生員，以及未曾考取為生員的「俊秀」，亦可以援照定例，繳納一定數量的銀兩之後，充為「例監」，一體入監讀書。至於監生的出路，除了可以在北京參加順天鄉試，考中者照例成為舉人外，如果不能考取而在監讀書屆滿一定

期限，亦可由國子監祭酒視其在監讀書之成績，酌送禮部參加考試，及格者酌授官職。與洪昇同時的錢塘諸生張次雲，以監生資格考授州判，後應薦試博學鴻詞科，官江陰知縣，見《國朝杭郡詩輯》卷五。這是以監生而考授得官的一類。另一個錢塘俊秀吳儀一，以髫年入國子監讀書，名滿都下，奉天府丞姜希轍延居幕府。這又是既未中舉又未得官的一類，與洪昇後來的遭遇十分相似。但洪昇之入國子監，揆其初意，似乎在希望求取功名。這在他友人所贈寄的詩中亦可彷彿看得出來。

　　洪昇的友人之一惲格，在他所撰的《甌香館集》中，有〈送洪昉思北遊〉詩，云：

> 贈爾芙蓉劍匣霜，一聲驪唱畫雲黃。纔翻樂府調宮羽，又戲金門和柏梁。白馬沈秋歌瓠子，黑貂殘雪度黎陽。遙知鼓篋初觀禮，綿蕞書生欲拜郎。

此詩中所用的典故有「鼓篋」二字，謂「擊鼓以集士，發篋以陳書」，乃是古代學校中召集學生讀書的規制，用在這裏，便是「鼓篋而遊成均」的意思。明清時代的國子監，皇帝每年要親臨釋奠，祭拜先聖，乃是很隆重的一種典禮。所謂「遙知鼓篋初觀禮」，便是指此而言；而由「初觀禮」中的「初」字，可以知道惲格的這首詩，寫於洪昇入國子監讀書之初。再由詩中的「又戲金門和柏梁」、「綿蕞書生欲拜郎」二句看來，洪昇之入國子監，其實希望由詩詞得官，其用意殊為明顯。但是後來的發展情形卻很不理想，他的詩詞雖然寫得極好，在北京卻很難為人所賞識。於是，洪昇的此後出路，便有了問題。

七、落拓京華

　　清人李天馥所撰的《容齋千首詩》，中有〈送洪昉思南還〉一首，對於洪昇初入京師時所得到的待遇，頗有記述。詩云：

武林洪生文太奇，窮年著書人不知。久工長句徒自負，持出每為悠
悠嗤。一朝攜之遊上國，寂寞無異鄉居時。我得把讀亟叫絕，以示
新城相驚疑。此子竟作爾馨態，得未曾有開寶遺。立格動輒講復
古，無怪不合今時宜。杜門風雅恣揚㧑，昔之市隱非君誰？……

考之《清史·李天馥傳》，李天馥是順治十五年的進士，選庶吉士，
授翰林院檢討，累官至武英殿大學士，康熙三十八年卒，諡文定。詩中所
說到的「新城」，即王士禛，乃是康熙時極有名的大詩人。由李天馥的這
首詩中可見，洪昇在康熙七年或八年初入京師時，他的詩不但未為時人所
見重，而且因宗尚唐人格律之故，更被視為不合時宜之流，一直要到李天
馥王士禛等人發現了他而且為之譽揚，方得聲名漸起。然而這卻已是多少
年以後的事，其在洪昇入京之初，雖然滿懷雄心大志，所遭遇到的卻是無
情的打擊。《稗畦集》卷二，有他自己所作的一詩，足以看見其大致情
形。詩題名〈燕京客舍生日作〉，詩云：

男兒讀書亦何補？破帽敝裘困塵土。編荊織荻能幾時，倏忽今年二
十五。母氏懷姙值亂離，夙昔為余道辛苦。……我思此語真痛傷，
身滯他鄉悲屺岵。潦倒誰承菽水歡，悔不當年學稼圃。蒼天為我淚
亦流，一夜空階滴秋雨。

因為此詩中有「倏忽今年二十五」之句，可知此詩作於康熙八年，時
洪昇二十五歲。又因詩中有「身滯他鄉」及「燕京客舍」等語，可知他此
時在北京。更由「破帽敝裘」、「潦倒誰承」等語看來，洪昇此時之遭遇
實在很惡劣。假如說，他這些話中不免有過甚其辭之處，但是他自傷不遇
的心情，總是十分明顯的。所以然之故，無非他當初所想像的，可以藉其
卓犖不凡的詩詞在北京圖一出身的計劃，已經整個落空，故而不免中懷憤
激而過甚其辭。究其實際，以洪昇家境之優裕，決不致在入京甫逾一年之
時，便已潦倒淪落，一至於此。不過，這畢竟還是洪昇未曾失愛於父母之

前的情況。到了洪昇的「家難」發生，他必須攜眷旅居，過著寄人籬下的生活時，那纔是真正的艱難困苦哩。

八、妻為同志

沈謙《東江集鈔》卷四，〈贈洪昉思〉云：

> 相憶高樓對朔風，金臺裘馬正豪雄。歌傳北里千門沸，塵起東華十丈紅。遠山暮寒垂斷柳，亂雲晴雪望歸鴻。不須薦達尋楊意，凌雲賦就爾最工。

按，漢代的司馬相如曾因狗監楊意之薦，而得到武帝的賞識，在《漢書·司馬相如傳》中曾有記載。這一首詩中也用到這一典故，顯然是在洪昇北上之初所作。由「金臺裘馬正豪雄」等句，更不難想見洪昇北上燕京之初，其實際生活殊為奢靡豪侈，並非如前詩所說之破帽敝裘而編荊織荻。但是過了幾年之後，前詩中所過甚其辭的種種光景，居然出現，實在很使人感到意外。《稗畦集》〈北發有感〉：

> 非商非宦兩無營，底事飄蓬又北征？妻凍兒飢相促迫，猿驚鶴怨負平生。羞從幕下裾還曳，浪說門前屣倒迎。聚鐵六州難鑄錯，白頭終夜哭縱橫。

洪昇作此詩時，年紀已經不小，由詩中之「白頭」二字可以見之。由康熙七年洪昇初次離家北遊，到此時已有二、三十年之久，由詩中所見的洪昇生活，顯然仍是東飄西泊，終日為謀生之計而碌碌奔走。考之洪昇生平，其父曾於康熙十四年因罪逮繫，至十八年獄解，自此之後，洪家的家業即告衰落。因此有人以為，洪昇後來之坎壈困窮，即坐因於此。其所以將「家難」與洪昇之父獲罪遣戍之事併為一談，亦由於此。但如細味此詩

之七、八兩句，便不難發現，洪昇後來之所以飢寒困窮，實與其家業中落之事無直接關聯，因為在「聚鐵六州難鑄錯」一句中，已明白點出其真正原因乃在家庭間的人事因素。以此與前面所已引述的陳訏《時用集》、魏坤《倚晴閣詩鈔》等書所作的贈洪昇詩相比看，彼此間更可互相發明。由於他被父母逐出家門，「有家歸不敢，負罪子如無」，他只能靠自己的力量掙扎謀生。由於他終生不曾在科舉考試中得利，所以他永遠只能東奔西走地旅食依人。在這種情況之下，他之不免坎壈困窮，自是當然之事。現在所不能明瞭的是，究竟是由於什麼樣的原因，致使洪昇的父母子女之間發生如此巨大的「天倫之變」？

吳雯《蓮洋詩鈔》卷二，〈貽洪昉思〉云：

> 洪子讀書處，靜依秋樹根。車馬何曾到幽巷，骯髒亦不到朱門。坐對孺人理典冊，題詩羞道哀王孫。長安薪米等珠桂，有時煙火寒朝昏。拔釵沽酒相慰勞，肥羊誰肯遺鴟鸛？嗚呼賢豪有困阨，牛衣腫目垂涕痕。……

這些詩句雖然極寫洪昇京居生活之困窮窘迫，卻也寫出了洪昇的妻子在當時仍能與洪昇安貧樂道，怡然自得其趣，甚至更可能詩酒唱和，不減當年的雅興。洪昇和他的妻子為什麼歷經艱難困頓而不改他們的性情和趣味？這正是值得注意的地方。

洪昇撰《稗畦集》卷一，有〈旅次述懷呈學士李容齋先生〉詩，李容齋即是李天馥。詩云：

> 儒生不可為，傷哉吾道否。伏處淹衡茅，客行困泥滓。茫茫六合間，睠顧誰知己？朝有賢士夫，合肥李夫子，殷然吐握懷，願盡天下士。昇也入長安，棲遑靡所倚。投公一篇詩，覽罷輒然喜，揄揚多過情，光價頓增美。……迴思謁公時，數語真綢繆，謂子富詩卷，令名足千秋，何須博世榮，區區為身謀？誓當佩明訓，努力勵

前修。三復長歎息，感激涕泗流。

李天馥在洪昇坎壈困窮之時幫助他的生活所需，更多方勸慰鼓勵，以為世俗的身名利祿轉眼成空，何如詩詞方面的創作，方足以傳千秋的令名。這些話在洪昇聽來如此合意，無異證明洪昇本人在功名失意之餘，亦曾經有過此類的想法，而他的妻子黃蘭次在這些方面更曾予以精神上的鼓勵與支持。自古以來，藝術家與文學家的生活總是困窮不遇的，洪昇和他的妻子有志於創作不朽之文學作品，就不免面臨現實生活之窘迫困阨。然而，即使他們夫婦二人有志一同，在他們的父母眼中看來，無疑將會引起極大的反感。何況洪昇到北京國子監去讀書，每年都得耗費大量的金錢。化費大量金錢所得結果只是培養了一個文學家或藝術家，這豈是洪昇父母之所願？如果洪昇在這方面更有不肯將順其父母的意向，自然更足以引發其父母的憤怒。我們無法從洪昇的詩集中查尋出其他任何有關其家庭變故原因的資料，只能姑且作此猜測。事實是否如此，正值得再作深入的鑽研與推敲。

九、歸養雙親

清人王澤弘所撰《鶴嶺山人詩集》卷十二，有康熙三十年辛未〈送洪昉思歸武林〉詩二首，其一云：

結交十六載，情好如一日。欻忽將遠歸，寸心若有失。茲行為老親，多難不遑恤。所願事庭闈，豈暇問家室。贈君惟一言，色養無他術。儻遂膝下歡，終老甘蓬蓽。

又一首云：

年少躭聲華，賦詩忘寢寐。既溯漢魏源，兼晰四唐義。性直與時

忤，才高遭眾忌。何期朋黨怒，乃在伶人戲。昔為聲名誤，今為妻
子累，親老思遄歸，家難焉敢避？晚抱知非歎，追悔多內愧，閉戶
日窮經，先探義文秘。送君登歸舟，未拜先灑淚。相聚難盡歡，後
會豈能遂。願子希古賢，立身庶勿墜。

　　這二首詩的詩意頗為惝怳迷離，但由「所願事庭闈，豈暇問家室」，
及「昔為聲名誤，今為妻子累」等句看來，似乎其妻子與其父母之間，還
存在著頗大的隔閡，一時難於疏解。因為在康熙三十年的時候，洪昇已因
上演《長生殿》的事件而被革去監生，決心回家事奉老親，即使當時仍未
得其父母的諒解，而有「有家歸不敢」的徘徊卻顧之踟躕逡巡，此時亦已
決定不再顧慮，惟一成為問題的，祇是他的妻子不願與他同回杭州，在這
方面難以兼顧而已。洪昇的妻子本是其母的姪女，平素又與洪昇極為相
愛，此時為何要堅持己見，拒與洪昇同回杭州老家？這其中的問題，就十
分值得尋味。由這一事實加以推測，洪母當年，或者曾因洪昇躭於詩詞戲
曲的寫作而大怫親意，頗有遷怒及於洪昇的黃氏夫人之處，以致彼此間的
感情甚為惡劣。如其不然，黃蘭次又有何種理由，拒與洪昇同回杭州老
家？這雖然也是一種猜測之詞，但也未始不是全無可能的。

十、何來後母

　　洪昇既然抱著奉養老親的目的而毅然回到杭州，色養承歡，逆來順
受，這種至誠的孝思總可以在最後得到父母的諒解。所以，造成洪昇早年
生活坎坷的「家難」，終於在經過了二十多年之後得到化解。趙執信《飴
山詩集》卷十六「懷舊詩」所附〈洪昇小傳〉說：

昉思亦遂歸。前難旋釋，反得安便。余遊吳楚間，兩見之，情好如
故。

此所謂「前難」，指的應該即是因洪昇失愛於父母而起的「家難」，非洪昇之父母因罪遭戍而起的家難。因為此家難得到化解的時間已在洪昇被革去國子監生，逐歸原籍之後，在時間上決不能與洪昇之父罹罪一事相牽涉，其間的分別極為清楚之故。

洪昇有沒有後母？這在洪昇的傳記資料中沒有紀錄，《稗畦集》卷一，康熙十五年所作的〈送父〉詩六首中，卻有若干跡象可供我們研究探討。

〈送父〉詩第四首，「江山鬱以盤，吾母在故里。昨宵曾夢見，白髮垂兩耳。」照詩意看，此詩中的「吾母」，應是洪昇的生母。因為洪昇生於清順治二年，此時已三十二歲。如果洪母生洪昇時年十八歲，此時應為五十歲，因憂患而早生白髮，與詩中所說的情況頗為適合。如果洪母早死而此時所存的是後母，一則其年齡不可能到五十歲，二則也不適合洪昇流露在詩中的孺慕之情。再則洪昇二十五歲時流寓京師，曾作燕京客舍生日懷母詩，其時洪昇之母固尚健在，推算其年齡，當時亦已有四十三歲。假定洪昇的生母果然在四十三歲以後死亡，洪昇之父又經續娶，應該沒有另娶一個四十餘歲的女人來作繼室的道理。所以，即使說王著和魏坤詩中所說的洪昇家難由來確是由於天倫之變，其後母之說，顯然已減低了其可信的價值。對於這一點，似乎應該另有補充的說明纔行。

〈送父詩〉第四首：

> 羈孤且勿傷，興言悲陟屺。江山鬱以盤，吾母在故里。昨宵曾夢見，白髮垂兩耳。況聞多難餘，形容定銷毀。還愁疾病故，誰為檢藥餌。風雨忽飄搖，舊巢已半圮。屋角寒烏聲，哀哀中夜起。迢遞憶庭幃，寸心痛不已。

同詩第五首：

> 痛心不敢道，送父出都城。城隅楊柳色，搖落正秋清。小舠艤河

澌，樽酒將欲傾。舟子何讙讙，掛帆催啟行。牽衣跪膝下，哽咽已
吞聲。舉頭瞻親顏，欲言淚縱橫。為兒謝慈幃，兒罪實貫盈。靡依
匪母氏，曷訴遊子情。便恐死他鄉，旅魂泣煢煢。哀哉復哀哉，拜
罷辭行旌。

　　洪昇流露在這兩首詩中的思母之情，讀來十分令人感動。由於洪昇本
人一直諱言他家庭中的這種骨肉倫常之愛，乍看起來，對於他寫在詩中的
若干語句，還真不大容易了解。但如我們業已知悉洪昇此時實在已是被逐
之身，而其被逐原因又是由失愛父母而起，則於詩中的涵義便可得到貫通
的解釋。由第四詩中的「迢遞憶庭幃，寸心痛不已。」及第五詩中的「為
兒謝慈幃，兒罪實貫盈」等句，可知洪昇所得罪的，實在是他自己的生母
而非後母。所以然之故，一則因為魏坤《倚晴閣詩鈔》中所用的伯奇典
故，乃是泛指人子之因無罪而見斥，非言為後母所讒；二則王著與洪昇的
年齡相差頗遠，他所知道的洪昇家難情形，只是由於讀《幽憂草》的體
會，並非出自洪昇本人的親述，難免有所誤會；至於第三點可能原因，自
然是因為洪昇對於他的這一段遭遇始終諱莫如深，由此更不免因傳聞猜測
而發生不必要的附會。總而言之，洪昇因失愛父母而遭「家難」，確實不
錯，只是傳述者不應該將他的親生母親誤為後母，致啟後人之疑，如此而
已。

（按，洪昇所作的《幽憂草》，久佚，現今傳世的《洪昇詩集》，祇《稗
畦集》及《嘯月樓集》二種。《稗畦集》有世界書局印本，《嘯月樓集》
祇存鈔本一部，原書現在日本。）

清乾隆時臺灣各廳縣衙門的
組織與職掌

一

　　近代的政府機構大都有一定的編制，其組織職掌、人員、名額、與經費預算等等，都有明白的規定，載入政府的有關法規之中，任何人一看都可明白。假如清代以前的各級政府機構也有如此明白的編制、職掌、預算等表可查，對於當時各機關的組織狀況與所司業務為何，當然也可一目瞭然，不需要再讓我們去苦心摸索了。問題就在當時的人不但沒有留下具體完整的文字紀錄，其人員及經費亦各有不同的來源，假如不能將這些關係資料整理清楚，簡直不能從各個片段零碎的資料中拼湊成比較完整的具體狀況。就以清代臺灣各廳縣衙門的組織職掌而言，就不是一個很容易查理清楚的題目。

　　清代臺灣各廳縣衙門的組織職掌情況究竟如何？新修的臺灣地方志中頗曾有若干推測性的假想。例如，民國四十九年由臺北縣文獻委員會所編印的《臺北縣志》，其第九卷行政志第一章第二節，載有清代康熙年間諸羅縣的組織、編制及職掌表如次：

組織及職稱	品級及編制	員額	職　務　分　掌
知　　縣	正七品 官制內正官	1員	受臺灣知府之監督，掌全縣刑名錢穀事務。

典　　史	無品官制內正官	1員	隸屬知縣，分司獄務、捕務。	
幕　　友	為知縣私聘官制外顧問	若干名	分擔錢席、刑席、書啟、徵比等事。	
吏房	總書	為知縣所雇用，及官制外之官吏	1名	處理官吏之任免黜陟及丁憂起復等事，與公文收發等。
	幫書		若干名	
戶房	總書	同上	1名	處理租稅之徵收、減免、及會計等事務。
	幫書		若干名	
禮房	總書	同上	1名	處理考試、祭祀、及鄉賢、節孝、旌表等事務。
	幫書		若干名	
兵房	總書	同上	1名	處理兵差及武試、驛傳、兵站、海防等事務。
	幫書		若干名	
刑房	總書	同上	1名	處理刑法及監獄等事。
	幫書		若干名	
工房	總書	同上	1名	處理官設之房屋及道路、橋樑、港灣、河堤等事。
	幫書		若干名	
差役	民壯	在衙署內供役之胥吏，由國庫支取工食銀。	各　若　干　名	徵募民間壯丁充之，即鄉兵。
	皂隸			任護衛儀仗。
	馬快			擔任捕務
	禁卒			看守監犯
	庫子			倉庫雜役
	斗級			職司斗量食米，分發兵丁。
	轎夫 傘夫 扇夫			供抬轎、張傘、執扇等雜役。
	帖夫			刑名狀之收發登記，及士紳謁見時之執帖傳達等事。

（原註）諸羅縣時期之差役，僅列名目，究竟各置若干名，無可稽考。

　　以上自附表以至說明，悉照原式轉錄，並無增添。所不同的，是「民壯」類的職掌項下，還有一段文字，未曾錄入。原文如下：

　　　　無事業農賈，有事徵集，蓋嚴窩藏匪類之禁也。

　　這是一項明顯的錯誤。因為清代各地州縣衙門額設的「民壯」，乃是與皂隸、門子、馬快、禁卒、弓兵、馬夫、庫子、斗級、轎、扇、傘夫等人一樣地同為有給職的公人，其責任在持刀執杖，護衛官員及衙署的安全，有如兵弁。其所以不稱兵弁的道理，是因為兵弁隸屬於綠營，乃是國家的經制軍隊，地方上擔任扈衛官員、衙署安全之責的鄉兵、弓兵之流，不便與經制軍隊中的戰兵、守兵同樣稱呼，所以另外起了這麼一個專門名詞，有如現在的警衛或警員。既然是在縣衙中經常供職而又屬於受薪者，當然不能說成是「無事業農賈，有事徵集」的義務工作人員一類。其所以有此錯誤，顯然由於臺北縣志修纂時未能充分查證清代地方政府機構中的差役性質，從「民壯」二字作望文生義的解釋，於是纔會出現這種情形。「民壯」一辭的誤釋如此，其他的錯誤當亦可想。最顯著的錯誤，在「品級及編制」一類中便可舉出四項之多。

　　第一，典史項下，原記云：

　　無品，官制內正官。

　　考之《清史・職官志》，各縣典史項下注云：「未入流」。所謂「未入流」，乃是較從九品更低一級之最低級文官；其所以稱之為「未入流」者，其意謂品秩尚在從九品之下，尚未及流品之標準也。但既是官員的品秩之一，稱之為「無品」，顯有未妥。還是應該按照清代的制度，稱之為「未入流」。

　　第二，為幕友項下，原記云：

　　為知縣私聘，官制外顧問。

　　按，清代的幕友，乃是一種身份很特殊的人員，雖是幕賓，卻非屬僚，所以雖然亦如現代的幕僚一樣為主官辦事，卻被主官視如賓友，禮遇周至，但卻決不是拿薪水而不做事的顧問。又因為幕友並非經制內額設之

人，所以不但其人數多寡不定，在若干事務簡單而賦入不多，地方貧苦的小縣分，由於縣大老爺請不起幕友之故，在別處地方照例需要聘請幕友代勞的刑名、錢穀、書啟等等事務，概由知縣自辦。在這種情形之下，知縣並無自聘的幕友，更何能視為編制內必有之人？所以，這也與六房書吏之有額外增設之人一樣地並非經制內人員，不可以列入編制之內。

第三，六房總書及幫書項下，原記云：

> 為知縣所僱用，及官制外之官吏。

這句話可分為兩部分，兩部分都錯了。前一部分說：「為知縣所僱用」，考之清代制度，經制內之典史並非知縣所僱用，而經制以外額外增加的「幫書」則並非經制內人員。後一部分說，六房總書及幫書乃是「官制外之官吏」，按書吏的身份僅只是「吏」，與知縣典史等等朝廷命官不同。書吏既然沒有官的身份，當然更不能稱之為官制以外的官吏。關於這一點，後文另有詳細說明，今暫從略。

第四，差役項下，原記云：

> 在衙署供差役之胥吏，由國庫支取工食銀。

這一句話中亦有兩種錯誤。第一是在清代只有吏員一類的「典史」、「攢典」等人可以稱為吏，差役的身份下吏員一等，其工作需由書吏指揮，如何可以混稱為「胥吏」？第二是清代各級衙門中的額設吏員均為無給職，而差役則為有給職，其額定之給與，稱為「工食」銀兩，照例在各州縣額徵田賦收入的「存留」項下支給，「存留」以外的「起運」，則是應該解繳藩庫轉解中央（戶部）的國家賦入了。清代的賦入並無所謂「國庫」、「省庫」、與「縣庫」之名，在州縣賦入的「存留」項下支領縣衙門中的差役工食，似更不能視為國庫項下的開支。

在「品級與編制」一欄以外的錯誤，當然還有，只是其錯誤不如這一

欄中的錯誤來得明顯，所以特別在此提出說明。

二

　　由上文所述清康熙時諸羅縣組織編制及其職掌中的各種錯誤，可以知道，在現代推測清代時臺灣各廳縣衙門的組織與職掌，並不是容易事。其原因由於這一方面的資料，都零星分佈在無關聯的文字紀錄中。不先從這些無關聯的文字紀錄中將資料搜集齊全，就以某一時期中所見到的現象概括其餘，就不免發生上述的錯誤。

　　筆者之所以如此說，是因為下面三種事實：

　　一、清代臺灣各廳縣額設的官員及差役數目，備載於清代所修的各種地方志中。如乾隆二十五年臺灣知府余文儀所修的《臺灣府志》，其卷六「賦役」項下所開列的各廳縣額設官員及差役數目，就因備載其年支俸薪及工食之故，表示得極其清楚明白。乾隆以後所修的府志、縣志、廳志，情況均與此相同。將這一部分的資料輯錄出來，人員編制部分的官員及差役兩項，便已極為完整。

　　二、清代全國各地衙門，自京師以至地方，自中央以至州縣，均有額設之吏員，其名稱因衙門之大小而有等級之差別。在高級衙門中稱為書吏，在州縣衙門中稱為典吏；州縣之下更有屬衙，如縣丞、巡檢、典史之類，這些衙門中的吏員，就只能稱為攢典。州縣衙門中額設之典吏，及州縣屬衙額設之攢典，其人數各有若干，備載於《大清會典事例》。現存的《大清會典事例》，尚有嘉慶本與光緒本二種，從這兩本書中去查檢，便可知道，嘉慶時的臺灣各廳縣額設書吏名額，及光緒時的臺灣各廳縣額設書吏名額，各有若干。以這方面的資料與見於方志中的官員、差役員額之數合計，即可知道臺灣各廳縣額設人員的經制數目。

　　三、清代各州縣衙門之應行事宜，見於清政府所訂頒之「憲綱冊」。此憲綱冊在目前雖已無實物遺留，但其內容亦曾載於若干地方志書的記事之中。這若干種地方志不僅記載了憲綱的內容，同時並將該州縣衙門所設

吏員分房辦事的職務分配，也詳細的記載了下來。由於清代全國州縣的業
務職掌大致相同，所以，關於這方面的資料，也未嘗不可以用來作為推定
清代臺灣各廳縣衙門的業務職掌之參考。

　　清代臺灣的地方行政區域劃分，自康熙以至光緒的二百五十年之中，
變化甚多。當康熙廿二年施琅平臺之時，臺灣只設一府（臺灣）、三縣
（臺灣、鳳山、諸羅）。及至光緒二十一年臺灣割讓予日，則臺灣的行政
區域已變為一省（臺灣）、三府（臺灣、臺北、臺南）、一直隸州（臺
東）、十一縣（臺灣、鳳山、嘉義、恒春、彰化、淡水、新竹、宜蘭、安
平、雲林、苗栗）。不論以那一個時期為準，要討論臺灣各廳縣衙門的組
織與職掌，總應賅括此一時期的全部廳縣在內。但是清代臺灣所修的地方
志雖多，卻沒有那一個時期能夠同時具備全部廳縣的地方志，而不致有時
間上的參差上下。比較合於理想的，只有乾隆二十五年的余修《臺灣府
志》，不但其卷六〈賦役志〉中包括了當時府屬四縣二廳的全部額設官員
及差役人數，在時間上也比較接近嘉慶本的《大清會典事例》，可以將會
典事例所載的臺灣各廳縣額設吏員人數，與余修乾隆《臺灣府志》互相配
合，統計出各該廳縣包括吏員人數在內的全部經制員額。按，嘉慶本《大
清會典事例》卷一二五，福建省臺灣府所屬廳縣的額設吏員名數如下：

　　淡水廳——額設典吏三人。又其所屬新莊縣丞，額設攢典一人，竹塹
　　　　　　巡檢額設攢典一人。

　　澎湖廳——額設典吏一人。

　　噶瑪蘭廳——額設典吏一人。又其所屬頭圍縣丞，額設攢典一人，羅
　　　　　　　東巡檢額設攢典一人

　　臺灣縣——額設典吏十二人。又其所屬羅漢門巡檢額設攢典一人，典
　　　　　　史額設攢典一人。另臺灣縣儒學額設攢典一人。

　　鳳山縣——額設典吏十二人。又其所屬鳳山縣丞額設攢典一人，興隆
　　　　　　里巡檢額設攢典一人，典史額設攢典一人。另鳳山縣儒學
　　　　　　額設攢典一人。

　　嘉義縣——額設典吏十二人。又其所屬笨港縣丞額設攢典一人，斗六

門縣丞額設攢典一人，佳里興巡檢額設攢典一人，大武壠巡檢額設攢典一人，典史額設攢典一人。另嘉義縣儒學額設攢典一人。

彰化縣——額設典吏十二人。又其所屬彰化縣丞額設攢典一人，貓霧捒巡檢額設攢典一人，鹿仔港巡檢額設攢典一人，典史額設攢典一人。另彰化縣儒學額設攢典一人。

考之連雅堂所撰《臺灣通史》，噶瑪蘭廳創設於清嘉慶二十五年，余文儀修《臺灣府志》時，並無此廳。又，臺灣府屬之鹿港同知，淡水廳屬之新莊縣丞，臺灣縣屬之羅漢門巡檢、嘉義縣屬之大武壠巡檢，亦余修《臺灣府志》纂成以後所增設。以上這些新增官員及其所屬之典吏與攢典人數，自應依照《臺灣府志》纂修的時間，逐一將之剔除或更正。以此為準，可以將乾隆二十五年時臺灣各廳縣衙門的額設人員編制人員列為一表，其情形如下：

廳縣名稱	官 員 人 數		吏 員 人 數		差 役 人 數		合計人數
	職　　稱	人數	職　　稱	人數	職　　稱	人數	
臺 灣 縣	知　　　縣	1人	典　　吏	12人	門　　　子	2人	官員5人
					皂　　　隸	16人	吏員15人
					轎傘扇夫	7人	差役93人
					馬　　快	8人	
					禁　　卒	8人	
					庫　　　子	4人	
					斗　　級	4人	
					舖　司　兵	12人	
	縣　　丞(註1)	1人	攢　　典	1人	門　　　子	1人	
					馬　　夫	1人	
					皂　　　隸	4人	
					民　　壯	8人	
	典　　　史	1人	攢　　典	1人	門　　　子	1人	
					皂　　　隸	4人	
					馬　　夫	1人	
					民　　壯	4人	

	儒 學 教 諭	1人	攢　　典	1人	齋　　夫	3人	
	儒 學 訓 導	1人			膳　　夫	2人	
					門　　斗	3人	
鳳 山 縣	知　　縣	1人	典　　吏	12人	門　　子	2人	官員6人
					皂　　隸	16人	吏員16人
					轎傘扇夫	7人	差役129人
					馬　　快	8人	
					禁　　卒	8人	
					庫　　子	4人	
					斗　　級	4人	
					舖 司 兵	12人	
	縣　　丞	1人	攢　　典	1人	門　　子	1人	
					馬　　夫	1人	
					皂　　隸	4人	
					民　　壯	8人	
	下淡水巡檢^(註2)	1人	攢　　典	1人	皂　　隸	2人	
					弓　　兵	18人	
	典　　史	1人	攢　　典	1人	門　　子	1人	
					馬　　夫	1人	
					皂　　隸	4人	
					民　　壯	4人	
	儒 學 教 諭	1人	攢　　典	1人	齋　　夫	3人	
	儒 學 訓 導	1人			膳　　夫	2人	
					門　　斗	3人	
諸 羅 縣	知　　縣	1人	典　　吏	12人	門　　子	2人	官員7人
					皂　　隸	16人	吏員17人
					轎傘扇夫	7人	差役163人
					馬　　快	8人	
					禁　　卒	8人	
					庫　　子	4人	
					斗　　級	4人	
					舖 司 兵	42人	
	縣　　丞	1人	攢　　典	1人	門　　子	1人	
					馬　　夫	1人	
					皂　　隸	4人	
					民　　壯	8人	

	典　　　史	1人	攢　　典	1人	門　　子	1人	
					馬　　夫	1人	
					皂　　隸	4人	
					民　　壯	4人	
	佳里興巡檢	1人	攢　　典	1人	皂　　隸	2人	
					弓　　兵	18人	
	斗六門巡檢	1人	攢　　典	1人	皂　　隸	2人	
					弓　　兵	18人	
	儒學教諭	1人	攢　　典	1人	齋　　夫	3人	
	儒學訓導	1人			膳　　夫	2人	
					門　　斗	3人	
彰化縣	知　　　縣	1人	典　　吏	12人	門　　子	2人	官員7人
					皂　　隸	16人	吏員17人
					轎傘扇夫	7人	差役139人
					馬　　快	8人	
					禁　　卒	8人	
					庫　　子	4人	
					斗　　級	4人	
					舖司兵	18人	
	縣　　　丞	1人	攢　　典	1人	門　　子	1人	
					馬　　夫	1人	
					皂　　隸	4人	
					民　　壯	8人	
	典　　　史	1人	攢　　典	1人	門　　子	1人	
					馬　　夫	1人	
					皂　　隸	4人	
					民　　壯	4人	
	貓霧捒巡檢	1人	攢　　典	1人	皂　　隸	2人	
					弓　　兵	18人	
	鹿子港巡檢	1人	攢　　典	1人	皂　　隸	2人	
					弓　　兵	18人	
	儒學教諭	1人	攢　　典	1人	齋　　夫	3人	
	儒學訓導	1人			膳　　夫	2人	
					門　　斗	3人	
淡水廳	同　　　知	1人	典　　吏	3人	門　　子	2人	官員3人
					皂　　隸	12人	吏員5人

						轎傘扇夫	7人	差役111人
						步　　快	8人	
						禁　　卒	4人	
	竹塹巡檢	1人	攢　　典	1人		舖司兵	30人	
						皂　　隸	2人	
						弓　　兵	18人	
						民　　壯	4人	
	八里坌巡檢	1人	攢典	1人		皂　　隸	2人	
						弓　　兵	18人	
						民　　壯	4人	
澎湖廳	通　　判	1人	典　　吏	3人		門　　子	2人	
						皂　　隸	12人	
						轎傘扇夫	7人	
						步　　快	8人	

附註 1.臺灣縣丞於乾隆五十三年改為羅漢門巡檢，故嘉慶時所修《大清會典事例》有
羅漢門巡檢而無臺灣縣丞。今依余修《臺灣府志》。
2.下淡水巡檢於乾隆五十三年移設興隆里，即嘉慶會典事例所載之興隆里巡檢。

三

關於清代州縣衙門的官吏職掌，《清史・職官志》中曾有記載，其卷
一一七〈職官志〉第三云：

> 知縣，掌一縣治理，決訟斷辟，勸農賑貧，討猾除奸，興養立教，
> 凡貢士讀法，養老祀神，靡所不綜。縣丞主簿，分掌糧馬、徵稅、
> 戶籍、緝捕諸職。典史，掌稽檢獄囚，無丞簿兼領其事。

這一段記載，以具體明白而簡潔的文字說明了知縣及其佐貳官的職掌
及業務分配情形。至於直隸廳，則是糧賦收入未達設縣標準以前的初級縣
治型態，廳同知及通判之官秩雖然高於知縣，其所屬官吏及差役人數，反
較知縣為少，則其政簡刑清的情形，也就可以想見。在這種情形之下，原

來必須由吏、戶、禮、兵、刑、工六房書吏分辦的業務，至此只有歸併到一至三名額設典吏的身上了。組織型態不能確定，各該書吏的職掌如何區畫，暫時亦就無從了解。吏以下的差役，一則其身份與地位已經十分低下，其工作悉由在上的官員與吏員指揮分派，談不上還有什麼職權；二則其工作性質由他們的職稱上已可區別清楚，彼此間亦不容發生混淆。所以，要論到縣級機構中比較不易為今人所了解的，只是「吏」之一級。此亦即廳縣衙門中的典吏，由于其人數較多而又未見有明文記載之故，竟不能知道他們之間的業務如何區分、他們的工作又是如何推動的？

依照現代人的觀念，服務公職之人當然要支領公家的薪水，否則他如何養活他自己及其家人？既然不能靠此養活自己及家人，他當然沒有必要來做此公職。但我們並不能用這種觀念去理解當時的吏員；因為，在清代各級政府機構中服務公職的「吏」，就是沒有薪水可領的無給職。

既然「吏」是沒有薪水可領的無給職公務員，照理應該不會有人願就此職；而事實不然。這是因為做了「吏」有一樣好處，可以在服務屆滿一定年限之後，由吏部除授官職，從此成為朝廷之命官。光緒年所修的《大清會典》卷七，有一條說：

> 凡官之出身有八。一曰進士，二曰舉人，三曰貢生，四曰廕生，五曰監生，六曰生員，七曰官學生，八曰吏。

又，《清史·選舉志》五，關於吏員考職一條說：

> 內閣六部等衙門書吏供事五年役滿，用從九品、未入流；吏員考職，一等，用正八品經歷；二等，用正九品主簿；三四等，用從九品、未入流。

由這兩條記載可以知道，作「吏」乃是清代的入仕資格之一，五年役滿之後，可視考職等第除授雜職官，其品秩自正八品以至從九品、未入

流。考之光緒《大清會典》卷七所載，州縣衙門的從九品官乃是巡檢與吏目，未入流則是典史與驛丞；可知州縣衙門中的巡檢、典史、驛丞等官，多是由役滿授職的書吏陞遷而來。在清代早年，捐納制度尚未為「納貲為郎」之人大開入仕的倖門之前，如果不能經由讀書考試之路取得入仕資格，則作吏正是一條極好的出身道路。在明代早年，吏員資格尚與科甲及貢監同樣受到社會重視的時代裡，由吏員出身之人，儘有很多做到尚書、侍郎之類高官顯要的。亦正因為吏員是入仕道路之一的緣故，所以在明代時就有此項規定，作吏之人須自備資斧為公家服務，公家不給予任何報酬。清代制度沿襲明代，在這一方面也相沿不改，所以州縣衙門中的經制吏員，一直都是無給職。雖然如此，由於州縣衙門中的書吏所擔任的職務頗為重要，倘若上下其手，儘不乏有玩法弄權藉以營私作弊的機會，所以書吏雖然名義上是義務服役的無給職，其實際所得的利益卻頗為優厚。清人鍾琦所撰的《皇朝瑣屑錄》卷十四，有一條說：

> 房書為首者曰典史。蜀省陋規，當典史必納參費，視房之肥瘠，索銀之多寡。有納二、三千者，有納八、九千者，有納八、九百者，亦有納二、三百者。官則恣情狼噬，吏則假竊虎威，仍然在錢糧田土詞訟命盜內，紙由銅落，利由筆染。……

這是說，如果要想在州縣衙門內謀一典史之職，必需先向州縣官繳納數百以至數千銀子的「參費」，否則不用存此希望。所以然之故，則因州縣衙門中的典吏入息優厚，作州縣官者不甘心在未得賄賂之前，就平白的將此一職務讓人；典吏既然在任職之前就已向州縣官繳送了參費，任職之後，當然亦就可以公然收受陋規，視如正當收入，而官不能問了。清代吏治之壞，這當然是一項重要原因。上文所說的「房」，即是清代各地州縣衙門中分曹辦事的吏、戶、禮、兵、刑、工各房，其建制見於憲綱，全國各州縣衙門一律如此。其情形就如現在的我國縣級行政機關，規定必需在縣政府之下分設民、財、建、教、社、警等幕僚單位一般。現在的縣政府

幕僚單位，編制小的，其主官稱為科長，編制大的，稱為局長，在清代則不過都是由一名不具官員身份的典史主其事。典史之參充，在那一些人之中選拔呢？照現在所能見到的文獻紀錄看，其人選似乎便是在各房典史之下，幫同為首典史辦事之「清書」──不入額缺而又不能按照五年役滿考選官職的額外書吏。清末拳亂中的一個重要人物──剛毅，早年曾充外省的地方官，編有《牧令須知》六卷。其卷二「充補書吏」項下，載有各州縣衙門報請補充典史額缺的申文格式如下：

> 為欽奉恩詔，敬陳管見事。竊查卑州縣衙門某房典史某人，業已役滿，所遺名缺，例應選補接充，以符官制。茲查有該房清書某人，在房年久，公事熟習，堪以頂補接充。理合取具該吏親供及里鄰甘結，黏連印結，造具清冊，具文申報。請祈憲臺俯賜查核，詳請給照收參。為此備由具申，伏乞照驗施行。須至申者。

這一道申文格式的內容，恰好作為前引《皇朝瑣屑錄》的補充說明。由此不難知道，州縣衙門中各房典史之所以必須繳納參費，乃是因為額缺的典史在五年役滿後必須退職，其遺缺之選補，權在縣主或州主。希望補此遺缺之人既多，這些握有典史任用之權的知縣或知州，就可乘機收取一筆陋規，以為分肥之計。而一房中的額缺為首書吏雖然只有一人，其下尚有僅具額外身份而為之佐助者，人數頗多，其情形亦可於此概見。前引《臺北縣志》卷九〈行政志〉，所附清康熙間諸羅縣之組織編制及職掌表，在六房書吏之下，各列「總書」及「幫書」之名，想必即是由此而來。只是，六房書吏之下，各設協助辦事的「幫書」或「清書」，畢竟只能在清代後期的文獻紀錄中方能見到這種情形；其在清代早年，地方政府中的各類業務並不十分繁重之時，是否亦在額缺典史之下，增設額外的「幫書」「清書」之類人員為其佐助，則並無具體資料可資證明。這一點，恐怕仍是有待商榷的問題。

四

前引嘉慶本《大清會典事例》所載各省州縣衙門的典吏額缺，明白開載清嘉慶時臺灣府屬臺灣、鳳山、諸羅、彰化四縣的縣衙典吏額缺，各為十二人，淡水廳典吏額缺三人，澎湖廳典吏額缺一人。如以州縣衙門分六曹治事的情形來說，六曹各由典吏一人主其事，則典吏額缺十二人顯然太多，三人或一人又顯然太少。典吏太少，不妨由一人兼攝數房之事，這情形還比較容易解決；典吏太多，則一房的典吏顯然超過一人，這就與典吏稱為「總書」的情形不能吻合──一人稱為「總書」，多出來的另一、二個額缺典吏又作何稱呼？同為典吏身份，總不可能有的稱為「總書」，而有的不能稱為「總書」的吧！在這種情形之下，比較合理的推想，應是當時的臺灣各縣衙門，書吏不止分為六房辦事。清修臺灣各地方志，在這方面沒有留下任何記載，必須從其他各省的方志中搜覓資料，以為研究此一問題的參考。

刊印於清乾隆四十四年的直隸《永清縣志》，乃是一部體例特殊的地方志。此書的實際纂修人，乃是清代的史學名家、曾著《文史通義》一書的會稽人章學誠。他所擬定的《永清縣志》綱目，不沿用一般志書割裂典章制度的分類方法，而別創紀、表、圖、書、政略、列傳六體的新志，目的在將地方政府經常推行的各種業務載入志書之中，使得後來的讀者可以由此了解當時地方機構的業務推行情形。他的主張，見於《文史通義》所載有關方志纂修的各種論說之中。其中有一段說：

> 方志一家，宋元僅有存者，率皆誤為地理專書。明代文人見解，又多誤為應酬文墨。近代漸務實學，凡修方志，往往侈為纂類家言。纂類之書，正著述之所取資，豈可有所疵議？而鄙心有不能愜者，則方志纂類諸家，多是不知著述之意，其所排次襲續，仍是地理專門見解。如朱氏《日下舊聞》，書隸都邑之部，故稱瞻博；若使著述家出，取以為《順天府志》，則方鑿圓柄，格格不相入矣。故方

志而為纂類，初非所忌，正忌纂類而以專門地理自畫，不知纂類之
為史裁，又不知纂類所以備著述之資，而以為極天下之能事也。

　　章學誠批評一般地方志書的作者只注意保存靜態的地理資料，而不知
道紀錄具體的政治活動與社會動態，其結果使得所保存的資料只能供地理
書的參考，而不能供史家所取用，這無疑正是清代多數地方志書的通病。
我們試將清代所修臺灣各地方志一一查檢，竟不能看出清代臺灣各地的實
際政治活動，其推行情形究竟如何？其利弊又是如何？便不難看出這一類
志書的真正缺點如何。章學誠有鑒於方志纂修的缺點，要在方志中添入專
記政治活動的「書」類，於是我們方能在他所纂修的《永清縣志》中，看
到了清代各地州縣政治設施之制度規模及其實際推行情形之大概。章學誠
在此書的「六書」之前，撰有序文一篇（即〈永清縣志六書例議〉），說
明他之所以要著錄這方面的資料，其理由如此：

　　州縣修志，古代侯封一國之書也，吏、戶、兵、刑之事，具體而微
　　焉。今無其官而有吏，是亦職守之所在，掌故莫備於是，治法莫備
　　於是矣。且府史之屬，周官具書其數，會典亦存其制，而所職一縣
　　之典章，實兼該而可以為綱領。惟其人微而縉紳所不道，故志家不
　　以取裁焉。然有入境而問故，舍是莫由知其要。是以書吏為令史，
　　首領之官曰典史，知令史典史之史，即綱紀掌故之史也，可以得修
　　志之要義矣。今之州縣，繁簡異勢，而掌故令史，因事定制，不盡
　　皆吏、戶、兵、刑之六曹也。然就一縣而志其事，即以一縣之制定
　　其書，且舉其凡目，而愈可以見一縣之事勢矣。案牘簿籍無文章，
　　而一縣之文章，則必考端於此，常人日用而不知耳。今為挈其綱
　　領，修明其書，使之因書而守其法度，因法而明其職掌，於是修其
　　業，而傳授得其人焉。古人所謂書契易而百官治，胥是道也。

　　假如章學誠的修志主張能為各地修志者所一致贊同，則清代所修的臺

灣各地志書中，也可以留下當時各地方政府的業務職掌及分曹辦事、各專
責成的實際情形。可惜章學誠的意見在當時並未得到普遍的響應，所以，
清代所修的數千種志書中，只有極少幾種之中留下了章學誠所主張保存的
修史參考資料。而我們既不能在清代所修的臺灣各地志書中得到這一類資
料，亦就只好退而求其次，設法以《永清縣志》等書中能夠得到的資料為
參考，以推測比較的方法來了解清代臺灣各地方政府同類工作之推行情
形。由於所得到的只是這一類相似的參考資料，所得到的結果自不免會有
差誤，這是應該向讀者致歉意的地方。

　　在乾隆《永清縣志》之外，仿照章志體裁修成的方志，尚有嘉慶三年
所修的山東《清平縣志》，及光緒九年所修的山東《利津縣志》，都在志
書中加入了記載實際政治推行情形的吏、戶、禮、兵、刑、工各書，其體
例與章修《永清縣志》無異。將這些志書中關於縣衙書吏分曹治事的資料
彙集起來作一比較研究，很可以幫助我們了解，清代臺灣各縣衙門中的書
吏，其分曹治事及所掌業務的大概情況。

　　先看縣衙書吏分曹辦事的情況：由乾隆《永清縣志》、嘉慶《清平縣
志》、及光緒《利津縣志》所載書吏額數見之，各該縣的書吏額缺並不一
致，其分房分科的辦法亦各不相同。今為之列表比較如下：

房名＼人數＼縣別	永清縣	清平縣	利津縣
吏房　　　典史	1人	1人	1人
戶房　　　典史		1人	2人
倉房典史	1人	1人	1人
糧房典史		1人	
庫房典史	1人	1人	1人
田科典史	3人		
租科典史	1人		
鹽法科典史			1人
禮房　　　典史	1人	1人	1人

兵房	典史	2 人	1 人	1 人
	馬政科典史		1 人	1 人
刑房	典史	2 人	1 人	1 人
	提牢典史	1 人		
工房	典史	1 人	1 人	1 人
承發房	典史	1 人		1 人
合	計	15 人	10 人	12 人

　　由上表可知，三縣額設典史，以永清縣最多，清平縣最少，而利津縣的額設數目恰與臺灣、鳳山、諸羅、彰化四縣的額設數目相同。再以永清、清平、利津三縣志書所載戶口、田賦、經費等資料比較，更可知永清縣額設典史最多的原因，正因永清在三縣中的丁賦錢糧最多之故。田多則賦重，人多則獄繁，見之於表面的，就是永清縣的戶房典史有六人之多，較利津縣多一人，較清平縣多二人，刑房典史亦較二縣各多二人。這種情形，就好像近代的地方政府所設幕僚單位，亦以人口、轄區、財政收入等條件區分等級，一等縣稱局，二等或三等稱科，局與科之編制亦有大小多寡之分，情形大致彷彿。值得注意的是，雖然清朝政府規定，全國州縣衙門均須按吏、戶、禮、兵、刑、工六曹分房辦事，但如一房中的業務過於繁重，而需再分為各科而增加負責的典史人數時，其如何分科的辦法，卻並無統一規定，其決定之權悉由知縣一人任之。《永清縣志》吏書中就說：

　　　永清舊志不載典史額缺，似失周官府史之義。今經制所定，知縣衙門，十房十五缺，儒學一缺，典史一缺，總十七缺矣。以六房之成法論之，承發房無所不領，當為吏房之分科；糧房、預備倉、庫房，則皆戶房之分科也。初，戶房總理錢穀，糧房專收里下大糧，倉房知米粟數。雍正十三年，以旗地事繁，分戶房為田、租二科，田科司永衛、船墾、民糧、河、租、鹽、當、房、地、牙稅一切奏銷，而租科則司旗地，糧房收十二里民糧。乾隆二十八年，知縣蘭

第錫以糧房僅司糧銀，事屬櫃書，乃裁糧房，而歸其事於田科。三
十四年，田科分立庫房，專司牙行經紀，與銀錢出納之事。三十七
年，知縣劉梾復立糧房，旋廢。今戶房為田、租、倉、庫四科，田
科典吏三人，其三科典吏各一人。合諸房典吏，為九房十五缺矣。

　　由此可知，在法定的吏、戶、禮、兵、刑、工六曹之下，再視業務之
繁簡而將一房之業務分由數小房（科）承辦，其規劃及決定之權，悉由知
縣操持，上級並不過問，以致各地情況並不相同。惟其如此，所以永清、
清平、利津三縣各房書吏的配置情況，纔會互不一致，其房下之分科，尤
視各地之實際需要而異。利津縣因境內設有鹽場，鹽政衙門常有關於鹽務
公事往來商榷，查緝私鹽、奏銷佃竈丁地等鹽政錢糧，事更繁瑣，以致必
須在戶房下增設鹽法科，尤為特別明顯之事例。準此而言，清代乾隆時臺
灣府屬臺灣、鳳山、諸羅、彰化四縣之分房辦事情況，亦必與永清、清
平、利津等縣大同小異。所謂大同者，當然是指法令所規定的吏、戶、
禮、兵、刑、工六房，必不能缺；所謂小異者，則是六房以下的分科情
況，必不完全相同。

　　臺灣銀行經濟研究室所刊印的《臺灣文獻叢刊》，曾將清代光緒年間
所遺留的淡水、新竹二縣殘餘檔案輯成一書，名為《淡新檔案選錄行政編
初集》，列為《臺灣文獻叢刊》第二九五種。在這本書中，我們可以大致
看到，清代同治年間的淡水廳，其額設典吏雖尚未達到設縣標準之十二
名，其分設之房數，則已有八房之多。此書之上冊頁二十五，同治九年四
月二十八日，八房總書吳青等上一聯名公稟，請求淡水廳同知按照舊設之
吏、戶、禮、兵、刑、工、糧稅，承發各房名目分司公事，以杜爭推，而
均苦樂。稟後抄附淡水廳八房之辦案章程，以今日的觀點看來，其實即是
各房的職掌區分。由此可知，淡水在未設縣之前，額設的典吏雖只三人，
其分曹辦事的情況，卻與已設縣的各地州縣大致相同。這一段檔案上的實
證，可以推翻筆者前面所作的假設，以為淡水澎湖二廳額設典吏只三人及
一人，其所有六曹業務，可能由三人分辦或一人總辦之說，應該是不能成

立的。因為縱使額設之典吏人數不足，淡水同知或澎湖通判亦必將視實際需要，增設額外書吏令其負責辦理指定之公事，只是在額缺典吏極少的情況之下，這些額外的書吏，不可能在五年役滿之後易換新人，則其盤踞把持與觖法營私的弊竇亦必更為嚴重而又無法防杜，應是可以想見的事。

五

　　清代州縣衙門之必須分設吏、戶、禮、兵、刑、工六房辦事，不但見於上文所徵引的永清、清平、利津三縣方志，亦見於淡新檔案中同治時代的淡水廳實際情況。這種分房辦事的規定，源出於清政府所訂頒的「憲綱六條」。憲綱原書今雖不得而見，但曾轉引於永清、清平等縣的志書之中。既然憲綱六條分別以吏、戶、禮、兵、刑、工六部之事責成各州縣辦理，則其針對六部之不同職掌而分設六曹各司其事，自然是順理成章之事。至於分設六曹之後的業務區分情形如何？則永清、清平、利津等縣的志書中亦曾明白開載。引述如下，以為覘知清代臺灣各縣衙中分曹辦事之參考。

縣別＼職掌	永清縣	清平縣	利津縣
吏房典吏之職掌	1. 掌憲綱之冊籍，以六條之法，序其憲綱，分其節目而申明見行之事理。 2. 掌一縣之吏事，官屬師儒之姓名履歷，縣人之出仕於外者，及進士舉貢之待銓著，皆著於籍。 3. 掌六房之經制典吏，書其任事年月，五年役滿，申送考職，僉清書之老成者補之。 4. 掌官員之頒給印信，與鈐記劄付之請領於布政司與禮部者。	1. 同左。 2. 同左。 3. 同左。	1. 無。 2. 同左。 3. 掌六房典吏之名數，五年役滿，送部考職。其選充之始，由縣申送布政司給照，轉報吏部。 4. 掌六房之卯簿。

戶房典吏之職掌	（田科典吏所掌）	（戶房典吏所掌）	（戶房典吏所掌）
	1.掌全縣之田賦，以四柱之法定賦役之會計。	1.同左。	1.掌一縣之丁賦，以歲豐歉覈實徵，稽積欠，定蠲緩。
	2.以九則定一縣之丁賦。	2.同左。	
	3.掌河淤泊地之租稅。	3.掌捕撲蝗螟之害稼者。	
	4.掌鹽引課稅。	4.掌水旱不時之卹政。	
	5.掌典當之稅。	5.掌麥秋禾稼之分數。	
	6.掌戶婚、田土、錢債之獄訟。	6.同左第6條。	
	7.掌留養局之經費。		
	8.掌民屯戶口之數。		
	（倉房典吏所掌）	（倉房典吏所掌）	（倉房典吏所掌）
	1.掌常平倉穀之收儲、動支、及賑恤。	1.同左。	1.掌常平倉穀歲有儲積，以備賑貸之需。
	2.掌四鄉義倉及管理人員之選充與罷免。		
	3.掌秋稼收成之分數。		
	4.掌俊秀納粟充監生之粟數。		
	5.掌市集糧價及錢銀比價之紀錄及呈報。		
	6.掌記注陰晴雨雪之期日，按旬呈報，以驗農事之豐歉。		
	7.掌捕撲蝗螟之害稼者。		
	8.掌水旱不時之恤政。		
	（庫房典吏所掌）	（庫房典吏所掌）	（庫房典吏所掌）
	1.掌官庫錢糧之出納	1.同左。	1.掌庫藏出納。
	2.掌市集牙行之賦稅。	2.掌鹽引課稅。	2.掌戶婚田產錢債之獄訟。
		3.掌典當之稅。	
		4.掌市集糧價與錢銀比價之紀錄及呈報。	3.掌市集糧價與錢銀比價之紀錄及呈報。
		5.掌市集牙行之賦稅。	4.掌額外賦稅如典當牙雜、稅契等。
	（租科典吏所掌）	（糧房典吏所掌）	（鹽法科典吏所掌）
	1.掌旗莊田畝。	1.掌漕糧之徵收及兌運。	1.掌鹽運司衙門錢糧本境鹽務。
	2.掌雍和宮香火登租銀，旗地回贖奏銷冊。		

	3. 掌旗租另案入官地畝。 4. 掌存退餘絕地。 5. 掌解永定河道段德等名下香火地租銀。		
禮房典吏之職掌	1. 掌祭祀之牛，及帝籍之耕牛，歲正月，令牙人選牛之純黑而甶角者，呈順天府以待府尹之採擇。 2. 掌搜訪遺書及稽察書籍之非法者。 3. 掌順天鄉試及禮部會試所需謄錄書手之派撥。 4. 掌春秋壇廟之祭祀及一切典禮之儀注。 5. 掌學政科、歲二考之試事。 6. 掌輸粟報捐之監生，每季終彙報其報捐之結狀。 7. 掌舉報境內之忠孝節義，臚陳事實呈報上官，而請旌於朝。 8. 掌城村之鄉約推舉，以勸民為善。	1. 掌祭祀之牛，選牛之純黑而甶角者，先期供用。 2. 同左。 3. 掌鄉試所需謄錄書手之派撥。 4. 同左。 5. 同左。 6. 同左。 7. 同左。 8. 同左。 9. 掌記注雨雪陰晴之期日而驗農事之豐歉。	1. 掌壇廟祭祀所需之粢盛及祭品。 2. 掌春秋壇廟之祭祀及一切典禮之儀注。 3. 掌學政科歲二試之試事。 4. 掌報捐監生。 5. 掌舉報境內之忠孝節義，臚其事實呈報巡撫及學政，請旌於朝。 6. 掌舉孝廉方正之事。 7. 掌申報雨雪之期，計其寸數日時報之，以占年之豐歉。 8. 掌修建書院及一切經費章程。
兵房典吏之職掌	1. 掌收牛驢之租稅。 2. 掌採緞硝，辦齊每年例派採辦之數以解之布政司轉解工部。 3. 掌營汛文移及官兵俸餉銀米之請領及轉發給散。 4. 掌官府文移之舖遞。 5. 掌武生武童之考試事宜。 6. 掌民壯皂隸之冊籍，考察其藝業之善否而進退之。 7. 掌大差大役之車乘。 8. 掌驛遞之馬匹。	1. 無。 2. 同左。 3. 同左。 4. 無。 5. 同左。 6. 同左。 7. 無。 8. 同左。	1. 掌營汛官兵之俸餉銀兩按時會同監放。 2. 掌官俸役食銀兩，每歲於存留項下支放並辦理報銷。 3. 掌境內之舖遞文移。 4. 掌驛遞馬匹。 5. 掌供大差需用之馬匹。 6. 掌私宰耕牛之禁。
刑房典	1. 掌緝捕之事，歲終則計其數而彙報冊籍。 2. 掌保甲編戶之法，以稽察宵小。	1. 同左。 2. 掌人命盜竊一切獄訟。	1. 掌緝捕之事。 2. 掌保甲之法以查詰奸宄。

吏之職掌	3.掌五軍道里之冊籍。 4.掌額設囚糧之支領及報銷。 5.掌修村莊之墻濠柵欄。 6.掌人命盜竊等一切獄訟。 7.掌旅店過客簿籍之稽察。 8.掌鄉村井口之蓋板。 9.掌禁宰耕牛。 10.掌捕役仵作之名籍。 （提牢典吏所掌） 1.掌監獄之啟閉及禁卒之差派。	3.掌旅店過客之簿籍，書其往來之人而稽察之。 4.掌鄉村井口之蓋板。 5.掌禁宰耕牛。 6.掌捕役仵作之名籍。 7.掌保甲編戶之法。 8.掌五軍道里之冊籍。 9.掌額設囚糧。 10.掌巡緝河干。 （提牢典吏所掌） 1.掌監獄之啟閉禁卒八人供其役事，日夜巡查。	3.掌五軍道里之冊。 4.掌人命盜姦之一切獄訟。 5.掌獄囚衣糧。 6.掌治安巡查及設立窩棚柵欄派夫支更等事。
工房典吏之職掌	1.掌官府廨署，壇廟城垣之工役。 2.掌經由大路兩旁樹木之種植及管理。 3.掌義塚及漏澤園。 4.掌舉火窰座稅銀之徵收及解交。	1.同左。 2.掌運河糧船往來，稽其程站而禁其停泊。 3.呈報糧船入境出境之時間。 4.掌管河干一應押運過境船隻並記載其入境出境時間。 5.掌河干官商民船來往停泊巡守之事。 6.掌挑挖臨清塘河之事。 7.掌修葺河防橋道堡房事。	1.同左。 2.掌義塚及漏澤園之修建。 3.掌修治上下游河道及工費。 4.掌繪地理水道之圖。 5.掌海口船隻榷徵稅匣之事。
承發房典吏之職掌	1.各房文移詞狀，無所不領。	1.掌官府文移之舖遞。 2.掌一切獄訟呈詞。	承上發下，凡一應文書詞訟均由此收受轉發。

六

　　由上表所列永清、清平、利津三縣額設典史分房辦事的各房職司，可以使我們得到如下各種概念：

　　一、六曹職掌之中，以戶房職掌的分歧最多，其餘吏、禮、兵、刑、工各房，三縣大致相同。所不同的只是某一縣分有其特定的地理條件，所以多擔負一些與他縣不同的特殊任務。

　　二、同一業務，各縣的隸屬情形不盡相同，有的縣分歸某一房承辦，有的縣分卻又分歸另一房承辦。

　　三、同一業務，開載內容亦有詳略之不同。

　　四、將某一些屬於特殊性質的特殊業務除去，而設法將各種業務視其性質歸併，當可得出清代縣級行政機構的經常業務推行，暨其分房負責的情形。

　　所謂某些縣分由於其特定的地理條件而有其特殊任務，在永清、清平、利津三縣都有實際的例證。永清縣境內因為有八旗之領地，其租佃、回贖、入官等事頗為繁瑣，以致必須在戶房下專設「租科」一房承辦；清平縣濱臨黃河，不但為漕運船隻往來所必經，其本身亦有額徵之漕糧需要徵收兌運，於是亦必需在戶房之下增設「糧房」以專司其事。至於利津縣因境內設有鹽場之故，而必須專設鹽法科來承辦鹽務行政及鹽課錢糧之徵收，更是極為明顯的事。以清代乾隆年間臺灣府屬臺灣、鳳山、諸羅、彰化四縣與之相比，只有鹽政一科有其事實需要，其餘旗地、漕糧二項均無此事實，似屬可刪之列。

　　所謂同一業務而有不同隸屬的情形，可以查禁私宰耕牛及管理舖遞二事為例。前者在利津縣歸兵房承辦，而在永清及清平二縣屬刑房承辦；後者在清平縣歸承發房承辦，在永清、利津二縣則屬於兵房之職掌。嘉慶《清平縣志》說：「舖遞之事，例屬兵條，清平不知何以相沿分隸承發房職掌？今舊習已久，未便輒更，仍附之承發房下，以便守斯土者之觀覽爾」云云，可知即使是例定之事，亦難免會有例外。只是，舖遞屬於兵房

管轄，見於吏書所載的憲綱，臺灣亦有舖遞，理應仍屬於兵房管轄為是。

　　所謂同一業務而開載之內容亦有詳略之異，這當然是文字上的些小出入，不足為奇。但既有這種情形存在，我們在從事歸納合併時，便應視情形而作最完善的文字說明，以便儘量顯示其實際情形。

　　瞭解了以上情況，而將永清、清平、利津三縣的額設典吏業務職掌分配情形作一歸納整理，我們便可得出清代縣級地方行政機構的縣衙組織及其職掌分配情形，大致如下：

甲、吏房典吏之職掌——

1. 掌憲綱之冊籍，以六條之法，序其憲綱，分其節目而申明見行之事理。（按，這一條的具體內容，其實只是按照憲綱所開列的規定內容，造報文冊，說明本縣的實際概況，以為向上級機關提出簡報之用。其文冊之格式如附件一）

2. 掌一縣之吏事，凡官屬師儒之姓名履歷，縣人之出仕於外者，進士、舉人、貢生之待銓者，皆著於籍。

3. 掌六房之經制典吏，書其任事年月，五年役滿，申送考職，其遺職另選清書之老成者頂補。典吏選充之始，由縣申送布政司給照，轉報吏部。

4. 掌官員之頒給印信，與鈐記劄付之請領於布政司與禮部者。

5. 掌六房之夘簿。

乙、戶房典吏之職掌——

1. 掌一縣之田賦，按舊管、新收、開除、實在之四柱法核算全年錢糧收支數目。

2. 以九則定一縣之丁賦，亦按舊管、新收、開除、實在之法核實查徵。其在康熙五十五年以後出生者，屬於「盛世滋生人丁」，只編查人數而不徵丁銀。

3. 掌鹽引課稅。

4. 掌典當之稅。

5. 掌市集牙行之稅。

6. 掌戶婚、田土、錢債之獄訟（民事訴訟）。
7. 掌水旱不時之卹政。
8. 掌常平積穀及賑貸、管理之事。
9. 掌俊秀納粟報捐監生之粟數。
10. 掌市集糧價及錢、銀易兌之比價，按時紀錄呈報。
11. 掌記註陰晴雨雪之期日及分數，按旬呈報，以驗農事之豐歉。
12. 掌捕撲蝗蝻之害稼者。
13. 掌官庫錢糧之出納。
14. 掌秋稼收成之分數。

丙、禮房典吏之職掌——

1. 掌壇廟之祭祀及一切典禮之儀注。
2. 掌壇廟祭祀所需之粢盛及祭品。
3. 掌學政科、歲二考之試事。
4. 掌搜訪遺書及稽察書籍之非法者。
5. 掌舉報境內之忠孝節義，臚陳其事實，呈報巡撫及學政，請旌於朝。
6. 掌報捐監生，每季終彙報其報捐之結狀。
7. 掌城村之鄉約推舉，以勸民為善。
8. 掌修建書院及一切經費章程。
9. 掌舉薦孝廉方正之事。

丁、兵房典吏之職掌——

1. 掌營汛文移及駐防官兵之俸餉銀米，按時請領並轉發給散。
2. 掌官府文移之舖遞。
3. 掌武生武童之考試事宜。
4. 掌民壯皂隸之冊籍，考察其技藝之善否而進退之。
5. 掌驛遞馬匹。
6. 掌大差大役需用之車輛、馬匹。
7. 掌採辦毬硝之事。

戊、刑房典史之職掌——

1. 掌緝捕之事，歲終則彙報其成績。
2. 掌保甲編戶之法，以稽查宵小，預防犯罪。
3. 掌人命、盜竊之一切獄訟（刑事案件）。
4. 掌五軍道里之冊。
5. 掌獄囚衣糧。
6. 掌旅店過客之簿籍，按時稽察其姓名人數。
7. 掌捕役仵作之名籍。
8. 掌治安巡查及設立窩棚柵欄，派夫支更等事。
9. 掌禁宰耕牛。
10. 掌監獄囚犯之管理。
11. 掌鄉村井口之蓋板。

己、工房典史之職掌——

1. 掌官府廨署、壇廟、城垣之工役。
2. 掌經由大道兩旁樹木之種植及管理。
3. 掌義塚及漏澤園。
4. 掌繪地理水道之圖。
5. 掌海口船隻之榷稅徵釐等事。
6. 掌海口船隻來往停泊稽查之事。
7. 掌境內舉火窰座之課稅事。

庚、承發房典史之職掌——

1. 掌收受文移詞訟而轉送有關部門處理之。

七

以上情況，雖然只是清代縣級地方行政機構的經常業務及分房辦事以後的職掌區分，但因清代全國縣級地方行政機構所負責的經常性業務大致相同，上述內容，應該亦可適用於清代乾隆年間臺灣府屬臺灣、鳳山、諸

羅、彰化四縣。只是，永清、清平、利津三縣都位於北方的直隸、山東省
境，與南方的臺灣風土物產大相逕庭，若干專屬於南方地區的工商業及海
外貿易未見列入，顯然不能適合臺灣當時的實際情形。於此，我們可以同
治年間淡水廳的八房辦事章程互相比較，看看其中是否尚有遺漏之處。

　　《臺灣文獻叢刊》第二九五種，《淡新檔案選錄》〈行政編初集〉上
冊第二十五頁，載有「淡水廳八房辦案章程」如下：

　　一、陞授官員、報捐貢監、及登掛各書卯冊，應歸吏房辦理。

　　一、開設蔗廍、牛磨、當舖、及地丁錢糧耗羨、示禁小錢，並設秤
　　等項，應歸戶總辦理。

　　一、報墾田園、陞科賦稅、及倉務正供、採買屯餉、配運官穀等
　　項，應歸糧總辦理。

　　一、控爭田土第宅，及田房稅契，抗欠佃、社、業戶各租，僉舉保
　　長、總董、庄正副、編造門牌、分別良莠，應歸戶稅房辦理。

　　一、學校、考試、義節、名分、慶謝、婚姻、祀產、祭祀、祀典、
　　學租、行香、唱禮、祈禱雨晴、寺祝、廟僧、道士、團頭、屠戶、
　　及尋常姦情、控爭墳山、示禁買賣鴉片、栽種罌粟，應歸禮房辦
　　理。

　　一、海洋港汊，開挖澳口，發給商漁船牌照，及拏獲海洋盜匪，船
　　上禁物，並船隻遭風擱淺被搶，奔轅喊冤呈控，營兵報欠錢債，遞
　　解革兵回籍；又在澳居民滋事，登注各班役卯，應歸兵房辦理。

　　一、賭博、私宰、結會、打架、姦拐、捲逃、強姦、輪姦、剪辮、
　　首告子弟賭蕩、生番殺人，人有急事奔轅喊冤呈控，及赴案控驗傷
　　痕，並告發塚刦棺、毀墳滅骸，戕傷坎穴等項；又指明傷痕呈請辜
　　醫，二比滋事，鄉保稟止，已保辜死者不論何事由，應歸刑房辦
　　理。

　　一、興築、製造、軍工木料、及油車、鐵舖、鑄戶，並一切工匠、
　　皮寮、飯店、開濠、鑿池、埤塘、溝圳、拏獲私儎鐵鍋、硝磺、鉛

藥等項，應歸工房辦理。
　一、兵民控欠錢債，及批發仰訊等項，應歸承發房辦理。

　　上文所列舉的各房業務區分，有許多是內地縣分所沒有的，如商漁船牌照、配運官穀、海洋盜匪、走私、船隻遭風被搶等；有許多是南方所特有的，如開設糖廊、牛磨等；有許多是新開發地區所特有的，如報墾田園，生番殺人等；又有許多是鴉片戰爭以後纔有的，如販賣鴉片，栽種罌粟等。將這些特殊及新增的項目加入舊有的六曹職掌，就是清代後期臺灣地區縣級行政機構的經常業務。並由淡水廳戶房項下更分為戶總、糧總、戶稅三房的例子看，清代乾隆年間臺灣府屬臺灣、鳳山、諸羅、彰化四縣額設典史十二名，亦應該是在額設的史、戶、禮、兵、刑、工、承發各房之外，更有若干較為精細的區分，以分擔戶、刑兩房較重的業務。民國四十九年所修的《臺北縣志》，謂淡水縣在設廳時期，在上述七房之外更有所謂「堂招房」，大概即此之類。只是「堂招房」之名未見於官書之記載，究竟源出何自，尚待查證。至於《淡新檔案》內所見的淡水廳八房分房辦事章程中，「控爭墳山」明係民事訴訟之類，例應歸戶房辦理，在此卻屬禮房之職掌；「尋常姦情」屬刑事案件，例應歸刑房辦理，在此亦屬禮房之職掌。保甲編戶向屬刑房職掌，其目的在防杜奸宄，稽察宵小，在淡水廳居然屬於戶稅房之職掌。究竟這種完全不同的根據與理由何在，無從了解。以此而論，淡水廳屬八房的「辦事章程」，其不能比照推用於臺灣鳳山諸羅彰化四縣，亦應是極為明白的事。略述於此，以備參考。

附件一──宣統元年五月河南開封府所造「憲綱事實冊」

　　開封府
呈
　　為憲綱事遵將本府境內所管事宜逐壹登僉明白理合開造清冊呈送
　　查核須至冊者
　　計開

壹官員印壹顆

開封府

知　　　　府　　寶　　綱

理事同知　　錫　福

塩捕同知　　何文棹

上南河同知　　黃家駒

下南河同知　　姚詩富

祥河同知　　薛爾安

下北河同知　　李　　湘

中河通判　　文　銓

鄭中通判　　邵令疇

經　　　　歷　　許保頤

照　　　　磨　　陳　星

教　　　　授　　賈蒲亭

訓　　　　導　　賈蒲亭_{兼攝}

僧綱司

都　　　　綱　　浩　　然

道紀司

道　　　　紀　　潘教旺

陰陽學

正　　　　術　　劉雲祥

醫學

正　　　　科　　缺

壹典吏

前件查得本府陸房典吏共貳拾陸名理合開造

吏房典吏貳名

典　　　　吏　　缺

典　　　　吏　　缺

戶支科典吏叄名

典　　　吏　　　缺

典　　　吏　　　缺

典　　　吏　　　缺

戶收科典吏叄名

典　　　吏　　　缺

典　　　吏　　　缺

典　　　吏　　　缺

戶役科典吏貳名

典　　　吏　　　缺

典　　　吏　　　缺

禮房典吏叄名

典　　　吏　　　缺

典　　　吏　　　缺

典　　　吏　　　缺

兵房典吏叄名

典　　　吏　　　缺

典　　　吏　　　缺

典　　　吏　　　缺

刑房典吏叄名

典　　　吏　　　缺

典　　　吏　　　缺

典　　　吏　　　缺

工房典吏叄名

典　　　吏　　　缺

典　　　吏　　　缺

典　　　吏　　　缺

承發房攢典貳名

　　　　攢　　　　典　　　缺
　　　　攢　　　　典　　　缺
　倉房攢典貳名
　　　　攢　　　　典　　　缺
　　　　攢　　　　典　　　缺
　常益庫攢典壹名
　　　　攢　　　　典　　　缺
　壹農桑
　　　前件查得本府所屬拾貳州縣共地壹拾肆萬陸仟壹百貳拾貳頃玖拾柒畝
　　　陸釐壹毫理合開報
　壹存恤
　　　前件已行所屬各州縣存恤孤寡房屋時加修整口糧花布按期給領銷有疾
　　　病撥醫調治理合回報
　壹歲辦錢糧
　　　前件本府凡遇徵收夏秋起存錢糧嚴催州縣按期經解藩憲本府並無經收
　　　理合回報
　壹倉庫
　　　前件查得本府倉庫因洪水潯汴倉庫沖決今止修壹常平倉現今積貯谷貳
　　　萬伍仟捌百柒拾伍石陸斗柒升奉文歸併祥符縣經管理合回報
　壹祀神
　　　前件查得本府境內應祀神壇廟宇及文廟廊廡設備俎豆祭品煥然可觀凡
　　　遇祭日按期致祭理合回報
　壹學校
　　　前件儒學培養人材督令廣文卑府到任之後每逢朔望講文課藝以振士風
　　　今將廩增附生員名數理合開報
　　　廩膳生
　　　增廣生
　　　附學生

壹鄉飲酒禮

　　前件本府凡遇鄉飲屆期體訪齒德俱優鄉邦推服者以禮敦請理合回報

壹孝子順孫義夫節婦忠臣烈女

　　前件本府凡有孝子順孫義夫節婦忠臣烈女風化所關留心諮訪詢勘明確

　　請給旌表理合回報

壹驛站

　　前件本府省會原有大梁驛已奉文裁缺所有驛馬夫役應付上司徃來歸併

　　祥符縣供應理合回報

壹皂隸弓兵

　　前件查得本府原無弓兵止有皂隸遵奉經制數目召募應役並無僉報理合

　　回報

壹境內盜賊

　　前件本府嚴飭所屬印捕官嚴督逃緝編定保甲設立墩堡多方曉諭近來盜

　　風漸息理合回報

壹獄禁所當矜恤

　　前件查得本府原有司獄司自沖之後並無監獄亦並無監禁重囚今新設監

　　獄理合回報

壹橋樑道路

　　前件查得本府境內橋樑道路遇有損壞隨時鋪墊無妨經涉理合回報

壹城池

　　前件查得本府省會原係磚城伍門週圍壕塹因黃水潲垣倒壞現今修補完

　　固理合回報

右具冊

　　宣統元年五月　　日

沈葆楨《無紀年家書》中的傳記資料

壹、緣起

　　《沈文肅公家書》六冊，不分卷，清·沈葆楨撰。此書原為福建螺江陳寶琛家的鈔藏本，1997 年由福建文史館編為《沈文肅公牘》的附冊，與公牘一併交由揚州市的「江蘇廣陵古籍刻印社」影印出版，列為《福建叢書》第二輯的第一種。這原為六冊的沈葆楨家書，前五冊有紀年，其起訖時間為清同治元年壬戌（公元 1862 年）至清光緒五年己卯（公元 1879 年），首尾凡十八年。但因沈葆楨在同治五年至十三年二月的時間內，實際上是以在籍紳士的身份在福州原籍擔任「船政大臣」之職，並不需要寫家信，所以自同治五年至十三年二月，乃是沈葆楨家書的空檔期。家書的最後一冊，被稱為「無紀年家書」，則因其實際寫作時間已不能明瞭，所以只能隨意湊合在一起，稱之為「無紀年家書」，而不能與前面的五冊一般地按時間先後按次序排列。乍看起來，這些「無紀年家書」既無時間可查，其排列次序又復錯雜混亂，全無頭緒可尋，似乎沒有什麼利用價值，而其實不然。因為這些「無紀年家書」雖然看似錯亂顛倒，全無頭緒可尋，但若能細加研究，利用各種相關因素逐細比對，仍不難大致推定其寫作時間究在何時，對于瞭解沈葆楨的生平行事，仍是極有參考價值的傳記資料。

　　沈葆楨無文集行世。其唯一流傳於世的著作，只是在他死于兩江總督任上時，由江蘇巡撫吳元炳為之編集刊印的一部《沈文肅公政書》，收輯其自江西巡撫至兩江總督期間所上之奏疏，其在江西巡撫之前服務江西期間的文移公牘，以及在咸豐四、五年間擔任監察御史時期所上奏摺，均未

見收錄。更因為並無文集傳世之故，沈葆楨生平所撰詩詞、散文、日記、雜著之類，亦皆歸于散佚。文字著作是表達作者思想行為的重要參考準據，失此依據，實難以瞭解其人一生行事的思想背景與行為動機。所以顧亭林先生就曾說過，為人作傳記不是容易之事，「不讀其人一生所著之文，不可以作。」（《日知錄》卷二十一，〈誌狀不可妄作〉條。）我們現在既然無法完整地看到沈葆楨所撰文字，撰寫他的傳記便大有困難。《沈文肅公牘》及《沈文肅公家書》的出現，雖然可以稍稍彌補這方面的缺陷，但家書而「無紀年」可查，似乎又將使這些「無紀年家書」歸于無用之勢。筆者昔年曾應臺灣省文獻委員會之邀，為文獻會撰寫《沈葆楨傳》一冊，都二十餘萬言，對于沈葆楨的一生，自覺稍有研究。在讀到《沈文肅公家書》書後所附之〈無紀年家書〉之後，深感這些家書雖已被歸入「無紀年」之類，如果仔細查考透露在這些家書中的有關事蹟，仍不難確定其實際寫作時間，而對研究沈葆楨的生平行事大有參考價值。最顯著的一些事實，例如他在咸豐五年二月由御史外放為九江府知府時，必須由北京前往江西到職。其時南京業已因被太平天國軍佔領而成了太平天國的「天京」，而由南京向西，溯長江而至武漢的這一段長江航道，正是清軍與太平天國劇烈爭奪的戰場。在承平時期，由北京前往江西的最便捷道路，是由大運河轉長江水道的水路航運，若由陸路，則可在到達武漢之後順長江而東至九江、湖口，就是江西省境了。但在南京淪陷及長江航運中斷之後，這兩條由北京前往江西的傳統交通路線皆已被阻斷，沈葆楨是在何種情況之下由北京到達江西的呢？再則沈葆楨在北京做御史時，其妻子林普晴本隨在任所。及至外放為九江府知府，林普晴是否隨同沈葆楨赴任？凡此兩點，在有關沈葆楨的傳記中均無明白的紀錄可查，但在查考了沈葆楨的「無紀年家書」之後，這兩項疑問都可以得到明白的解答。由此看來，這些家書雖因失去時間記錄而被視為「無紀年」，事實上正有時間可查。而且這還不過是在眾多資料之中隨便摘舉出來的兩點例證而已，除此以外的其他例證，正復更多。筆者當年撰寫《沈葆楨傳》時，因限于資料不足之故，在沈傳中留下許多難以瞭解的疏漏，得此資料後可以稍稍修

補前撰之缺點，自屬十分欣慰。因此撰為此文，以補當年之不足。不逮之處，尚希方家指證。

貳、查考時間的線索

　　筆者以為，〈無紀年家書〉雖被稱為「無紀年」，若以其中之敘事內容參考，仍可推定其寫作時間究在何時。下文先舉例三例以說明筆者之觀點及理由。

　　例證一，〈無紀年家書〉原序列十一之沈葆楨家書云：

五月二十日，兒葆楨跪叩^父_母親大人萬安。敬稟者：四月十五日由軍功賴鋆寄回安信一封，計當到矣。本日奉到四月初一、十三兩次手諭，知前此尚有寄曹樂山信未到，此人不知何以忽爾到閩，此行殆□折回矣。銳昌可勸其不必再來，徒損盤費，無謂也。厚甫為賊所傷，是尚能忠於所事者，東人諒有調劑。岵農、鏡泉指省浙江而復避而之粵，薇臣師方歸復出，勿邨素為壽臣所惄復隨之往，均所謂進退無據者。滿地干戈，從何處得樂境？紛紛趨避何為者？閩省今年必無鄉試，則濱竹歸否，尚在未定。福州百物昂貴，家中何以度日？此間萬難支持，已將萬古愚、姚彥嘉轉薦去，然又負千餘金債矣。九江於四月初七日經李迪菴攻克，逆賊殲盡，不漏一人。然該逆據守數年，援絕後又守半年，糧盡後又守數月，盜亦有道，真足令守土負恩者媿死。李迪菴復城後即渡江北剿賊，留兵四千守潯，促兒前去。……

　　李迪菴即李續賓，湘軍大將，官至浙江布政使加巡撫銜，當時是湘軍在湖北、安徽、江西方面的前敵主將。湘軍圍攻九江之戰，始於咸豐四年之十一月曾國藩由武漢率湘軍東征之後。其時東征湘軍的水、陸二軍俱極勇銳，但卻在圍攻九江之戰中大遭挫折，水師的失敗尤其嚴重，其中的一

半陷入鄱陽湖水域中不能復出大江，另一半則在戰敗後退回武漢，只留下陸軍部隊圍守九江城下，因城大兵單而成為艱苦對峙之勢，久久未能收功，前後歷時三年有餘。直到咸豐八年四月，方在李續賓的全力猛攻下克復九江，盡殲城中的太平天國守軍及其主將林啟榮。滿清政府因九江克復而欣喜莫名，督責李續賓乘勝渡江北上，進規北岸的太湖、英山、桐城，以期與駐守廬州的安徽巡撫李孟群會師，合力進攻安徽境內的太平天國軍。李續賓將他統率的湘軍分出四千人防守九江後，自己能帶領的湘軍已只剩八千人，又在攻克桐城、舒城之後又皆留兵駐守，所剩下的野戰兵力更只剩下五千而已。孤軍深入，已犯兵家之大忌，向湖北方面請求派兵支援，又為總督官文所拒，終於在桐城至廬州的半途中為太平天國大將英王陳玉成所預設的十餘萬大軍重重包圍，在三河鎮一戰中全軍盡覆，是即湘軍戰史上極為有名的「三河之敗」。由于前引沈葆楨家書中明白說到李續賓大軍于四月初七日攻克九江，當然可以知道他在五月二十日所寫的此一家信，即是咸豐八年之五月二十日。而此信中既然說到曾於四月十五日由軍功賴鋆寄回另一封家信，則如另一封家信也有賴鋆其人的話，其寫作時間必然也是咸豐八年了。非常湊巧不過，在其餘的「無紀年家書」中，恰好就有這麼一件家書，也引敘於後：

> 四月十四日，父母親大人萬安。敬稟者：三月初由崇安館寄一安稟，未知能到否？浦城被踞，光澤復陷，省城光景必倍形拮据。衢州受困，月餘未解，處州聞又失守，浙中當事束手無策，只移檄催援兵而已。此間常、玉路阻，軍餉毫無所出，商賈既已絕踪，暴骨滿野，流亡未復，地丁亦無從催徵，各將停兵不戰，不知如何得了也。撫州賊勢已衰，或有剋復之望。兒若離得廣信，便當決志回家。賊不難平，而人心不轉，天縱欲福，難為功也。頃又聞邵武失守，閩中既無將，又無兵餉，奈何奈何？五叔尚在壽寧耶？抑已回省？福安、寧德亦俱告急也。茲因賴軍功鋆運賴從戎靈柩之便，草此數行以慰懸念。……

「無紀年家書」中類似這種有「連類」資訊可資判讀的例證尚多，不枚舉。舉此一例，可以說明，只要留心比對研究，「無紀年家書」中還有很多可以大致查明其實際寫作時間，並不至於太困難。

例證二，「無紀年家書」原序列第二通的沈葆楨家書云：

> 正月十二日，兒葆楨、媳林氏跪叩父母親大人萬安。敬稟者：初七日接到四弟來函，內云，雙親身體復原。而前信未到，不知所患何病，殊為懸念。居業至今渺無消息，實不可解，豈中途折回耶？抑在何處留滯耶？三弟有無回省確期？媳婦擬月杪起行。南安府失守，大庾令同鄉黃星舫（未兒之師）聞與葉叔華太守同以身殉，未知確否。景德鎮官軍每戰輒敗，連日由此間調兵接應，頗覺忙碌，幸廣信尚平靜耳。大哥已卸宣德衛事，殆為催徵不力故，現奉道委赴蘇乞糧，有來信兩封，囑轉寄回。審國轉危為安，可喜也。惟皖北已糜爛不堪。皖南兵多餉絀，所寄之泲省章省疆寄俱非其人，後患正未有艾耳。

據《江西通志》卷九十七〈前事略〉「武功三」頁二十四所記，咸豐八年十二月，南安府陷，知府葉球、大庾知縣黃榮庚死事。此應即是沈葆楨信中所說，南安府失守，葉叔華太守與大庾令黃星舫「同以身殉」之事也。南安府失守在咸豐八年十二月，此函開端所署日期為正月十二日，顯然即是咸豐九年之正月十二日。由于此信中還曾提到「居業至今無消息」，不知其逗留何處，而「無紀年家書」中原序列第五通之家書恰有「居業到信，捧讀手諭，敬悉一切」之語，其開端所署日期為「二月初六日」，與上引咸豐九年正月十二日所寫家信同讀，其寫作時間應為咸豐九年之二月初六日，事理亦極為明顯。

例證三，〈無紀年家書〉原序列第十三通之沈葆楨家書云：

> 六月初五日，兒葆楨跪叩父母親大人萬安。敬稟者：前月二十八日由

戴見軒寄回安信一封，計初十邊可到。兒雖以道員升用，然補缺期
實遙遙。茲蒙聖恩簡授九江道，固苦累難當，而從此可望升途，亦
一喜也。……

按，沈葆楨以實缺的九江府知府奉委署理廣信府知府，在咸豐六年八
月廣信遭大股太平天國軍圍攻，形勢岌岌，賴沈葆楨夫婦力守危城，鄰近
的浙江衢州鎮總兵饒廷選又適時率軍來援，擊退強敵，廣信府始危而復
安。論功行賞，沈葆楨堅守待援之功為第一，因此奉旨以道員升用。至于
其實際補缺的日期，則在咸豐七年之閏五月。《清代起居注冊》咸豐朝第
三十六冊記云：

咸豐七年閏五月初一日辛巳，內閣奉諭旨，江西廣饒九南道員缺，
著沈葆楨補授。

原名為「江西廣饒九南道」的道員，下轄廣信、饒州、九江、南昌四
府；駐劄九江府，故俗稱為「九江道」。知府升道員，補缺不易，沈葆楨
當時，對此實無奢望，故信中有「補缺期實遙遙」之語。卻不料沈葆楨的
廣信守城之功已「簡在帝心」。在廣饒九南道道員出缺之時，突然由皇帝
降旨「欽點」，實在是沈葆楨所意想不到的事。由此亦可知道，沈葆楨此
信，係寫於咸豐七年之六月初五日，亦即升任九江道的旨意到達江西省之
後，雖無署年，卻極明白。

根據若干可以確認事實的記事內容，不難推定某一些「無紀年」家書
的寫作年份；若原信本有月日記載，則一切時間資料俱已明白，其可資利
用的價值便提高了。再以這些信中的相關記事為線索，進一步擴大考查其
他相關信件的寫作時間，又可得到更深一層的收穫，上舉各例之所述甚
明。運用這種查考比較的方法逐一研究推敲，被列為「無紀年」家書中的
那些沈葆楨家書，十之八九都可推定其寫作時間在於何時。由此所呈現的
事實，則是沈葆楨傳記中若干晦暗不明的部分，在這些家書的指引之下，

都可以得到較為明白的瞭解，對于補充沈葆楨傳記資料不足的缺陷，可謂為用良多。

參、赴江西到任前曾先送眷屬回福建

　　沈葆楨于道光二十七年丁未科中二甲進士，朝考改庶吉士，入庶常館教習，道光三十年散館，授職翰林院編修。咸豐三年，記名以御史用。咸豐四年，補授江南道監察御史。咸豐五年二月，由御史外放為江西九江府知府。由此可知，自道光二十七年至咸豐四年這八年間，沈葆楨一直都在京師，直到咸豐五年二月以後，方離開北京，前往江西省的省城南昌稟到，正式由京官變成外官。沈葆楨所撰〈室人林夫人事畧〉中曾說：

　　丁未，葆楨入詞林，挈夫人居長安，窘甚於未第時。

　　根據這一條記載，沈葆楨自入庶常館以至供職翰林院，其妻林普晴都與他同住在北京。古代時交通不便，由福州前往北京，路程千里，旅費昂貴，車船更迭又復十分麻煩而且辛苦，女流之輩若非由男子伴隨同行，更是困難之至。沈葆楨之妻林普晴在沈葆楨初入詞林時便已同在北京，若非是在中進士後請假回籍接眷的結果，便很可能是在沈葆楨北上應會試時便已挈眷同行。這一層，目前雖無進一步的資料可以查考明白，在〈無紀年家書〉中的一兩封家書裡卻頗曾透露出若干消息。〈無紀年家書〉原序列第二十五通，沈葆楨致其妻林普晴的家書云：

　　敬籲賢卿如晤。別後急急如有所失。（由于傳鈔本難免筆誤，此一句中的「急急」二字，疑為「忽忽」之誤。）薄暮抵魚梁，不知是日開船否？一路平安，無阻滯否？旅館孤客，兀坐無聊，回憶兒女喧囂，都成樂境，甚悔聽汝南歸之大錯也。繼思雙親別卿將有十年，此十年中如何盼望，今番一見，如何歡喜。膝下多一賢孝媳

婦，勝過不解事兒郎在家千倍，雖又添許多人口，必能佐老人擘
畫，私衷慰甚。以婦職兼子職，使我無內顧之憂。自入蓬門，備嘗
艱苦，未審何日有以圖報，則又感甚媿甚。惟是庭幃之戀，人同此
心，宦海飄蓬，歸養何時，有天難問。卿獨先蒙顧復，健羨之餘，
又不免妬甚耳。鈇兒可即與銅兒一處附學，望其能改行勵志，并熙
女早早擇一佳婿，則此行良為不虛。十七、十八兩日天氣甚好，到
站亦早。十九冒雨到清湖，行李多被霑濕。今日未霽，不克成行。
想此時船亦為雨所阻，何日得到建郡？兩地關心，百感交集。西窗
剪燭，後會有期，非楮墨之所能罄也。父親是否已到光澤？雙親精
神體氣如何？來信幸見縷述。我身體俱好。鄭廣好□水，戒之不
悛，到念八都即得瘧疾，力勸其歸去，執意不從，只得聽其自便
耳。每日到未、申間一發，餘時則照常，可令鄭曆知之。傍晚天不
晴意，明早能否就道。當再佈聞。此問賢卿侍福。漁樂旅舍寫懷五
截句，附達青盼，幸勿見哂，乞賜和。……

　　此信之末另附七言絕句十一首，文長不具錄。

　　林普晴字敬紉，又字駿業[1]，乃是沈葆楨舅父林則徐之次女，與沈葆
楨以表兄妹而締絲蘿，親上加親，情好甚篤，由此信之文字內容更可見一
斑。「魚梁」不知在何處，若「清湖」與「念八都」，則地在浙江江山縣
境內，乃是由浙入閩驛路所經之地，清湖在江山縣城南三十里，念八都則
已是江山縣境之最南端，由此翻越楓嶺關隘口，即是福建省的浦城縣境
了。自古以來，由浙江省入閩的驛路，通常是由杭州溯行錢塘江的水路而
上，在到達衢州府的江山縣城後捨舟登岸，陸行二百五十里，越仙霞嶺而
至浦城，即可利用閩江水系上游的南浦溪乘船而下，由南浦溪以入建溪，
經建寧府與南平府而達福建省的省會福州。至于由浙入贛之路，雖然亦是
利用錢塘江的水路，但卻是在到達衢州之後不向南往江山，而改由衢州折

1　見林慶元、羅肇前合著之《沈葆楨》，頁3。

向西行至常山縣，再由常山縣起旱陸行八十里，越曹會關，即至江西省之玉山縣。到了玉山，又可乘船沿信江西行，經上饒、鉛山等地，穿越鄱陽湖以達省會南昌。沈葆楨在咸豐五年二月由御史外放為江西九江府知府，因值戰亂時期，南京淪陷，長江中游的航道截斷，不能按照傳統的走法，循京杭大運河到達揚州後改由長江航路向西行到達南昌，必須改由揚州往東，取道蘇州、常州而達杭州，然後再沿襲由浙入贛之路以達江西。但即使照這樣的走法，他也不可能在到達衢州之後，南向江山、清湖、念八都一路，因為那是由浙入閩而非入贛之路。而由前引沈葆楨家書及與此相關的另一通家書看來，沈葆楨之所以會經由清湖、念八都的入閩之路，其實是在他由浙入贛之前所迂道往返，目的是需要將隨行家眷先行送回福建，然後隻身前往江西赴任。關于這一點，前引家書中的文辭語氣本已顯著明白；但如再參看與此關連的其他信件，則其中的關係就更為明白了。〈無紀年家書〉第二十四通，沈葆楨致其妻林普晴書云：

> 敬紉賢卿如晤。五月廿九日在清湖泖一安信寄回，計此時可到矣。昨接濱竹五月廿八日安信，知于廿四日眷屬抵家，不勝欣慰。到家後見母親光景如何？來信幸為詳述。汝在船上，尚覺稍慣否？家中過夏，尚不受病否？家中積欠實在若干？每年用度須得若干？現在用多少人？鄭厝常在家中否？冰如處兒項已兩月有餘，何以尚未收到？此信恐已遺失，可令濱竹向岵農一問。鈜兒讀書稍知媿奮否？繡紋天氣稍涼可即為種花。六妹瘴疾能稍愈否？父親年及致仕，就館本非所宜，若再遇事挈肘，如何過日？可令濱竹作信，諄勸父親旋里為要。我目下無能接濟，家中事全仗卿極力扶持。現在為景所迫，不能以求人為恥，凡可以稍慰親心者，務祈委曲求就，終以將來不負人，便于此心過得去。亦知事屬萬難，然家貧思良妻，不能不有所厚望也。十數年艱苦備嘗，日甚一日。愚拙之人，誠知無以為報，第汝盡汝心，令人謂雙親積善一生，當得一賢孝媳婦而已。我于廿二日由清湖抵玉山。該縣光景照常，惟城外被焚房屋數百

間，現都陸續起蓋。向張于庭年伯挪川貸百金。念四下船，念五抵廣信，一路更覺蕭然。往拜雪舟太守，其衙署被焚一段。城中居戶亦不甚稠密。雪翁因諸事掣肘，焦急成病，現已委耿琴軒署理。抵安仁，聞義寧州失守。兵過安仁，停船半月，初二抵省。江右城外素極繁華，現只數間篷廠而已。城下稽查極嚴，申初城門即閉。令家人入城覓館，適何小麘觀察屋尚寬餘，遂搬入同住，二進三間排，每月租足紋十一兩五錢，屋價之貴，可謂極矣。晤小翁，始知其離省七十里被劫，皆逃勇革勇，現在數各處所報不一。中丞檄羅觀察往救義寧，因天氣酷暑，兵勇多病，遷延未行，日日鬧事。史太守出城，儀仗被毀，中軍參將彈壓被毆。鄉間居房多被拆毀，十五日有千餘人赴撫轅呈訴，中丞檄羅觀察飭禁而已，無如何也。九江署守住離城二十里薩家河，一切書辦吏役皆須官自措資招募，州縣既不能供應，廉俸及辦公經費藩庫概不給領。本擬奉到飭知即行赴任，且作打算，而署守顏裕峯之子向官場中說，其尊人賠墊年餘，只望九江收復，可以開復原官。現在實任已到，恐將來徒勞無功，等語。因此官府專信問其是否願意卸事，俟得其回信，再定行止耳。如留在省城辦事，將來可以委署地方，於家中或不無小補，但此時駐省費用已覺賠墊不起矣。我在此頗覺岑寂。三弟在家侍奉，四弟亦係獨子，萬不可令其西來。如將來稍布從容時候，卿能捨兒女從我游否？倘家中、京中之累能一律肅清，稍得養資，我亦蕭然遠引，宦海浮沈，非所願也。

此信絮絮叨叨，幾近千言，看其前半部分純係談論家人瑣事，完全找不到時間的線索，但如看其後半部分，便可知道此信正是接續前引沈葆楨致其妻之家書而寫，一方面歷敘其由江山縣清湖地方起程，由玉山、廣信（即上饒）、安仁而至江西省城南昌的旅程紀錄，另方面告知其妻因九江府署任知府顏裕峯不願交卸署職之故，所以他雖然是實缺的九江府知府，卻不能到九江去到任。將這前後二通家書合起來看，沈葆楨在由浙入贛之

前，曾經迂途前往江山、浦城，以及其眷屬在浦城登船南行，經建寧府等地回到福州原籍的事實，便十分清楚明白地呈現出來了。沈葆楨由御史外放為九江府知府的時間既在咸豐五年，則他在到達江西以及迂途前往浦城送眷的時間，當然也都在這一年之間。前引第一信敘述其由浦城折回清湖的時間是在五月十八日，後一信說他由清湖寫信回家的時間是五月廿九日，這廿九日的「廿」字，顯然是「十」的筆誤；因為他在廿二日便已由清湖到達玉山，怎可能在廿九日還由清湖寫家信呢？所謂「兵過安仁，停船半月」的「月」字，應該亦是「日」字之誤，因為當時江西省境內並無大支清軍，數千人的援軍過境安仁，又何致需要「停船半月」來等待呢？根據這些推測，沈葆楨由玉山、廣信、安仁來到南昌的旅行時間，充其量不過十天左右而已，所以這所謂「初二抵省」的「初二日」，應該是六月初二日而非七月初二日。如果以為此說尚有疑點需要澄清，則下文所引的另兩通家書更可提供較為滿意的解釋。

肆、不能前往九江到任以後的工作安排

沈葆楨「無紀年」家書之第一通家書云：

六月二十九日，兒葆楨跪叩父母親大人萬安。敬稟者：初間由陳樸園處奉到手諭，即肅安稟寄回，計此時可到矣。二十日，由解餉委員陳守戎之便，寄回福州家信一封。兒本擬即行赴任，緣署事者係已革九江同知，希圖克城之日開復原官，不願卸事，因此留省差委。至克城之日，善後之難，百倍于今，署事者既得好處，必求走開，此時本任不能不去。但九江收復亦恐尚遙遙無期，現在若有府缺可以委署，得稍優者，於家計不無少補，但不悉能如願否耳。疲商事本難辦，老年尤非所宜，此時天氣太熱，俟秋涼賦旋，最為長策。惟聞順昌一帶仍不免有匪徒嘯聚，未知信否？途中總需加意慎重為要。兒身體俱好，可無掛念。

　　此信中仍以九江署事者希圖克城之日開復其革職處分，「不願卸事」
為言，可知其時間即接續上引沈葆楨致其妻之第二信而來，離沈葆楨抵南
昌稟到之後不久。此信所署日期既是六月二十九日，則沈葆楨到達南昌的
日期當然應是六月二日，決無可疑。下面的另一信敘事內容相同，日期亦
同，一併引敘如下。

　　　　六月二十九日，兒葆楨跪叩母親大人萬安。濱竹三弟如晤。二十
　　　邊，因解餉委員陳梅亭旋閩之便，託寄安信一封，計秋早又到矣。
　　　我本擬即行赴任，緣攝篆者係九江已革同知，望克城之日開復原
　　　官，不願交卸，因此留省差委，現亦無事可辦，閑住而已。將來克
　　　城之日，善後之難，百倍於今，署事者既得好處，必求走開，本任
　　　仍須到任。惟現在若有他缺可望委署，得稍優者，於家中亦不無小
　　　補耳。何小麖署鹽道。從前此缺歲得盈餘三、四萬，今則僅敷日用
　　　而已。父親有安信到家否？去就之意若何？我亦有信勸父親秋涼南
　　　旋，第我現尚無駐足之所，未知老人能決然舍去否？三子皆壯，無
　　　可以上慰親心，如何，如何？七月初一日上院稟見，中丞命赴涂家
　　　埠監收鹽稅。此地離城百四十里，向無鹽埠。近因鹽商相繼倒閉，
　　　遍地私鹽，浙鹽從玉山來，福私或由崇安抵河口，或由光澤抵建
　　　昌，淮私由九江賊埠來集於涂家埠。現因軍餉孔亟，擬于此設卡收
　　　其鹽稅，今與收鹽一律售賣。但事屬創始，且與賊相去不遠，並令
　　　鄉紳南河候補府劉于潯帶勇數百同往，俟其章程議定，當即起行。
　　　然此係中丞之意，司道中尚有意見不合者，果行與否，尚未可知。
　　　以後有信，可寫求「署鹽法道何」轉交為要。此問濱竹三弟元祉，
　　　合家均吉。初二日，兄　手泐。

　　此信的開頭處寫「六月二十九日」，中間卻有「七月初一日上院稟
見」之語，結尾又署「初二日」，可知其開始寫信的時間雖是六月廿九
日，卻遲至七月初二日方纔寫完全信，其年份則應仍是咸豐五年，距沈葆

楨到南昌的時間祇相隔一個月。沈葆楨既到南昌省城,在向巡撫衙門及布政使司等該管上司稟到後,理當即往九江接任。但當時的各省慣例,實缺地方官雖是奉旨補授之官,稟到後仍須靜俟本省巡撫之「飭知」,方能根據「飭知」之內容行事。如巡撫飭知可即赴任,當然就可以前往奉旨補放之地方履任;但如巡撫不欲此人前往履任,便可運用其統籌調度之權力,或令在省城待命,或另行選委其他相當職缺令其署理,如沈葆楨後來被派署理廣信府知府者,即是。這種不見法令規制的慣例始於何時,雖不可知,但在當時擔任一省巡撫或布政使之人的筆記或日記記載中,卻歷歷可見。如曾任湖北布政使後陞湖南巡撫之王文韶日記,及曾任江西布政使李桓所撰之《寶韋齋類稿》,都有這方面的記載,可資參考。沈葆楨初到南昌時,九江府城業已淪陷,署理知府職務的九江府同知顏裕峯由府城退至城南二十里之薩家河辦公。由于戰亂,府城及倉庫盡皆失陷,各種經制錢糧及雜項賦稅均已無法徵收,其直屬上司江西布政衙門甚至不願撥發經費支援,而府署中一應辦事之人員及衙役差役既不能枵腹從公,所需要的一切開支,自只好由署理知府之人自行設法籌措,是即沈葆楨家信中所謂之「賠墊」也。處此情形之下,江西巡撫陳啟邁對於實缺九江知府沈葆楨來省稟到之後的應付措施只有兩項——或飭令前往九江履任,或仍令顏裕峯繼續署理而對沈葆楨另作安排。顏裕峯因當時已奉革職留任之處分而希望立功開復,而且他在署事期間所賠墊的各項經費開支已為數甚鉅,身為巡撫之該管上司不應視而不見。若是沈葆楨本人更有「賠墊不起」的顧慮,則九江知府的職務,勢必以仍由顏裕峯繼續署理,較為適宜。此所以江西官場在徵詢顏裕峯及沈葆楨的意思之後,決定仍由顏裕峯署理九江府知府,而讓沈葆楨留省另候差派;另行差派之職務為何?即是前引沈葆楨家書中所提到的「涂家埠徵稅」工作。不過,前引沈葆楨家書中所說的徵收鹽稅,在後來卻變成了徵收厘金,則是江西官方基於事實需要所作的改變。沈葆楨「無紀年」家書中另有一通寫於七月十八日的致其妻林普晴書,所敍即為此事。此信在〈無紀年家書〉中原序列第四十三,排在最後,實際時間則為咸豐五年,仍在沈葆楨來到南昌之後不久。原信之尾部

已殘缺，引敘如下：

　　七月十八日，兒　　　跪叩父母親大人萬安。敬紉賢卿如晤。五月二十
日在清湖寄安信一封，何以至今未（中間疑有脫誤）抵江右後，六
月初在新建打官封到閩縣一信，念一託陳梅亭守備帶回一信，七月
初二託黃竹雲貳尹帶回一信，想此時陸續登覽矣。十六日，銳昌表
弟到此，接到六月初安信，又由光澤帶到父親大人□諭，并家中六
月十九安信，并未提及三月兌項到底收到否也。自賢卿旋里後，謂
可周知雙親氣體實在如何，家中虧累實在若干，□兩次來信，弗獲
隻字賜教，何以棄之深也。明知兒女累人，刻無暇晷。兼之□柴數
□，必代老母分憂，且初抵里門，必有一□酬應，惟是倦游獨客，
念念□家，甚望□□情形，稍慰渴念。濱竹此時□場之候，不可以
此分心。務望稍得餘閑，不吝□□，俾見信如見卿，勝于形影相對
也。遊子之情，尚祈見諒。此地已作信勸父親回家，□□□到否？
我定于念一日到涂家埠，現在不收□稅，抽取各貨厘金而已，大約
總須兩三個月方能旋省。若此事辦不成，則銷差□□，中丞令下去
察看情形再辦也。中丞為曾滌生星使所參，風聞有欽差□，未知確
否？義寧州已收復，省城可以無虞，九江則尚遙遙難及，銳昌到
此，姑留作伴（下缺）

　　據《曾文正公年譜》卷四葉十，咸豐五年六月十二日，曾國藩專摺奏
參江西巡撫陳啟邁「劣跡較多，恐誤大局」等情，旋奉上諭，將陳啟邁革
職，江西巡撫一職，以文俊接充。文俊接任後，應即將曾國藩摺內所參情
節逐欵嚴查，據實具奏，不得稍有徇隱，云云。另據《清史稿》卷二十
〈文宗本紀〉，咸豐五年七月初二日癸亥，「陳啟邁奪職，以文俊為江西
巡撫。」據此可知，江西巡撫陳啟邁之因曾國藩奏參而革職，雖已於咸豐
五年七月初二日見於明發諭旨，江西方面，則直到七月二十日尚未接到明
確的訊息，只知道陳啟邁被曾國藩所參，京中將派欽差前來調查，如此而

已。由于有這一項證據，可知沈葆楨「涂家埠抽厘」的差使，即是在他到達南昌一個多月之後所派。有此線索可尋，原本在〈無紀年家書〉中混亂排列的其餘幾通家書，因此亦可知其實際寫作時間在於何時。如〈無紀年家書〉中原排列次序第二十八之沈葆楨致其妻林普晴書云：

敬紉二妹如晤。節後由臬臺官封遞到福建糧道轉交鏡颿處安信一函，不知何日可以收到。此地僻遠，省城有便差與否，均不得而知，舍官封別無寄法，但恐遲滯耳。到江西後，寄光澤信約三、四封，而父親均未收到，即父親處來信亦稀，不勝懸念。此地寄信更難，並不知父親即決計賦旋否？家中寄光澤信，須力懇父親勿以家計為念，即便言歸，仍須繞道建陽，多花些川費，免途中軦心也。我于省城借得二百金，苦無可寄處。吾妹可諄託鏡颿，或王□村觀察處有還賬之項，或李小湖學使處有寄家之項，求其極力擔承，總以銀付我家，令濱竹作一信寄來，信到時可即兌清。或令濱竹往戴霞仙處有寄家之項，亦可商兌。此地離省城百里，不難交付，惟必須兌銀，不可兌錢。且必須先付我家，否則時日軦延，且恐事有變更，轉致費手。寄信光澤時，可以此事稟明父親，或者便可決意歸來也。家中事總仗吾妹極力張羅，解得老親日夕焦慮。我誠自媿自恨，無以為養。但望天祖見憐佳婦，庶幾萬眾回春耳。夷江、湖口八月間皆有小挫，然尚無礙大局，惟楚北全軍敗績，胡韻芝中丞僅以身免，并將關防遺失，以後下游益難措手，九江剋復無期。抽厘數十萬，可得候選道。但我意何能擇命，該升官不求而至。倘得一著腳處，雖此地處處風鶴，萬不敢迎養，然我公私殊難兼顧，必須吾妹相助為理。家中如時時有可接濟，則三弟婦亦可支持，當俟得委時即行勸駕也。鄉試揭曉在即，諸弟必有秋風得意者。本望其扶搖直上，連報捷音，惟行路之難，卿所親歷，南省處處有警，即處處有兵，沿途騷擾，雖公車亦不足恃也。北省正稍安靜，忽于六月間東河決口，災連河南、直隸、山東三省，匝野哀鴻，不知如何安

集也，必須賑恤得宜，方免意外之事。□州一帶，亦不知舊道為何。倘諸弟志在進取，我固不敢阻當。然此時即得連捷，無論京官外官，皆未見如何處，如其藏器待時，未始非策之善也。滿地干戈，乘犢□車，御款段馬得足，雄飛不如雌伏，惟騎虎難下者知言最深耳。冰如冬初能抵里否？五（吾）妹上奉舅姑，下諧妯娌，即外家兄弟姊妹亦可時時聚首，不日令姊亦歸來矣，不勝健羨之至。我身體俱好，無煩懸念。努力自愛，上慰高堂，至囑至囑。

這一件家書雖無寫作時間，但亦有幾點消息可資以探索。一是沈葆楨此時尚未奉委署理府缺，尚係在距南昌百里之外的地方從事厘金徵收工作，這一層與他在涂家埠擔任榷稅工作的情形甚為吻合。二是此信中所透露的鄉試揭曉時間。根據《清史·選舉志》之所述，清代鄉試，例於子、午、卯、酉之年舉行，八月初九日試頭場，八月十二日試二場，八月十五日試第三場，然後于九月中旬放榜，公告錄取新科舉人名單。咸豐歲次乙卯，正當會試之年，沈葆楨在這一年七月奉派到南昌以北一百餘里的涂家埠徵收厘金，在時間上已經符合這一條件。他的三弟克述（濱竹）、四弟輝宗（篤初）均于是年參加福建鄉試。既然此信寫作之時鄉試尚未放榜，但亦已「揭曉在即」，而且此信開頭處亦曾說到他曾在八月節後由江西按察使司處以「官封」寄回家信一封，則其寫作時間必在八月下旬至九月上旬之間，可無疑義。由于這兩層關係所透露的時間因素比較可以確定，所以此信似可接排在沈葆楨寫在七月二十日的家信之後。至于後列各信，則時間因素雖然比較不能確定，但與此信內容有關連之處，仍可視為稍後時間所寫。亦為之引敘如下。〈無紀年家書〉中原序列第七通之沈葆楨致其妻書云：

敬紉二妹如晤。月初借得二百金，因無處可寄，由署梟臺何官封轉遞王蔗村觀察處一信，令家覓便兌來，未知此信何時可到？有人肯兌與否？有商兌者，總告以信到後即可交清，萬不致誤也。昨文巡

□交到八月初八日□□，知七月廿三日內樸園處寄一信尚未收到，恐已遺失，信中何言？記得乞再敘□。前信詢家中債負共若干？每月息錢若干？用度若干，葉子時價若干？來信俱未見及，恐俱在七月信中。此後致論之事，務乞詳晰見告，此地易于通盤籌畫，我之進退亦略有把握，非好搎尋家事也。父親何以尚無旋省消息？以後天氣漸寒，途中更多不便，務須作信諄勸為要。熙官姻事已成，甚好，以後便省却許多心緒。鈵官亦可成則成，不必躊躇，徒增煩擾，莫非命也，聽之而已。吾鄉米價如何？銀價如何？二冬租入若干？聞前年贖去岡地一區，現贖若干？有買者贖者，棄之以清累為好，累清之後，不患無佳處也。涂家埠屬南昌府建陽縣地方，離省水程百四十里，陸程只一百里。公館租、伙食、轎價，俱由公局給發，自己動用仍須賠墊，然已輕二十餘金矣。惟地經賊擾兩次，現去賊營亦不過百餘里，人心不免浮動，公事亦時有棘手處。江西民風，遠不如福建，去年南康守及星子令并營官俱為史（吏）役紳民綑去向賊，涂家埠亦有紳士為賊接濟助米者，後經訪擎正法。近中丞為萬戴（載）縣舉人彭壽頤所訐，星使左袒之，中丞鐫級待質，臬憲亦撤任。紳民視官，輕如鴻毛，此時恩威並濟，頗費苦心。然我辦理此事，毫無染指，外議頗好，各憲俱聞知。若樟樹、河口等處，貿易且二十倍于此，官紳侵蝕，膠葛不清，竟無益于軍餉，殊為可惜。現九江、湖口俱未得手，而吉安、贛州、袁州又處處鬧事，請餉請兵，省城幾無兵可撥，不知如何得了。我請何小麈求委署，各憲總以涂家埠抽厘辦理最好，恐驟易生手，又復減色，話甚好聽，其實全不關切耳，大約總須過年再看，此事亦不能全無公道。但望家中可以常兌之處，則我得地方便可源源接濟，可囑鏡騀為我留心也。若託寄則屬萬難。倘金價可敵銀價，尚有可議耳。冰如何日可以回家？有消息否？前九丹放四川學政，為之喜極。茲聞四川滿漢兵互鬥釀亂，將軍、總督皆自盡，未必一時即能撲滅，曹鄦溪得主考，尚可半途折回，九丹則必須到任，甚為之懸念。貴州

苗匪擾及四郡，試差亦折回矣。滔滔如是，為之何哉？次竹有消息否？諸戚友尚照常否？以後信面「署鹽憲何」四字需另抬寫。銳昌在此局中自有薪水，當可不累我也。

此信中所說到的「何小麐」，正是沈葆楨初到南昌時向他分租寓所的房東，亦即是前後諸信中一再提到的「署鹽憲何」與「署臬臺何」，其正式的官諱應是何其仁，字少舫，小麐是其雅號。這有當時在江西官場中先充候補道，繼升糧儲道，再升布政使的李桓所撰《寶韋齋類稿》及沈葆楨翰林同年郭嵩燾所撰日記中的相關記述可證。《郭嵩燾日記》咸豐六年日記末尾所附「各種名單」中，有一條關于何其仁的記事，云：

何其仁，少舫，江西署鹽道。

另外則李桓的《寶韋齋類稿》奏疏卷一，咸豐六年二月初六日，〈兼署江西臬司恭謝天恩摺〉云：

奏為恭報微臣兼署臬司印務日期，叩謝天恩，仰祈聖鑒事。竊臣於本月三十日承准撫臣文俊行知，以臬司印務奏明委臣兼署等因，隨經前兼署按察使臣何其仁將印信文卷移交前來……

由此可知，此何其仁亦與李桓一樣，先以候補道的身份在江西候補，繼由本省巡撫委署江西鹽法道，在江西按察使因事出缺後，再由鹽法道兼署按察使，所以既是「署鹽道」也是「署臬司」。李桓則是先由江西巡撫陸元烺委署江西廣饒九南道，至咸豐六年二月，又由繼任巡撫文俊委令兼署按察使，故由原來兼署按察使職務的署鹽法道何其仁將兼署職務之印信文卷移交李桓接管。按察使與布政使在一省中並稱為「兩司」，其地位較糧儲道、鹽法道及其他分巡道等等道員為高，乃是巡撫以下的最重要官員，常常由巡撫請來共商一省中的軍政要務，同決大計。沈葆楨由實缺的

九江府知府變成在省候差的候補人員，為了希望獲得署理其他府缺的機會，當然需要有省中的「有力人士」為他在巡撫跟前說話，以咸豐五年下半年的情況來說，這一位署理鹽法道又兼署按察使的何其仁顯然是適當的人選；而沈葆楨初到江西，人地關係俱欠熟悉，何其仁既是他的房東，彼此的交誼一定較他人為熟，請他在巡撫面前說項，當然也是很自然的事。不過若由沈葆楨的家信中看，託何其仁說項，似乎並無實效。表面上的理由是沈葆楨在涂家埠辦理徵收厘金的工作甚著績效，暫時不宜另換新手，至於實際情形究竟如何，就難以明瞭了。惟其因為如此，所以沈葆楨求署府缺的希望暫時不能實現，在涂家埠徵收厘金的工作也暫時必須繼續做下去。以下各信，信中俱有「希望委署」，「但恐年內未必」及總須「過年再看」之言，可以相信均為相近時間所寫之信。今亦一併為之引錄於後。〈無紀年家書〉原序第二十七通之致其妻書云：

敬紉二妹如晤。前月廿二託戴□軒帶回一函，未知何日收到。昨接到三弟九月初六來信，知家中業已析箸，然日間用度仍由母親給發，還是日夜焦心，何嘗是寬閒境界耶？父親復因我未得委署之故，戀戀一館，為子者罪當何如耶？家中或有不得不分之故，然休戚都是一體，事事須留可以復合地步。□□聞他分爨，不覺為之神傷，今乃於吾身親見之也。因拙致窮，罪皆由我，夫復何言！三弟婦初學理家，吾妹有見到之處，務須明白指點。身為冢婦，承家為其專責，任勞任怨，俱無可辭。家庭恩愛在至誠，不在外貌，分如是，合亦如是也。知吾妹深明大義者，固已早見及此，無俟鄙人翹舌，恃愛之深，故敢為此言，非別有他意也。一籌莫展，致累孟光，若叨庇得有進階，容當圖報耳。二百金有可足（兌）處否？廣女曾否受聘？信中何以並未提及。三弟到汀州後，家信只得託鏡颿。寄光澤信甚難，未知能到否？亦許久未得父親來諭，以為業已歸去，比始知仍未能決計也。光澤束脩寄家，銀耶？錢耶？寄耶？兌耶？若我得地方，父親仍留光澤，雖銀亦專差可送，惟多花費而

已。家中有急用時，何處尚可通挪？前信云川中兵變之事，近探知
係謠言。鈇兒字法頗有進境，其文則全係抄襲，復經先生改稿者，
囑其須立志為要。鈇兒親事既定，源兒亦看雙親意斟酌可也。母親
尚有□□否？諸親戚能常來往否？冰如有歸信否？父親望我信甚
切，專差轉輾託寄，又恐接不著，有□差即專家信寄去，以慰懸
念。我總當有委署時，但恐年內未必耳。此詢二妹近好。

　　按，沈葆楨由實缺而未能到任的九江府知府改委署廣信府，根據同治
重修本《廣信府志》卷六〈職官志〉之記載，事在咸豐六年四月；到這年
八月，就發生了太平天國攻廣信，及沈葆楨力守圍城的故事。既然沈葆楨
在咸豐六年方纔得到委署廣信府知府的差使，則此信中所說尚未得到委署
及「年內未必」的時間，當然還是咸豐五年。而此信中恰巧也說到四川兵
變之事，與前引沈葆楨致其妻家信中之所述恰相銜接，彼此間的前後關係
也就十分明白了。下一信在〈無紀年家書〉的原排列次序為第八，核其內
容，似在此信之後。引敘如下。

　　十月十日，兒葆楨跪叩父親大人萬安。敬稟者，前月由同鄉楊吉臣
司馬寄上一稟，未知能收到否？得家中九月初六日來信，知父親尚
未決計旋里。許久未奉手諭，未悉眠食如何？三弟就館汀洲，於家
計亦不無少補，惟離家甚遠耳。此地尚未見吾鄉榜錄，未知弟輩有
得意者否？九江、湖口仍相持如故，安徽廬州業已收復，湖北消息
亦好，會合攻剿，或者冀有轉機，而吉安府之土匪復勾結潮勇滋
事，已失去二屬縣，劫數不知何時始滿也。兒在徐州埠（涂家埠）
抽厘，公館租，伙食皆由局供給，只須賠墊自己動用。欲求委署，
各憲總以「抽厘辦理得法，難以更易生手」為辭，殆須過年再看
耳。此地寄信甚難，陳樸園處全靠不住。前令先寄到撫州謝家，而
霞仙翁為人認識，轉輾亦恐難達。茲託署建昌府楊吟秋司馬 名泳涵，漢
軍人 飭寄，似尚可到，但恐不免遲滯。若得委署地方有力專差，則

來往不過數日，殊快意也。兒身體俱好，可無掛念。若館事仍是難辦，父親總須決計賦歸為是。

伍、署理廣信知府後再接其妻來江西

　　沈葆楨於咸豐五年六月由北京來至江西省會南昌稟到，七月廿一日奉派赴涂家埠辦理徵收釐金事宜，至咸豐六年四月，即奉委署理廣信府知府，前往廣信府接事了。由前引咸豐五年十月初十日之家信可知，在咸豐五年十月間時，他尚在涂家埠辦理徵釐之事，但是否由此時直至翌年四月奉委署理廣信府知府之時，他一直都在涂家埠繼續擔任同一工作？則因「無紀年家書」中並無相關資料可查之故，不能詳。按，《清史稿》卷四一三〈沈葆楨傳〉中曾說：「咸豐五年，出為江西九江府知府。九江已陷賊，從曾國藩筦營務。」又，李元度所撰《天岳山房文集・沈文肅公事署》中亦說：「五年，出知九江府。郡久淪於賊，曾文正檄充營務處。」然則在沈葆楨出任廣信府知府之前，他應該還曾出任過為曾國藩管理業務的「營務處」工作，方能合於史實。這一層，考之曾國藩自己的記述，亦有同樣的記錄。《曾文正公集・書札》卷八頁一〈致王雁汀制軍〉書云：

> 幼丹近日見事明確，手段亦辣，較之六年春在敝處辦營務時，實已日進無疆。惟襟抱鬱鬱，時思引退。耿介人類不耐事，從古以然，更與飽諳世態，當無是慮。

　　王雁汀即王慶雲，咸豐七年至九年間任四川總督，沈葆楨此時，則是負責江西省東面防務的廣饒九南道，深受曾國藩的器重，惟因個性耿直而與當時的江西巡撫耆齡不合，時思引退。由曾國藩此信，可知沈葆楨由曾國藩檄調前往曾營「筦理營務」的時間，應該是在咸豐六年的春間。亦即是在奉委署理廣信府知府之前的咸豐六年正月至三月間，而他在涂家埠辦

理徵收厘金的工作，在理論上亦只能做到咸豐六年正月以前為止。沈葆楨為曾國藩「檄充營務處」的時間雖然不算很長，亦有兩、三個月的時間，在他的家書中理應留下若干相關的記錄，然而竟然沒有。雖然說由于沈葆楨的早年家書散佚已多，其相關紀錄可能因此而遭湮滅；但若由沈葆楨後來與曾國藩交惡的情形看來，亦未嘗沒有為沈葆楨自己故意將之毀棄的可能成分。關于這一問題，本文當然可以存而不論，無須費力去作不必要的推敲研究。但在越過這一段歷史之後，接下來需要討論的，就是沈葆楨出任廣信府知府以後的事了。按，沈葆楨守廣信時，廣信曾一度遭受太平天國之大軍圍攻，其妻林普晴與沈葆楨同處危城之中，曾親寫血書求救於駐防衢州之浙將饒廷選，得其迅速赴援，城圍得解，廣信方能轉危為安，其事甚為後來史家所豔稱。但本文第三節已曾引據沈葆楨在咸豐五年五、六兩月所寫之家信，論定沈葆楨在由北京來至南昌稟到之前，已曾迂道由浙江之衢州前往福建浦城，將妻子兒女先行送回福州原籍，他自己只是隻身一人來到南昌省城，則他後來出守廣信之時，其妻林普晴怎麼又會與他同在危城之中的呢？要回答這個問題，「無紀年家書」中致其妻林普晴書中，便有答案可尋。「無紀年家書」原編列次序第三十四通之致其妻書云：

敬紉二妹如晤。南浦之別，忽將經年，千里魂飛，悵悵曷極，後會何日，幾不自知。茲意外得廣信一□。廣信于閩為近，由省城水路至崇安七百六十里，由崇安陸路至廣信二百四十里，上水亦十餘日可達。該處風聲鶴唳，一日□驚。官無眷屬則紳民咸謂其必逃，人無固志，雖極力勸諭，不足以堅其信。欲請吾妹到此，藉以鎮壓人心，冀于時事有濟。拙宦□無治術，不足取信士民，致欲以閨中人為質，笑我耶，憐我耶，要汝不吝此一行也。親友欲附行者，力卻之，告以我有好光景必寄回相助，此時來則必死，即不死亦不留。自知薄情，然有言在先，不得以我為罪也。家人得力者帶二、三人。陳七最好。如山在別處當差，可令其告假一送，即不願久羈江西，不過往返經月，給其川資，仍回舊處當差耳。廖六爺處有一小

僕，名□□，人尚明白，問大哥便知。蔡徽師處之陳三，此二人來，亦可帶來。如此三人俱不來，吾妹亦自酌可也。至如家中僕輩，斷不可帶來。年節有股可分，我亦劃出一股寄家，分與此輩。倘其不召自來，不特不能留用，并不給川資。文藻山之陳珊，亦斷不可用。僕婦或仍帶鄭厝，或鄭厝留家照應兒女，另帶一人，抑或添帶一婢，均由吾妹自酌。兒女必不可來。我二人前生冤孽，生死難分，兒女何罪？行李愈簡愈妙，行期愈速愈妙──速則親友不及知，省卻許多唇舌。如決意行，即趕緊雇船；無親友隨行，一船足矣。最好三、五日內即上船。船價貴些不妨，總要輕船，免致途中遲滯。三本摺稿及賦稿帶來。延平皮枕小而長者，帶一對。服用只要隨身的，以後月月有人來往，皆可帶來。臨行時，將兒女送往四弟婦或諸妹處，勿令知之，以□慣□，定不妨也。但家中情形我未及周知，如雙親不願吾妹遠離，或吾妹難捨兒女，則均可不必，否則速速為妙。茲遣朱富帶銀百兩，百□清數，百元以為路費。朱富留住一、二日，吾妹將定議如何，何日起程，帶多少人，手作一信交其先行趕來，至囑。至囑。四弟病已痊癒，與之同到廣信，且看光景，如氣象漸好，即留其助理一切，倘消息不好，便令其先歸，可告四叔母放心也。不知果能快聚否？千頭萬緒，不盡所云。

　　於此信所敘內容可知，沈葆楨於咸豐五年六月由北京來到江西之時，雖然只是隻身至南昌省城槖到，此時卻因奉委署理廣信府知府而迫於客觀情勢的需要，必需再將他的妻子林普晴由福州原籍接到廣信府任上來同住了。所謂客觀情勢的需要為何？乃是因為廣信府地處浙贛驛路之要衝，與迤北的安徽省廣德、寧國，迤東的浙江省衢州、江山、玉山，及迤南的福建省浦城、崇安俱相去不遠，時當咸豐五、六兩年，這些地方正是大股太平天國軍往來侵擾之範圍，風鶴頻傳，形勢岌岌，必需要有一位膽識俱全而又卓著聲望的廉能之士出來坐鎮，纔能發生號召一方的力量。沈葆楨出身翰林，曾任御史，論聲望，論才學、論人品，都可說是一時之選；但如

要在人心浮動的危險環境中發揮號召鎮懾的力量，祇靠這些似乎還嫌不夠。為了維繫人心，為了表示他確有捍衛封疆、不惜以身家性命相拼搏的決心，他必需要有一些具體行動作為表現。當時他所採用的方法之一，便是把他的妻子林普晴從福州原籍接到廣信來與他同處危城之中，以為人民之表率，其詳細情形具見於上述的家信中。

　　沈葆楨後來以力守廣信危城而一戰成名，其妻子林普晴在此戰役中的表現更是智勇雙全、大節凜然，所顯示出來的臨危不懼，臨難不屈的大無畏精神，尤其令人敬佩，為沈葆楨奠定了後半生功名事業的基礎。但如不看此信，不可能瞭解沈葆楨在奉檄出守廣信之時，就已決定了與廣信共存亡的決心。這種在家信中自然流露的心理狀態，正是最可貴的傳記資料。「無紀年家書」的傳記資料價值如何，這應該是最確切的佐證。

陸、後記

　　將沈葆楨的「無紀年家書」稍加排比整理，便能獲得以上這些甚有參考價值的傳記資料，如再能繼續深入鑽研探討，再加上那些已有確切時間可查的其餘家書，相信必能有更大的收穫。但成為問題的是：由於沈葆楨的傳記資料一直不甚完備之故，筆者迄尚不能瞭解沈葆楨家庭成員本名以外的小名為何，以致在沈葆楨家書中看到這些小名時，始終無法弄清楚他們所代表的究竟是那一個。如本文第三、四節中所屢次出現的「鈸兒」、「銅兒」、「熙女」、「廣女」，及在前述各信之外尚未曾引用的「源兒」、「彤兒」等，均是。不知沈葆楨子女之小名，即無法確定其實在身份，對研究工作將平添甚多阻力，更可能因此而發生很多錯誤。所以希望能在多瞭解沈葆楨家庭情況之後再繼續從事，以期減少可能發生的錯誤，增加研究工作的便利。本文之作，一方面可以說是嘗試，一方面也希望能引起研究同好的興趣，以便筆者能有機會獲得正確的指引，使後來的研究工作不致發生偏差。不逮之處，敬請廣大讀者暫予包容。

曾國荃「天京」之戰

一

　　太平天國的革命運動，始於清宣宗道光卅年八月之金田起義，迄於清穆宗同治三年六月「天京」陷落，其全部時間共計十四年。在這段時間之內，南京被建為太平天國之首都——天京，其時間亦有十二年之久。南京既然被建為太平天國的首都天京，照理應當拱衛嚴密，深藏腹裡，如此方能杜絕敵方的覬覦與窺伺。然而它卻有三分之二以上的時間暴露在清軍的攻擊之下，最後終且不免為曾國荃所統率的湘軍攻陷，直接導致太平天國的滅亡。自古以來，從沒有這樣的事例——一個國家的首都，可以長時期暴露在敵軍的攻擊之下。太平天國的事例如此特殊，自然與其興敗存亡的演變大有關係，不可不加以探索、研究。

　　無論古今中外，一個國家的首都，總應該建於敵方勢力所不易到達的後方，四周又都有縱深廣大的腹地可以阻滯敵軍之入犯，方能永策安全。首都能有安全的保障，國家的基礎自然也相對地穩固。南京乃是六朝建都的形勝之地，襟江帶水，江南江北都有廣大的腹地可供迴旋進退，太平天國當年選定南京為其首都，目光非不遠大。但若以南京作為首都，便須能保持對江南江北廣大領土的控制權，以資屏蔽南京之安全，然後分兵北伐，略定中原，方是立國久遠之道。然而，太平天國在咸豐三年二月攻取南京，建為天京之後，既不曾大舉北伐，傾覆滿清，也不曾認真考慮對江南江北廣大領土的攻取與佔領；所以，南京雖為太平天國建為首都天京，它的安全，都一直沒有很大的保障。

　　太平天國攻佔南京，並建為首都之後，只以兩支象徵性的部隊北伐。這兩支北伐的部隊並無後援，不久便在深入山東河南之後被清軍所包圍、殲滅。在北伐軍後無救援的情形之下，太平軍以其主力部隊西溯長江，規取武漢三鎮及湖北、湖南、江西等地，就在那裡與曾國藩所領導的湘軍展開了無窮無盡的戰鬥。由于南京附近的防禦空虛，由廣西提督向榮所統率的清軍，便有機會在南京城東的朝陽門外紮下大營，一方面對南京展開了虎視眈眈的攻擊姿態，一方面也阻擋了太平軍向東面發展的方向，屏障蘇松常鎮各郡，使得這一重要的財賦之區暫時不受太平軍之威脅。這就出現了中外戰史上所罕見的一項事實──一個軍事力量極為強大的革命政權，他的首都卻長時期處於敵方勢力的威脅之下，稍有疏虞，便有失陷的危險。首都失陷，將會對全盤革命形勢發生何等樣的變化？這個問題，稍有政治常識的人必定都能解答，正不須筆者多作說明。然而，太平軍的實際領導者天王洪秀全，卻一直容忍這一威脅的存在，寧非怪事？

　　向榮所統率的清軍，在南京城外站穩腳步之後，滿清政府便很想倚仗這一枝軍力，作為平定太平天國革命的主力隊伍。從此以後，清政府不斷給予這支軍力以人力物力方面的實質支援，儘可能使其壯大，並賦予攻破南京的重要任務。這就是太平天國革命史上極有大名的「江南大營」，與另一個位于揚州的「江北大營」，同為滿清政府所倚重的兩大柱石。江南大營的領導人物是向榮，向榮戰死之後換了和春，他們的官銜是欽差大臣。至于實際指揮作戰的軍事將領，則是「幫辦」軍務的張國樑。

　　在向榮、和春、張國樑等人領導之下的江南大營，雖然在咸豐三年到十年之間，一直像附骨之疽似的紮營在南京城外，並對南京展開長期不斷的騷擾與進攻，但因綠營兵的戰鬥力不強，若干領兵將官又大都是貪污腐敗的無能之輩，以致江南大營的軍力雖有十萬之眾，卻始終只能頓兵堅城之下，作師老無功的長期圍守而已，對于實際戰局的成敗，發生不了決定性的影響。一旦太平天國的強大軍力對江南大營展開全力進攻，即刻就難逃崩潰瓦解的命運。最後，經營了七、八年之久的江南大營，竟抵擋不住太平天國軍的雷霆一擊，足證江南大營的兵力雖眾，卻不能希望它們能夠

攻破天京，以根本傾覆太平天國的生存基礎。這與曾國荃統率湘軍健兒力攻南京而艱苦血戰的情形相比，更可看出前此之所謂江南大營，簡直是有如兒戲。

在沒有說到曾國荃所統率的湘軍健兒，如何以艱苦血戰攻克南京之前，應該先將南京形勢及江南大營的簡史略作介紹，藉以反映曾國荃所進行的天京之戰是如何的艱難困苦。

二

歷代以來，南京城的建置規模曾有很多變化，而太平天國時代的天京輪廓，則與近代的南京城大致相同，其建置規模，完成於明太祖建立南京之時。

明太祖在傾覆胡元、光復華夏之後，決定以南京為國都。洪武二年，始建都城，至洪武六年八月落成。此時的南京城，分內城外城兩部分，內城即是現代的南京城，亦即太平天國時代的南京城，城周六十一里，東連鍾山，西據石頭，北帶後湖，南阻長干，城高六丈有奇，共有垛口一萬三千六百餘個，建城門十三。城牆的厚度，基層部分厚約八丈，漸高漸薄，頂端部分厚四丈。城基用花崗石砌築，牆身則用巨磚疊建，接縫處用糯米石灰黏結，堅牢無比。像這樣一座巍峨雄偉而巨大的城池，真夠得上被形容為城池高深，雉堞雄壯、規模宏偉，而氣象萬千。並且這還只是內城而已，在內城以外，還包築一重面積更大而長度遠到百里的外城，其伸展的範圍更廣。由于外城在清代早已傾塌，而且也與曾國荃的天京之戰無關，可以略而不提。所需要重視的，還是這座在清代仍極完整堅固，而為攻守雙方視為重要目標的南京內城。

明代的南京內城，亦即是清代至今的南京城，全城呈倒「凸」字形，北大南小而東西兩端突出。城的北面是玄武湖。由玄武湖向南，便是東西伸展的城牆。東面是太平門，過龍廣山，城牆折而南向，再折西，使得城的東北隅成為一個顯著突出的小方城，其內即是明代的宮城，東為朝陽

門，南為正陽門。過正陽門向西，為通濟門。城牆至此又折而向南，再折西，而至聚寶門。過了聚寶門，城牆開始迤邐而折向西北，經三山門、石城門、清江門、定淮門、儀鳳門而至獅子山。至此，城牆折而向東，經鍾阜門、金川門、神策門而至玄武湖之南，與太平門向東之城牆連結。在這些城門之中，金川門乃是當年明成祖入南京之處，儀鳳、朝陽、等門乃是江南大營屢攻南京之處，而聚寶門、神策門、儀鳳門，則是曾國荃軍進攻南京致力最多的地方。這些地名，在現代也許已經不復被人所注意，但在太平天國之戰中，它們卻曾一再出現於官文書之中，乃是人人所熟悉的名字。

南京的城牆高逾六丈，厚亦如之。以如此高峻堅厚的城牆，除非使用新式的巨炮，絕對無法在城牆上打穿一個大洞。然則此城之易守而難攻，當然也是可想而知之事。由於此一緣故，江南大營雖然在朝陽門外立營數年，卻攻不破近在咫尺的南京城，其中道理，也就不難知道。清人杜文瀾撰《江南大營紀事本末》，極誇向榮及張國樑的戰功。其實不過因為太平軍在咸豐十年之前，一直沒有將主力投注在南京附近的地區，所以江南大營纔能夠有機會攻略南京附近的鎮江、句容、金壇、溧水等地，一度且曾完成對南京的水陸包圍，至於其實際的力量，實在不足以完成攻占南京的任務。這一點，在官文書中看不出真正的內情，必須從當時的私人記載中去考查。

三

陽湖趙烈文所撰的《能靜居日記》，載有清代咸豐、同治、光緒時代的極多珍貴資料，非常值得注意。此書的咸豐十年閏三月廿一日記事，有其兄熙文所述江南大營內幕秘辛多條，中一條云：

> 欽差和，素不能服其下，軍政盡出總統幫辦張國樑。張威望為江南冠，氣漸驕。家世粵人，袒其鄉甚力，下多不平之。翼長提督王

俊，主欽差營務，婪索無厭，大小二百營，每營按月納賄自二百金
至百金不等。去歲江蘇籌餉五十萬為新勇口糧，總統以三十萬與新
兵，二十萬與翼長及各營務要津按股自肥，由是謗訕充塞。總統恐
和知之，遂以寶玉玩器為賂，和亦欣納。上下蒙蔽，士卒解體，敗
可立待矣。

　　由於統將貪污而士卒離心，所以江南大營雖然器械精利，兵餉充足，
然而其作戰能力卻極為低落，一遇變故，敗亡立見。趙烈文日記續云：

夫以我數萬之兵，器物精利，環攻一餉盡援絕之孤城，功可翹足而
待。然三尺之童，皆疑其將敗，察之人事而可知，徵之天象而不
惑，其數豈有爽哉！

　　上文所說的「餉盡援絕之孤城」，指的便是當時的天京——南京城。
因為在咸豐十年的春間，正是江南大營的聲望達到最高的頂點，不但盡取
南京外圍的大小州縣，而且完成了對南京的水陸包圍，清廷上下，都以為
南京之破，指日可待。然而在有心人士的眼光中，江南大營的敗象畢露，
其覆滅乃指顧間之事。其原因即是因為政府當局並不了解江南大營中的黑
幕重重，軍心離貳，徒以其強大的外表為可恃，殊不知道其中實已充滿了
分崩離析之危險。一旦太平天國的主將忠王李秀成決定要對江南大營採取
行動，以徹底剷除南京城外的此一腹心大患時，江南大營的命運，便決定
了。
　　咸豐九年，江南大營的欽差大臣和春，派兵收復了與南京隔江相望的
浦口，軍勢達於江北。其皖南宣城、灣沚一帶的太平軍，亦屢為江南大營
之清軍所敗。此時，南京城的圍困相當嚴密，雖不能立即攻破，卻能以斷
絕接濟的威脅造成南京城內的恐慌與混亂。因此，在天王洪秀全的督責之
下，從前敵召回太平軍的主將忠王李秀成，責成他務必要將江南大營消
滅，以徹底解除南京所受的威脅。因此，李秀成就策劃了一個極為高明的

作戰計劃,希望一舉踏破擁有兵員十萬以上的江南大營,進一步攻略長江南岸的蘇,松、常、鎮諸郡,以鞏固南京的安全。由後來的發展情勢看,李秀成的計劃極為高明,其執行尤其成功。

李秀成所策劃的踏破江南大營計劃,大致如此:咸豐十年正月,李秀成由南京遄往蕪湖,在蕪湖調集軍馬五千,向東南突犯皖南之寧國、廣德,然後由皖南取道浙西侵入杭州,以威脅江南大營的後方。他估計和春與張國樑必定會因為杭州危急而分兵援救,等到江南大營的兵力分散,就可以使太平軍得到各個擊破的機會,江南大營的兵員雖眾,此時必難逃覆滅的命運。

果然,杭州危急請援的軍報一到江南大營,欽差大臣和春就派了提督張玉良統率大軍往援。援軍尚未到達,杭州已於二月二十七日失陷,浙江巡撫羅遵殿死難。張玉良急率援兵至杭,與據守杭州內城的滿洲兵內外夾攻,一舉克復了杭州。殊不知道,此正是李秀成所設下的緩兵之計。他乘張玉良率大軍來攻杭州之際,只留下極少數的兵力殿後,自率輕騎,仍由浙西回到皖南。此時,他在事先所徵調的太平軍楊輔清、李世賢、賴文鴻、劉官芳、古隆賢等各路大軍都已齊集,分路攻克句容、溧水、高淳、溧陽、金壇等地,到達了江南大營的右後方,金陵城中的太平軍亦於此時出城合擊。於是,江南大營的軍心大震,各營一走而空。和春與張國樑倉皇退至丹陽,餘軍亦潰,張國樑在退卻途中溺死,和春退至滸墅關後嘔血而死。張玉良在杭州得到消息,急速率師回援,亦在與太平軍發生遭遇戰後潰敗。一個月之間,轟轟烈烈的江南大營頓時煙消雲散。李秀成挾戰勝之威乘勢東下,席捲了長江以南的蘇松常鎮諸郡,連浙西的杭嘉湖三府也入了太平軍的掌握。經營了七、八年之久的江南大營,當不起李秀成的一蹴之踢,看起來真使人感到詫異。然而當時人卻以為此正是極自然的結果,不足為異。如趙烈文日記中就說:

> 欽差和春自常州逃至滸關而死,昨日尸至蘇。蘇撫徐有壬以二百金為賻,欲以柳棺。和坐擁重兵,貪刻致敗,死不足惜。……

　　既然欽差大臣和春是因貪刻聚歛而自取敗滅，其覆亡自是意料中之事，既無足惜，亦不足為異。在這種情形之下，假如當時的圍城之師不是江南大營的綠營兵，而是曾國荃所統率的湘軍，其情形又將如何？這一層，就是我們所希望了解的問題。

<h1 style="text-align:center">四</h1>

　　曾國荃攻天京，可以說是曾國藩戡平太平天國革命的全盤戰略中的一部分。《清史・曾國藩傳》中曾有關于此事的概略說明，抄錄一段於後：

> 咸豐十一年八月，國荃遂克安慶。捷聞而文宗崩，穆宗即位，太后垂簾聽政，加國藩太子少保銜，命節制江蘇、安徽、江西、浙江四省。當是時，偽天王洪秀全僭號踞金陵，偽忠王李秀成等犯蘇滬，偽侍王李世賢等陷浙杭，偽輔王楊輔清等屯寧國，偽康王汪海洋窺江西，偽英王陳玉成屯廬州，捻首苗沛霖出入潁壽，與玉成合，圖竄山東河南，眾皆號數十萬。國藩與國荃策進取，國荃曰：「急擣金陵，則寇必以全力護巢穴，而後蘇杭可圖也。」國藩然之，乃以江寧事付國荃，以浙江事付左宗棠，而以江蘇事付李鴻章。同治元年拜協辦大學士，督諸軍進討。於是國荃有擣金陵之師，鴻章有征蘇滬之師，楊載福彭玉麟有肅清下游之師。大江以北，多隆阿有取廬州之師，李續宜有援潁州之師；大江以南，鮑超有攻寧國之師，張運蘭有防剿徽州之師，左宗棠有規復全浙之師。十道並出，皆受成於國藩。

　　曾國藩以十道並出之師向太平天國展開全面的進攻，其中最厲害也最困難的一著，自然就是曾國荃直擣金陵的圍城之師，所謂攻其必救，其任務之艱鉅可想而知。曾國荃為什麼要挑選這一項最艱難困苦的任務？是不是除此之外他沒有其他可做之事？說到這裡，就必須追敘一段史書所不載

的歷史秘辛。

咸豐十一年，上海乃是太平軍佔領區中僅存的一個「孤島」，由于上海有租界，及外國人與太平軍不能達成協議之故，暫時能因外國勢力的蔭庇而得苟安一時。即在此時，上海方面的士紳曾經為了上海地方的安全之故，派遣代表二人來到駐節安慶的曾國藩處，請求曾國藩派兵援滬。薛福成《庸菴文集》中有〈書合肥李公用滬平吳〉一文，所敘即是此事，云：

> 咸豐庚申辛酉間，粵賊陷據蘇浙兩省郡縣，江蘇之境，自大江以南，皆淪於賊，其僅存者，則提督馮子材以一軍守鎮江府城，巡撫薛煥與署蘇松太道吳煦等皆棲上海，僅保松江上海兩城與黃浦以東三縣而已。既而浦東之奉賢、南滙、川沙等城皆被賊擾，松江亦失而復得，上海屢受困逼，勢岌岌。吳煦在滬，頗諳洋人性，能聯絡為用。以厚餉募勇數千，使洋將華爾以泰西陣法部勒之，名曰常勝軍，戰稍有功。復以重利啗英法兩國兵官，兵官欲保通商口岸，皆盡力助戰守。上海當江海綰轂口，雖寇氛日逼，而商賈輻輳，關稅厘金，視承平時旺數倍。煦執利權，亦頗有綜核才，然宦江蘇久，為積習所染，不能自拔，且素不知兵，僅恃洋將禦賊。洋將恃功驕倨，緩則索重賞，急則坐觀成敗。巡撫以餉權在煦，而才又不如煦，儳然不能有所為，嘯喏而已。前後募勇五萬餘人，以不能訓練，遇賊輒北。吳中紳者避寇在滬者皆知其危，屢議赴曾文正公安慶大營乞師，巡撫以下皆弗善也。然意雖不懌，而無辭以阻之。

江蘇巡撫薛煥及蘇松太道吳煦為什麼不樂意上海士紳赴曾國藩安慶大營乞師？因為當時的上海乃是他們的勢力範圍，如果來了曾國藩的軍隊，他們的地位就難以確保。但是他們為什麼又「無辭」以阻止此一乞援的行動？當然因為上海的地位岌岌可危，乃是無可諱飾的事實，而曾國藩既新奉節制四省的朝命，上海的安危亦是曾國藩應負的責任，薛煥和吳煦沒有理由可以阻止上海士紳去向曾國藩乞討救兵。於是，上海士紳的代表便在

薛煥和吳煦極不情願的情形之下，坐了外國人的火輪船，來到了曾國藩的安慶大營，當面要求曾國藩派兵協守上海。曾國藩對于此事的想法如何？在他此時寫給其弟國荃的信中表示得極為清楚。此時的曾國荃，正因籌劃進攻南京的戰役而由安慶回到湖南湘鄉原籍，在那裡招募新兵。曾國藩此信，由于保持秘密的緣故，不曾收入後來所刊印的《曾文正公全集》中，但卻被保存在曾家自存的《湘鄉曾氏文獻》之內，由臺灣學生書局為之影印出版。由曾國藩此信，乃可看出曾國藩當時，實在很希望由曾國荃率軍前往上海。原信云：

> 上海富甲天下，現派二人前來請兵，許每月以銀十萬濟我，用火輪船解至九江，四日可到。余必設法保全上海，意欲沅弟率萬人以去。已與請兵之官商訂定，渠買洋人之夾板船數號，每號可裝三千人，現已放二號來漢口，不過放五號來皖，即可將沅兵全部載去。目下專主防守上海一隅，待多破廬州，鮑破寧國之後，渠兩軍會攻金陵，沅弟即可由上海進攻蘇常。不知沅弟肯辛苦遠行否？如慨然願往，務期於正月內趕到安慶，遲則恐上海先陷。如沅弟不願遠征，即請代我謀一保守上海之法，迅速回信。

曾國荃字沅甫，此信中所說到的「沅」及「沅弟」，指的都是曾國荃；「多」與「鮑」，則分指多隆阿與鮑超。照此信內容看，曾國藩之所以願意派兵保衛上海，主要原因是希望得到上海方面的兵餉接濟。這是因為曾國藩所統率的湘軍，並非國家的經制軍隊，政府當局不負軍餉之責，所需兵餉，歷來都靠厘捐收入及各省協濟來維持。由于厘捐收入不穩定，各省的協濟銀兩又常有拖欠積壓甚至躲賴不解，所以籌餉問題一直是曾國藩最大的苦惱。上海雖然厘捐極旺，但卻是江蘇巡撫薛煥所控制的地盤，鞭長莫及，無從過問。如今難得有上海士紳前來請兵，並自動提出願意按月接濟餉銀十萬兩，何異天降財神，喜何如之？假如曾國荃肯率兵往守上海，將來因戰功而陞為江蘇巡撫，則上海及江蘇方面的豐富財源，即可為

曾軍所控制，源源接濟，更何憂於兵餉之竭蹶？基於此一考慮，所以曾國藩希望能將上海納入自己的籌餉範圍，而其實現的辦法即是先由曾國荃率軍前往上海協守，然後再相機收復蘇常，更將江蘇全省亦成為湘軍的經濟大後方。然而曾國藩的構想雖好，曾國荃卻不願意。曾國荃為什麼不肯率軍往戍上海？據曾國藩日記所述曾國荃之覆信內容，是因為「恐歸他人節制，不能盡合機宜，從違兩難。」意思是上海現有江蘇巡撫薛煥駐節，曾國荃此時的官職不過是三品的按察使，去了之後，勢必要受薛煥之節制調度，中心不願，不如擔任主攻金陵，可以獨當一面。平心而論，曾國荃乃是曾國藩的親弟，如果讓他去防衛上海，曾國藩為了要避嫌疑，必不可能保荐他接替薛煥出任巡撫，以便集中事權。在如此這般的情形之下，曾國荃之不免因多所牽掣而難有展布，正是無可避免的事實。所以他之不願前往上海，亦確有其不得已之苦衷。由于曾國荃之不願，曾國藩後來改派了李鴻章。李鴻章一去，整個的情勢，就不是曾國藩原來所想的那樣了。

<h2 style="text-align:center">五</h2>

　　曾國藩因其弟國荃不願前往上海，而改向朝廷推薦李鴻章往任其事。李鴻章此時的官職，是福建的「延建邵遺缺道」，比曾國荃的浙江按察使還要低一級。但是李鴻章到了上海後，曾國藩就因軍事上的理由為藉口，奏請以李鴻章代薛煥為江蘇巡撫，專門負責江蘇方面的軍事。如此一來，李鴻章頓時就由四品的道員遽陞為綜綰全省的封疆大吏，數年之間，憑藉了上海及江蘇的豐厚財力，大事擴建他所統率的淮軍，創下了豐偉的戰績，其功業之盛，儼然可與曾國藩分庭抗禮。平心而論，李鴻章之能夠飛黃騰達，完全得力於曾國藩之保舉他出膺方面，而其關鍵則在於曾國荃之拒絕前往上海，纔能有為李鴻章製造此一脫穎而出的機會。所以，李鴻章理應對曾氏兄弟終身感激，多方圖報，方不致辜負此一番提拔知遇之恩。但由後來的表現看，李鴻章對曾氏兄弟，似乎是忮刻之心勝而感恩之念少，這其中的道理究竟為何，實在很費人猜測。

　　由于曾國荃不肯帶兵前往上海，曾國藩只好仍舊執行原定的計劃，讓曾國荃從湘鄉原籍添募新兵一萬人回到安慶之後，派他到南京前線去擔任攻打天京的前敵總指揮。關于這方面的情形，可以摘抄王闓運《湘軍志》中的敘述，以概見一斑。

　　王闓運《湘軍志》卷五，〈曾軍後篇〉：

　　同治元年二月，曾國荃新軍至安慶。左宗棠軍入浙，收開化。三月，上海具輪船至安慶來迎師，以李鴻章率湘軍將及新募舒桐軍往應之。鮑超克青陽，國荃克巢縣、含山、和州。鮑超克石埭、太平，寇眾反正者萬人；攻涇縣，克之。曾貞幹克繁昌、南陵，張運蘭克旌德，國荃合水軍進攻沿江諸寇屯。丁卯，多隆阿前軍將雷正綰等攻廬州城東南門，石清吉等攻西門，廬州復，陳玉成走壽州，將乞援苗沛霖。沛霖遂囚玉成及從者二十人獻於潁州勝保營而招降餘寇。寇或降或散去。當是時，多隆阿之名懾憚群寇，壽潁弭服，江南聞風相驚動。國藩飛書約會兵，多隆阿素以文官不可親，且己不識漢文，而亦惡儒史，即報國藩言，軍事權宜專一，以微示不與曾國荃同處。官文揣多隆阿終不欲東，而四川德安諸寇俱入陝西，先已奏遣雷正綰赴援，遂再奏令多隆阿自往。陝撫及京朝官亦言，關中帝王都，天下最要，朝命屬多隆阿。命下，官文益自喜當上意，決意遣之，合軍江寧之謀，不復聽矣。多隆阿留五千人屯廬州，而身將萬五千人入陝西，詔授為欽差大臣。後頻破寇，竟死盩厔焉。壬申，曾國荃克太平；癸酉，合水軍克金柱關；甲戌，收蕪湖。五月甲申，進屯雨花臺。自向榮和春以兵七萬屯守八年，卒潰退，國荃合水軍不滿二萬，國藩以為孤懸無益，未可進。國荃議曰：「諸軍士自應募起義，人人以攻金陵為志。今不乘勢薄城下而還軍待寇，則曠日持久，非利也。若舍金陵別攻寧國廣德，或取潁壽，則將士見謂置於閒地，浪戰而意怠，雖鮑、張亦厭攻戰，將去公而歸耳。逼城而屯，亦足以致寇軍，勢雖危，顧不可求萬全。」

國藩許之。會左宗棠亦言宜薄城，圍攻之勢乃定。

自從安慶為曾國荃所攻克之後，南京上游已無可以扼守之險要。直搗金陵之議既決，自安慶順長江而下，以水陸合勢直薄金陵城下，太平軍實已無抵禦之力。但是這其間當然也存有很多的問題——金陵城大而堅，薄城而攻，一時未必能克，而頓兵堅城之下，師老無功，前有強敵，後無應援，萬一敵方集結大軍來救，以疲師而當勁敵，實在是至危之道。曾國藩的顧慮，即是如此。但曾國荃對此，似有恃而無恐。其原因由於他在前此圍攻安慶時，業已有過相同的經驗。當時他的圍城之師不過兩萬人，來援的太平軍主將乃英王陳玉成，此人之驍勇善戰，在太平軍中首屈一指。然而曾國荃的圍城之師卻能在內外夾攻的情勢下堅持不屈，最後終且能以圍點打援之法，外卻強敵，內克堅城。安慶的攻防戰，固然得自多隆阿鮑超的援助之功極大，但曾國荃之堅守圍師，畢竟是克敵致勝的主要因素。亦正因為有安慶攻防戰的成功經驗，曾國荃自信能夠承擔得起圍攻金陵的艱鉅任務。只因南京城比安慶城大得太多，兩萬人絕對不夠，所以他必須先回湖南一行，添募新兵一萬。雖然三萬人的數目仍是太少，但因籌餉困難，他不可能立刻得到太多的兵員，即使不夠，暫時亦只能勉為其難。

六

說到曾國荃在咸豐九、十年間圍攻安慶時遭受太平軍英王陳玉成的猛烈進攻，卒以艱苦血戰擊退陳玉成援救之師的經過情形，趙烈文所撰的《能靜居日記》中頗有若干記載，很可供我們參看。咸豐十一年八月十三日，趙烈文已參加曾國藩的幕府工作，此時正擬由九江乘船前往新收復的安慶，因為曾國藩的大營正移設安慶故也。尚未啟程，其友詠如偕梁溪王春帆大令自安慶來，談及曾國荃安慶血戰的情形甚詳，日記中備細記之，引述如下：

前月中旬，援賊至石牌，進札集賢關。廿日廿一日，撲東門外長
壕。廿二日巳刻，大股撲西北長壕。人持束草，蜂擁而至，擲草填
壕，頃刻即滿。我開砲轟擊，每炮決血衢一道，賊進如故。前者僵
仆，後者乘之。壕墻列之炮裝放不及，更密排輪放，調增招鳥鎗八
百桿，殷訇之聲，如連珠不絕，賊死無算，而進不已，積屍如山。
路斷，賊分股曳去一層，復冒死衝突。直攻至二十三日寅刻，連撲
一十二次。攻方急，一勇擲火包，線長未燃，被拾起回擲。時我壕
內遍地火藥，包發轟燃一二處，守者皆潰，奔退十餘丈。賊過壕者
巳七八人。統領曾觀察國荃見事急，親下斫賊數人倒地，潰卒見統
領自戰，皆復返，鎗炮復續。賊見不可攻，其逼脅為前隊之眾已
盡，乃退。凡苦戰一日一夜，賊死者萬數千人，我軍死者四百餘
人，用火藥十七萬斤，鉛子五十萬斤。是時，城外賊之陸營先已盡
奪得，沿江炮台亦為水師陸續攻取。內賊已在掌握，惟專力禦外而
已。……

　　安慶城南面濱江而三面陸地，集賢關在城北之十餘里。曾國荃圍攻安
慶，江面有水師巡弋，以斷絕來自水上的接濟與救援，另在城的東西北三
面紮營圍守。環營內外，掘有廣二丈而深四丈的長壕兩道，曾國荃的圍城
之師，便屯紮在這內外二壕的中間。陳玉成率大軍來援，先驅逼裹脅而來
的無辜民眾填壕而進，血戰至一日一夜。假如曾軍守禦不堅，或者是鉛子
火藥消耗殆盡，陳玉成的援救之師，便可以踏平兩壕之間的湘軍營盤，而
安慶之圍亦解。只因曾國荃所率的湘軍力戰不退，陳玉成的援軍雖然積屍
滿壕，仍不能突破曾軍的防守，於是援軍不得不退卻，而安慶亦終於不
救。七天之後，安慶就告失陷了。趙烈文在到達安慶之後，曾經親自前往
兩軍血戰之地踏勘憑弔，感慨極多。當時他並且以江南大營圍攻金陵的戰
地情況與曾國荃安慶之師相比，得到幾點異同之間的結論，云：

　　吾八年春省吾兄于秣營，遍觀長壕營壘，識其兵帥，與此間有三

異。一、欽差總統大營離濠十餘里，而此處統領官逼近濠墻，且正當衝要。二、長濠深不及二丈，當敵衝處名龍脖子，以在石山上不能開掘，僅壘小石作墻，高不及丈。而此處濠深廣皆倍之。三、濠內各營，雖頭敵俱不設嚴備，無坑塹。而此繞營小濠亦復寬深，鹿角梅坑，無不得法。又，人事異者復有二。一、營官飲食，無不咄嗟立辦，客至無不留飲。而此間客至方謀到城中飯肆買菜，客半不及候而罷。二、營官及隨身親勇皆華服，此皆如田人不可辨認。此五者，嚴既勝懈，儉復勝奢，嗚呼，一成一敗，非偶然矣。

趙烈文的實地觀察與比較，更可以使我們得到明晰的觀念，知道曾國荃所統率的湘軍，不但質樸無華而耐勞耐苦，兼且訓練得法，經得起戰爭的考驗。有軍如此，當然抵擋得住陳玉成的進攻，也抵擋得住更多太平軍的進攻。這一點，在曾國荃的進攻大軍到達南京城下時，就可以由事實來加以考驗、證明。

關于曾國荃由安慶整師東下，漸次進逼金陵城下，以及城中的太平軍出兵來攻的雙方鏖戰情形，為敘次簡潔明白起見，不如抄一段現成的史文，以便了解。清人杜文瀾所撰的《江南大營紀事本末》云：

同治元年夏四月，曾布政（按，曾國荃因克復安慶之功，已由浙江按察使陞授浙江布政使，故云。）國荃統東下各軍復太平府蕪湖縣，攻奪金柱關、東梁山各要隘。二十八日，駐師於江寧鎮之板橋，議先攻秣陵關，取大勝關，為陸師運糧之路，取三汊河，為水師立營之所。五月初一日，兵抵秣陵關，守關賊酋汪五等獻關投誠。初二日，督兵鏖戰，奪取大勝關、三汊河二壘。時彭侍郎玉麟聞曾布政整軍深入，急約提督王明山率水師策應。初三日，攻拔頭關。其江上小洲，倚石為壘，賊守甚嚴，彭侍郎會同王明山督勇登岸，縱火焚沿洲蘆葦，我軍振臂齊呼，躍入賊墻，克之。并奪取蒲包口，水師乃進泊金陵護城河口。曾布政督陸軍逼紫雨花臺，分軍

紮秣陵關，屢擊賊獲勝。六月初十日，偽忠王李秀成由蘇州來援，我軍迎拒，互有損傷。十六日，城中出賊四五萬人來撲大營，我軍憑濠穩擊。候補道劉連捷開炮擊斃賊目，乘賊靡亂，併力掩擊，立解重圍。各將弁亦拔卡而出，合軍追剿，殲賊近二千人。二十四日，寧國餘匪復勾合城逆襲營，知縣易良虎等擊敗之。東路來犯之賊，亦經劉連捷擊走。秋閏八月，偽護王陳坤書糾眾四五萬，圖犯蕪湖金柱關，冀橫隔寧國金陵兵勢。彭侍郎會同楊提督岳斌，督水師戰敗之於東壩。九月初旬，大股賊結眾偷渡，逼關下，又擊退之。時句容之賊薄鎮江，築壘於湯岡，馮提督子材、魁都統玉策勵諸軍，屢敗賊眾。十二日，派總兵龍文德攻湯岡，毀其九壘。十八日，水陸大舉，敗賊於花山上駟院，斃賊萬餘。遂進克花津、青山、象山、采石磯各處賊巢，上游江面肅清。

　　以上所述，乃是曾國荃率軍進抵金陵城南紮營之後，太平天國方面為了擊破曾國荃進攻南京的企圖，由東、南、西各方面出兵展開對曾軍的攻擊，以及鎮江方面的清軍亦同時受到太平軍的攻擊而有所爭戰的大致情形。在這一段時間之內，雙方所從事的，尚衹是大戰之前的緒戰。因為此時的曾國荃剛在金陵城南站穩腳步，尚未能立即展開對天京的圍攻；而太平軍方面雖欲迅速將曾國荃孤懸深入的圍城之師加以包圍殲滅，此時亦正在調集部隊，部署作戰之中，正式的大規模戰鬥尚未開始也。到了這年閏八月的下旬，太平天國忠王李秀成所調集的各路大軍，都已到達金陵城外，營壘連雲，旗幟如林，聲勢極為浩大。自這月的二十一日起，雙方就展開了戰況極為激烈的大戰。曾國荃軍駐紮在南京城南雨花臺下的大營，被太平天國的三十萬大軍圍攻四十六日，雙方喋血大戰，積屍盈野、流血成河，戰況之慘烈，較陳玉成猛攻曾國荃軍於安慶城外之戰尤為激烈。戰爭的結果，太平軍雖挾有人數方面的絕對優勢，卻未能攻陷曾國荃軍所駐軍的營壘，其結果可說出乎想像之外。敘次此一戰役的經過情形，以王定安所撰的《湘軍記》最稱詳盡，應予轉錄，以見其詳。王記云：

閏八月，疫猶未巳，軍士互傳染，死者山積。……當是時，群醫旁午，病者方資休息，而偽忠王李秀成引兵三十萬，自蘇常奔至，號六十萬，東起方山，西訖板橋鎮，連營數百。國荃兵不滿三萬，賊圍之數匝，彭玉麟楊岳斌水師，皆阻隔不相聞。諸將懲向榮和春之失，謀潰圍就水師，退保蕪湖。國藩在安慶，憂之廢寢食，飛檄令撤圍。國荃令於眾曰：「賊以全力突圍，是其故技，向公和公正以退而致挫。今若蹈其覆轍，賊且長驅西上，大局傾覆，何蕪湖之能保？夫賊雖眾，皆為烏合無紀律，且久據吳會，習於驕佚，未嘗經大挫，吾正苦其散漫難徧擊。今致之來，聚而創之，必狂走，吾乃得專力搗其巢，破之必矣。願諸君共努力！」諸將諾服。己亥，乃分圍師為三，以其二防城賊侵襲，國荃自將其一，當援寇。一夕築小壘無數，障糧道以屬之江。賊益番休迭進，蜑附環攻。累箱實土，以作櫓楯，挾西洋開花礮自空下擊，所觸皆摧。國荃留屝者守棚，選健者日夜拒戰，更代眠食。常以火毬大礮燒賊無算，賊仍抵死弗退，軍士傷亡頗眾。己酉，部將倪桂節中砲殞，國荃左頰受鎗傷，血漬重襟，猶裹創巡營。歷半月，賊稍卻，而偽堵王黃文金出東壩，攻金寶圩，為李秀成聲援。鮑超遣軍禦之於新河莊，為所乘，水師亦困於金柱關。賊燄益張，乃掘地道陷官軍壘。國荃屢堵合之，亦時以穢鹵倒浸穴中。九月壬子，偽侍王李世賢復自浙江糾眾麕至，合秀成軍號八十萬。國荃度浙寇新來氣盛，戒諸將厚集其陣，暇以待之。賊負板擔草土填濠，我軍拒濠發炮，賊屢卻，仍堅壁不出。相持兩晝夜，甲寅，乃發萬人開壁擊之。軍士氣十倍，呼聲動天，當者無不披靡，一日內破堅壘十三，殺八千人。援賊氣奪，乃益鑿地埋火藥。辛酉，兩穴同發，土石飛躍如雨，大營墻坍，賊隊猛進。國荃督軍士露立墙外，環擲火毬，間以鎗炮。賊前者既殪，後者復登。踰三時，墻缺復合，殺悍寇數千。群賊乃謀晝息宵攻，輪進以覆我。連營周百里，其近者距官軍才二十丈。仍潛開隧道，乘雨夜轟之。國荃令各軍掘內濠，翼以外墻，破其地洞

七，賊計始窘。十月，國荃度賊力疲，可一戰破也，乃誡諸將秣厲以俟。壬午，引軍出濠，克十餘卡，知賊不任戰，軍益大出。癸未，李臣典等出東路，曾貞幹等出西路，彭毓橘蕭孚泗等出南路。甲申，天嚮曙，臣典燒東路四壘，火光燭天。西南諸賊望見，洶懼，棄壘逃。貞幹偵三汊河賊宵遁，急引兵趨之，遇逃寇則縱兵要擊，追之板橋周村。彭毓橘追至牛首山，王可陞搜賊方山西，諸賊在東路者從南門逸，其在西路者走秣陵關。於是蘇浙賊數十萬皆遁，金陵圍師解嚴。是役也，李秀成率十三偽王赴援，李世賢繼之。楊輔清黃文金圍鮑超於寧國，陳坤書出太平窺金柱關以困水師，悍酋萃一隅，我軍幾殆憊不振。曾國藩固以進攻金陵為非計，業被圍，則飛檄調蔣益灃程學啟馳救。益灃在浙，學啟在蘇，皆有故不得至。國荃孤軍困圍中，戰守四十六日，殺賊五萬，我軍亦傷亡五千，將士皮肉幾盡，軍興以來，未有如此之苦戰也。

　　曾國荃以三萬湘軍困守圍中四十六日，力抗太平軍四十萬大眾之圍攻，在殺敵五萬之外，並且能以反擊之力一舉而擊潰其餘眾，不但是太平天國革命以來未有之惡戰，證之前史，亦屬罕見。王闓運《湘軍志》論太平軍之所以致敗，以為是：「寇將驕佚，亦自重其死，又烏合大眾，不知選將，比於初起時衰矣。」那意思是說，來攻的太平軍人數雖眾，由於其鬥志不如曾國荃軍之高昂奮發，其將領又無必死之心，所以終於不能成功。王闓運的說法，雖然有意低估曾國荃血戰卻敵的戰功，但由他的話中也未嘗不可以看出，假如曾軍的士氣軍心尚不如來攻之太平軍，則曾國荃以其兵數上的顯著劣勢，豈不即將為來犯之太平軍所包圍殲滅，有如和春張國樑所統率的江南大營一樣麼？正因為此時的曾國荃軍有其高昂的士氣與必死的決心，所以纔能在困守四十六日之外，還能夠發揮以寡擊眾的無比力量，一舉而擊潰包圍曾軍的四十萬太平軍。雙方的作戰力量如此強弱不侔，足可證明，太平天國軍已不能挾其人數方面的優勢壓制曾國荃的圍城之師，曾國荃的進攻南京之戰，亦必定可以得到最後的成功。惟一成為

困難問題的是，金陵城大而堅，以當時的鎗炮威力，既不能攻破厚達數丈
的南京城牆，則只要南京城內的太平軍堅守不屈，曾國荃要想攻破這座堅
固的城池，必定還須付出極大的代價，其過程亦必定十分艱辛。後來的事
實發展，果然即是如此。

七

李秀成以十倍以上的優勢兵力，不能擊敗憑壘而守的三萬湘軍，足證
紮營在金陵城外的曾國荃軍，已不能為太平天國所擊退。此後的太平天國
軍，除了以東西奔突之法牽制各路清軍，使不能集中力量進攻天京之外，
別無其他挽救危局之方。而曾國荃對于這種情勢的看法則是，「莫如急攻
金陵老巢，使賊無暇他顧。」所以，太平天國軍此時的戰略運用，並不能
影響曾國荃進攻金陵的決心。只因南京城大而堅，城的四周及外圍，更依
地形而構築有極多堅強的堡壘，不先加逐一攻取，不可能薄城而攻。因此
之故，在此後的一段時間內，各方面的戰況雖然極為激烈，曾國荃卻始終
專心一致地從事於肅清南京外圍敵方堡壘的工作，由此更進一步截斷南京
的糧食供應，南京的安全問題，便愈來愈顯得嚴重了。關于這一方面的戰
爭經過，仍以抄錄有關史文，較易為讀者所了解。下面所抄錄的，乃是杜
文瀾所撰《江南金陵大營紀事本末》中的有關記述：

同治二年三月，曾布政奉旨陞授浙江巡撫，留辦金陵軍務。時偽忠
王李秀成率賊數萬，出撲石湖埠營盤，守將毛有銘、劉連捷努力抵
禦，賊乃增壘猛攻，相持不下。曾巡撫聞警，派道員彭毓橘率隊倍
道往援，彭侍郎亦派隊渡江合剿。十六日，彭侍郎親督水軍至海子
口，密約夜戰。遂合軍攻克黃圓寺、迎珠塔賊巢，毛有銘衝出重
圍，會合夾擊，大敗之，忠逆向小嶺而遁，疊撲廬江、舒城、桐
城，皆被防軍擊敗。夏四月，偽忠王李秀成圍六安，曾大臣檄鮑軍
往援，大敗之，進克巢縣、含山、和州。時李巡撫鴻章以上海軍攻

蘇州急，李逆因率軍東竄，將回援蘇州，李巡撫囑其力攻上游，以分賊勢。曾巡撫以忠逆回救蘇州，固意中事，而尤虞其直犯揚州。計莫如急攻金陵老巢，使賊無暇他顧。二十七日，派總兵李臣典專攻雨花臺石城，別遣隊攻聚寶門東、西、南三路賊卡。三更時，大隊直抵石城下，賊排砲外擊，李臣典及副將趙三元督隊肉薄齊登，當將石城攻克，別隊拔聚寶門外九石壘。五月，曾巡撫以浦口江浦已復，定計攻取九洑洲，商之彭侍郎及水師楊提督，先攻南岸諸隘，以撤其藩籬。十二日，派總兵丁泗濱由下關進，總兵喻俊明由草鞋峽進，各督水師，沿南岸飛駛而下。將近賊巢，賊萬砲齊發，猝不得前。我軍預以枯荻灌油，縱火焚江上賊舟數百，各隊乘勢從烟燄中薄壘，搶險而入，立平下關草鞋峽八壘，敗賊於燕子磯。十五日，楊提督會攻九洑洲，克之，殺賊近萬。時金陵各軍亦疊克附城各要隘，秋七月，又克印子山賊巢，聲威已震，而附城堡壘猶多未下者。曾巡撫以江東橋為西南要隘，飭道員陳湜圖之，上方橋為東南糧道，飭提督蕭衍慶出印子山之東，逼賊壘為營，賊堅壁不出。二十九日夜，蕭衍慶大隊猛攻，大呼越濠，比賊驚覺，我軍已半入壘中，短兵相接，壘賊悉就殲滅，當克上方橋賊卡。而江東橋石壘堅峻，外環重濠，攻之逾月未下。八月十一日夜，風霾蔽月，咫尺莫辨，陳湜乃選銳卒數百，絕流而渡，而自督大隊繼至。我軍或踏梯而登，或緣砲眼而進，遂拔石壘，其附近各卡亦攻下之，城逆出撲者，敗之於賽洪橋。其時東路賊尚多，曾巡撫以此路未平，不足以制賊死命，遂令提督蕭衍慶東渡立營。九月二十日，蕭衍慶揮軍從上下游渡河，破賊五壘，并敗援賊。是日，東岸新營成。二十二日，賊分道來援，各營奮力進戰，遂克上方門、高橋門、雙橋門諸賊壘，其左路方山土山之賊，亦棄壘遁。二十四日，克七橋甕賊壘。先是，前五日，總兵朱南桂已襲取博望鎮。曾巡撫以博望鎮既得，則秣陵關之勢孤，七橋甕既得，則中和橋之勢孤。二十五日，派總兵伍維壽南略秣陵關。道員陳湜出七橋甕之西，與總兵熊

登武會師於中和橋，一戰克之，秣陵關賊潰奔，我師追至江干，斬馘無算，自是紫金山西南無一賊壘矣。九月，彭侍郎及道員吳坤修剿辦太平寧國以東諸賊，楊提督岳斌亦率水師來會，合攻水陽賊壘，下之。二十九日，克滄溪、唐溝二壘，進逼高淳，賊目楊友清獻城降。冬十月，別隊克寧國建平。初十日，東壩賊酋投誠。十二日，溧水賊目亦願繳軍械，各散回籍，當收其城。三年春正月，金陵陸師攻克鍾山天保城，扼斷太平、神策二門，遂合城圍。我軍自攻奪城外東、西、南三面賊壘後，惟東北鍾山賊壘未克，於山巔築大石壘，名天保城，守禦極嚴。曾巡撫商之楊提督岳斌，飭派水師扼江面，派總兵朱洪章截鍾山之後，以斷賊水陸應援，復調金柱關之兵助剿。二十一日，曾巡撫親督諸軍至東北一帶，各軍攀巖直登，拋射火毬火箭，賊洶懼，冒火狂竄，遂克偽天保城。二十四日，派湘後右、左營紮太平門外，派總兵梁美材率所部紮洪山，總兵朱南桂率所部紮北固山，堵塞神策門大路。自此各路援賊路斷，城逆亦不敢出撲，金陵城乃合圍。

　　曾國荃於同治元年五月進抵金陵城南，紮營於雨花臺之麓，至此年之閏八月，乃有歷時四十六天之慘烈包圍戰。同治二年三月以後，漸次肅清金陵城外之敵壘及攻取附近之城鎮，到了同治三年之正月乃正式完成對金陵之圍困。總計自出兵以來，至此已歷時一年又八個月，而金陵城的命運乃大致確定。由于戰爭的進行歷時甚久，兵員不足，而傷亡又需補充，曾國荃曾於同治二年底再增募新軍，使他的圍城之師增加到總數五萬名。兵數既增，糧餉的支出自然相形增加，這就使得湘軍本來就不很健全的財政基礎因此而愈形捉襟見肘，相對地使這場漫長而又艱辛的攻堅之戰難以繼續支持下去。在這種情形之下，金陵之難以攻克，其主要原因不在於此城之堅固難攻，而是湘軍本身的財政基礎不健全之故了。情勢發展至此，曾國荃是否仍舊以他堅忍不拔的強毅意志，繼續向南京城展開進攻，以迄此城之克復為止，正是一個極大的問題。而此一內部的困難，在王定安所撰

《湘軍記》、杜文瀾所撰《江南金陵大營紀事本末》，以及清代官修的
《平定粵寇方略》等等公私記載中都無法看得出來，以致後人讀史至此，
總以為金陵的攻防戰發展至此，情勢大致已告確定，金陵之克，只是時間
遲早的問題而已。這顯然不是當時的實際情況。由現在還能看到的若干資
料可以知道，當時湘軍內部的困難，要比金陵城堅難攻的困難還要難以克
服。曾國荃在這種內外交迫的困難情形之下，能夠奮發淬厲，堅持到底，
這纔是他的難能可貴之處。了解歷史，必須弄清楚真正的事實情況，否則
不免為不確實的歷史記載所迷惑。這一點，便是筆者希望藉本文之寫作所
表示的。

八

　　前述曾國荃安慶之戰，曾經引述曾國藩幕府僚屬趙烈文的日記記載，
詳細說明戰爭進行之慘烈，以及曾國荃軍所築營壘濠塹之堅深牢固情形。
凡此種種，對于我們之了解當時戰況實際情形，極有幫助。事實上，趙烈
文日記中所保存的珍貴資料尚有很多，正不僅僅上述安慶戰役之資料而
已。比如曾國荃在圍攻金陵時所面臨之內部困難，趙烈文日記中即有甚多
之記載。此時之趙烈文，初在曾國藩幕府司筆札，繼由曾國荃延聘至金陵
大營司摺奏，由於見聞所及，所以他在日記中所記的種種，俱有極高的史
料價值，值得我們注意。下面將先摘錄趙烈文日記中的有關記載，然後加
以論列，以為研究了解之用。

　　趙烈文日記，同治二年三月廿八日錄「府朝聞見」，云：

> 帥見示致楚撫毛中丞信云：近來餉項之絀，為數年來所無。三月分
> 除本處厘金之外，竟不名一錢，景狀萬分竭蹶。全部七萬餘人，無
> 錢尚可敷衍，無米則呼噪可待。欲于湖南各屬就近水次縣分倉穀借
> 撥三、四萬石，交東征局派員解營，以濟急需，俟秋冬之際，新穀
> 登場，由東征局解款內籌買償補。

　　前面曾經說過，曾國藩的湘軍，因為並非國家的經制軍隊之故，戶部
不負籌發軍餉之責。其餉需之來源有二，一是設卡徵收稅厘，以所得之厘
金充餉，二是各省的協濟。同治二年三月間，曾國藩所屬的湘軍總數七萬
人，其中屬于曾國荃所統率的金陵圍城之師，共計四萬人，其軍餉不能源
源接濟的情形已經如此。到了同治三年以後，金陵圍城之師增至五萬，則
是曾國藩的全部湘軍人數增至八萬，軍餉支絀的情形勢必更為緊張嚴重。
趙烈文在同治二年三月間，尚在曾國藩幕中，日記中指的「帥」，乃是曾
國藩而非曾國荃。同治二年十一月，趙烈文被曾國荃邀往金陵大營料理文
報摺奏等項文書工作，以後所記的，就是他在曾國荃營中的聞見了。同治
三年二月，日記中記載他在曾國荃營中所看見的，乃是各營士卒因欠餉太
多而軍紀廢弛，及軍士多不能得到飽餐。二月廿五日，他有一信寫與京中
的部郎歐陽曉岑，詳細說到此種情況，云：

　　秣營軍務，自得鍾山龍脖子天保城後，南北圍師，聯絡一氣，盜糧
　　漸盡，賊情殊為恇懼。初七日，統帥親督城北各營冒雨薄城，已先
　　登者七人，功垂成而為守賊所拒，以致退回。嗣後復有內應之舉，
　　亦事泄不成。敝省凋瘵已極，滿望及早收功，尚可趁春夏之交，招
　　徠耕作，庶予遺稍有生全之望。而天意遲遲未許，其可嗟痛。顧大
　　軍一日無恙，省城終可克復，遺民終可保全。所至慮者餉項日絀，
　　出入大數，相距太遠。勇丁每月所領，不及一旬之糧，扣除米價等
　　項，零用一無所出。兼之食米將盡，採辦無資，勇夫啜粥度日，困
　　苦萬狀。然各軍皆知方之士，從九帥日久，但能長有粥食，猶可無
　　事；若再過月餘，併粥俱無，則雖兄弟子姪亦不能責其忍死奉法，
　　每念及此，不覺通身汗下。又各營將領因欠餉過多，無顏以對士
　　卒，故遇細微骫法，不能過為繩切，更慮積以成漸，士氣必將懈
　　息，而悍寇愈逼，死志愈堅，交綏之際，不無可慮。且巨憝未擒，
　　堅城尚在，我軍困守，已及兩年，而賊資未盡，我食先匱，此則非
　　智力所能得濟者也。以目下之勢論之，所短者餉，而非士卒之不用

命。若得巨款接濟目前之急，則我軍士氣方壯，正可力圖功
效。……

　　自太平天國的革命運動發生以來，到此已經歷時十四年，生民塗炭，
國力凋敝。當此金陵被圍兩年，收功即在旦夕之時，正應集結國家全力，
支援曾國荃的圍城之師，使之迅速克取金陵，以結束此一長時期的軍事行
動，及時恢復國家元氣，方是藎臣謀國之道。所以，無論是當國的軍機大
臣，以至戰區各省的督撫，都有責任及時採取大力支援之行動，以解救曾
國荃圍城之師的軍餉困難。在這種情形之下，曾國藩身為湘軍主帥，因事
機迫切而職責攸關，自然更不得不作緊急呼籲。總理王大臣們見到了曾國
藩的此一摺奏，當即奏陳皇帝及皇太后，請將上海海關所存的各項稅款，
暨前任稅務司李泰國所繳回的輪船經費，共計銀四十餘萬兩，立即撥交曾
國藩的安慶大營充餉。乍看起來，滿清政府對曾國藩的困難還真的十分重
視，而且也立即有了支援的行動，事實情況則並非如此。

　　清政府曾經撥銀三十七萬五千兩，交由前任稅務司李泰國經手，向英
國購買輪船，其目的原在征剿太平天國之用。其後又因輪船太貴且不能用
於作戰，於買妥後又復反汗，責令李泰國將輪船退還而收回原付的價款。
這其間的糾葛甚多，而且能收回的價款必定只能有原價款的多少成，其餘
需作為賠償之用。在這些問題未曾解決之前，李泰國所能交回的，只是未
曾付給對方的餘款八萬四千餘兩而已，此外能得回多少，尚待繼續交涉，
豈能作為已收之數，就近撥交曾國藩的安慶大營充餉。所以，總稅務司赫
德在奉到總理衙門的通知後，只能將上海關所存的稅款，與上項購船餘款
共計銀二十萬餘兩，撥交曾國藩應用，雖然也能暫濟燃眉之急，比之總理
衙門的原來奏撥之數，卻少了不止一半。由於款項不敷，前敵總指揮曾國
荃不得不就近向在蘇州的江蘇巡撫李鴻章乞援。以曾李兩家的交誼而言，
李鴻章理當視力之所及，儘量給予金錢上或物質上的支援；然而事實不
然。《李文忠公全集》中的〈朋僚函稿〉，頗有這方面的書信紀錄，可以
參看。摘抄數條，以見一斑。

李鴻章〈朋僚函稿〉卷四，同治二年九月十九日，復曾國荃書云：

> 募兵五萬，月需至少必得二十萬金。乃以數萬之餉，欲活此軍，如
> 何可支？令人憂悸莫釋。滬中關稅，月不過十一、二萬，湊濟輪船
> 經費，常勝軍月餉，會防局兵費、鎮江撥款，敝軍亦不能沾潤分
> 毫。專指厘捐一款，養征兵水陸六萬餘人，兼米糧、軍火、製造、
> 雜支各項，百計搜剔，無孔不入，每月僅放半關而已。然視我公所
> 處之境差勝，鴻章猶若日坐針氈、焦愁無措，益服我公度量之潤大
> 矣。

所謂「半關」，意思是說一個月的額餉只能發到半數，亦就是俗語所
說的「半餉」。照此云云，李鴻章的六萬淮軍，月餉全賴厘捐所入，因收
入不敷支出之故，以致每月只能按額餉之半數發給，其目的顯然在表示江
蘇省的稅捐收入亦不足以贍養本省的軍隊，自無力及於其他。這些話，在
李鴻章致曾國藩兄弟的信函中曾經屢次提及，如同治二年十月初三日「上
曾相」書云：

> 分布愈廣，添募愈多，需餉愈鉅，每月僅得半關。鴻章迫於勢不容
> 已，非樂為之。

又，同治二年十月初九日「復曾沅帥」書云：

> 敝處分布太廣，添募愈多，水陸將七萬人，每月僅放半餉。

又，同治三年四月初一日「上曾相」書云：

> 沅丈缺餉殊甚，愧莫能助。總理衙門請撥輪船餘款五十萬濟急，公
> 忠可敬。惟此款多寡出入，其權實操之赫德。昨為戈登遣勇事來常

營，鴻章面詢，據稱止有十三四萬見銀可解。已飭屬應寶時，俟赫
德回滬，迅與核算明確，儘數提解金陵，以解飢困，五十萬則紙上
空談也。入春以來，敝處餉亦奇絀，三月之久，甫放一關。幸蘇城
遺糧，少資口食。前奉饋沅丈萬石，屬由儻鎮撥兌。現因無銀，采
辦漸少，能否兌付，已飭屬查復。……

如果李鴻章所部的淮軍，其軍餉支絀的情形果如所說，那末，我們對
于李鴻章的訴苦哭窮，理應給予充分的同情，而不能過分苛責他何以不肯
盡力接濟曾國荃的圍城之師。然而，由很多地方可以看到，淮軍的餉需，
並不如李鴻章所說之困窘。薛福成《庸菴文編》〈書合肥相國用滬平吳〉
一文中，就曾說過這樣的話：「上海當江海縋轂口，雖寇氛日逼，而商賈
輻湊，關稅厘金，視平時旺數倍。」其下續云：

當是時，每月稅厘所入，不下五六十萬金。而薛煥所募五萬餘人，
皆疲弱不耐戰，李公稍稍淘汰幾盡，輒募淮勇補其闕，用楚軍營制
練之，皆成勁旅。最後得水陸軍六萬餘人，四出攻擊，威聲隆然。
西洋諸國火器精利，亙古無匹，中國初不知購習，諸軍皆畏其鋒而
未能得其用。李公既與洋人習，聞見漸稔，以英吉利人戈登領常勝
軍三千人，俾總兵程學啟挾以攻戰，精勁為諸軍冠。又采用委員丁
日昌條議，益購機器，募洋師，設局製造，頗漸窺西洋人奧竅。而
淮軍各營，皆頗自練洋鎗隊助軍鋒，所用開花礮大者可攻城，小者
以擊敵陣，破賊壘，遂能下姑蘇，破常州，連克嘉湖諸郡。設非借
助利器，殆不能若是勁且捷也。

照薛福成所說，江蘇在薛煥為巡撫的時期，已曾以上海的稅捐收入，
養兵五萬，以為保衛上海之用。至李鴻章繼為巡撫，不過將舊兵汰換成為
淮勇，其總人數雖較薛煥時多出一萬餘人，以稅捐所入每月「不下五六十
萬金」的情形來說，其軍餉當不致如李鴻章信中所說的支絀如此。另外則

徐宗幹《歸廬談往錄》中也曾說到，淮軍官兵之富，大出常情之外，抄錄一段于後，以供參考。《歸廬談往錄》卷一云：

> 軍餉定制，向無額數內扣者，有之，自淮軍始，歲支九關，遇閏酌加，餘則目為欠餉，糧臺分別記註，裁撤時酌發三五關不等。或歷年過久，通計成數報效，為本籍增文武學額，勇卒亦竟安之。間詢老輩，則初赴上海時餉項匱乏，食米而外，僅酌給鹽菜資。及接仗克城，人人有獲，每向夕無事，各哨聚會，出金釧銀寶，堆案高數尺許，遇發餉時，多寡不較也。合肥相國知之，明訂九關，杜營哨虛冒，遂為定例，入於奏案。其時米價極昂，石值銀五兩。各軍入城，輒封存賊所囤米，據為己有。合肥相國出示收買，定價石銀三兩，出入一律，亦為定例定案。淮軍統將往往以此致富云。

照此所說，淮軍將士，除了初到上海的一段短時間內，由于李鴻章尚未從布政使吳煦手中收回餉權，以及舊軍未曾沙汰，淮軍軍餉無著，所以有一段短時間的軍餉頗為困窘外，其餘時間，並無匱乏。尤其是在攻略江蘇南部的蘇松常鎮各郡之府州縣時，由于擄獲之金銀太多，各營士兵，皆成豪富，對于月餉若干，毫不計較，更不致發生缺餉之困難。至于淮軍的將領，雖不能如一般士兵之搜刮民財，但卻可將太平軍所囤積的巨額存糧據為己有，然後由「合肥相國」李鴻章按每石三兩的官定價格給銀收買，轉眼之間，亦可以擁貲鉅萬，區區月餉，何足縈懷？所以，當時的實際情形應是：淮軍愈能攻戰勝捷，愈能擴大其佔領地區，則上自統將，下至士兵，人人都大有所獲，發餉與否，已不在計較之列。淮軍的攻戰實績如何？由《李鴻章年譜》中所記載的資料，可以列成一個簡表如下：

同治元年三月底，淮軍全數隨李鴻章到滬。

五月，上海虹橋之捷，淮軍以三千人大破太平軍十萬之眾，戰績輝煌，中外一致驚嘆。

六月，淮軍克金山。七月，克青浦。九月，克嘉定。十一月，常熟城

中之太平軍向淮軍投降。

同治二年三月，淮軍克太倉。四月，克崑山。五月，淮軍分兵三路，攻蘇州。六月，吳江克復。七月，江陰克復。十月，蘇州城中之太平軍守將納王郜雲官等投降。

同治三年正月，溧陽及宜興克復。二月，淮軍攻克浙江省之嘉興府。三月，常州外圍之金壇丹陽各縣均為淮軍所攻克；四月，常州亦克。

自蘇常相繼克復後，長江南岸的江蘇省境內，祇金陵一地尚在曾國荃軍的圍攻之下，其餘一律肅清。

約略檢點淮軍在同治三年四月以前的戰績，所克復的大小城池，在《李鴻章年譜》中有紀錄可查的數目為十五，未曾列入紀錄的次要城池數目不詳。如照徐宗幹《歸廬談往錄》所說，淮軍士兵，在歷次攻城略地時都大有所獲，則到了此一時期，顯然都已積貲無算，何至因月餉不能按時發放而有譁噪之虞？這種情形，在李鴻章也必定十分清楚，然則他何以在曾國藩兄弟要求接濟之時，屢次藉口餉需匱乏而不肯慷慨濟助？這個問題，看起來著實令人費解。更有甚者，則李鴻章在此時所撥解曾國荃大營的米糧，竟然還有以霉爛之米充數，以致不堪食用的情形，其中原因，更覺不可思議。趙烈文日記，同治三年五月廿八日，有關于此事的記載，說：

> 中丞要入內，見示李中丞咨文，解米萬石，抵四、五月餉。餉不足，米甚霉變不可用，中丞盛怒，欲返之，屬作咨，仍交原委員帶返。少刻，復要議，究可還之與否？余因勸之忍耐收下，咨文告以此米難于支放，擬令售變，得價照數扣抵協款。如售變無路，即作為撫卹各局賑款，云云。中丞允之。

上文所說的「中丞」，指曾國荃；因為曾國荃此時已由浙江布政使陞為浙江巡撫，以浙江巡撫的官銜仍在金陵前敵帶兵打仗。巡撫例兼都察院副都御史銜，俗稱中丞，故云。至于「李中丞」，自然是江蘇巡撫李鴻章

了。李鴻章在金陵軍餉萬分緊張之時，將一萬石不堪食用的霉米抵充四、五兩月的協餉銀兩，派員解送曾國荃的金陵大營，以致曾國荃憤怒之極，其中原因，殊為費解。由徐宗幹《歸廬談往錄》所記可以知道，李鴻章以每石銀三兩的官價收購太平軍存糧，為數頗不在少。這些米糧，既然都是太平軍為守城而囤積起來的軍糧，其間當然不免會有時間過欠而致霉爛的陳米在內。李鴻章因購米過多而以其中的一部分撥解金陵抵充協餉，在他本人，或許並不知道其中竟有霉爛不堪的壞米。所以我們也很可以猜想，李鴻章應當不會明知米已霉爛而仍撥解曾國荃金陵大營充餉的道理，他之所以這樣做，只是為部屬所蒙蔽，不知道米已霉爛的事實而已。但若由後面的事實看來，這種猜想能否成立，實在也頗有疑問。

九

曾國荃所統率的五萬湘軍，自同治二年九月攻克金陵城東迆南之上方橋、高橋門、七望橋、博望鎮等太平軍要隘，十月間再克淳化、隆都、湖墅、三岔等要地，並於同月間進兵金陵城東之孝陵衛後，金陵城外的太平軍據點，已盡為湘軍所奪，湘軍亦已實際完成了對金陵城的全部包圍，迄至同治三年六月十六日金陵城陷，中間所隔的時間凡八個多月。曾國荃所統率的湘軍，在同治二年十月就已完全將金陵圍困，何以要費時八個多月之久，纔能將金陵城攻下？這其間的主要原因，當然是由于金陵城的城牆太高太厚，非有破壞力極強的新式大炮，不能在這麼厚的城牆上轟開缺口，進攻之法，只好依賴費力多而奏效慢的地道進攻法。地道如能開挖成功，在地道內埋設大量的火藥而加以點燃，就可以藉火藥爆炸的力量將上面的城牆炸坍。這個工作做起來極難，而且收功不易；原因是敵方亦有破地道之法，使得耗力極多纔能挖成的地道，最後變得一無用處。趙烈文日記中便有很多關于這方面的記載。其同治三年五月廿七日所記，云：

先是，城北城東各營攻毀長毛周圍，加工開挖地道。賊守法甚譜，

遙望官軍所紮先鋒壘之處，知其下必有地道，即遙度其處，先從城內挖一直道透出城外，然後分頭橫挖暗濠。官軍或三穴兩穴並進，約略所佔地面之寬狹，為橫濠長短如其數以俟之，十不失八九。金川門一帶劉連捷等所開三穴，今月廿二、三日皆鬥穿，神策門以北，張詩日等所開三穴，廿日鬥穿。正當神策門，朱南桂等所開六穴，被賊鬥穿者五穴。其龍脖子以南及朝陽門一帶，惟朱洪章所挖尚有指望，其餘李祥和、熊登武、陳萬勝等各營所挖之穴，均于十九、二十、廿一等日抵城根時，被賊橫道鬥穿。蕭孚泗蕭慶衍等五穴，去城尚遠。據此情形，地道未能奏功。……

　　由此可知，地道進攻之法雖然可以用火藥爆破城垣，然而其成功希望極少，而地道之挖掘又極其艱辛；所以，以此法攻城，實在是最不得已的辦法，如果能有比此更好的辦法，最好是不要使用此一方法。比此更好的辦法是不是還有？以李鴻章攻克常州及嘉興的事例而言，使用新式大炮轟擊，應當是實際可行之法。曾國荃既知此事，為何仍要使用費力多而成功少的地道進攻之法？是不是他不願向李鴻章商借大炮？還是曾國荃曾經商借而李鴻章不肯借給？這個問題，正大可玩味探索。

　　李鴻章〈朋僚函稿〉卷五，同治三年五月初八日「復曾沅帥」書，云：

　　地道果否穿透？五月底能否成功？以人事決之，必能得手，其早遲則關天數也。屢奉寄諭，飭派敝軍協剿金陵，鄙意以我公兩載辛勞，一簣未竟，不敢近禁臠而窺臥榻。況入滬以來，幸得肅清吳境，冒犯越疆，怨忌叢生，何可輕言遠略？常州克復，附片藉病回蘇。及奏報丹陽克復，摺尾聲明金陵不日可克，弦外之音，當入清聽。富將軍之淺躁，左制軍之傾擠，鴻章不樂為也。至貴部艱窘如此，忝為地主，當籌犒勞。無如所部水陸七萬餘人，迫於朝命，防本境兼籌協剿，勢難遽撤。滬中羅掘已盡，供輸久竭，實已自顧不

暇，而外人皆被以富名，無從解免矣。……

這封信中所提到的「富將軍」，指駐防鎮江的京口將軍富明阿；「左制軍」，指閩浙總督兼署浙江巡撫左宗棠。富明阿於同治三年初自請出兵協助曾國荃攻取金陵，為曾國藩所拒。原因是富明阿所部的鎮江兵待遇素優而作戰能力薄弱，如來金陵協助湘軍攻城，在貧富懸殊而恬嬉無能的情形之下，徒然只有招致湘軍的反感，嚴重影響軍心士氣，所以曾國藩敬謝不敏。李鴻章不察其中原因，誤以為曾氏兄弟之拒絕富明阿的支援，乃是將金陵視為自己的禁臠，而不容他人覬覦之故，實在想得太遠。其所以視富明阿的主動表示為「淺躁」，原因在此。至于他在信中同時譏刺左宗棠之「傾擠」，亦自有故。原因是李鴻章在攻克松江及蘇州之後，曾經出兵協攻浙江之嘉興，雖然亦是奉旨行事，在左宗棠未免疑惑，認為是李鴻章故炫兵威，不免有蓄意貶抑浙軍身價之嫌；所謂「冒犯越疆，怨忌叢生」云云，即是指此而言。這雖然是當時畛域分明的成見使然，但是他在這封信中明明指出，南京乃是曾國荃的「禁臠」，非他之所敢覬覦，撚酸之意未免太覺露骨，其真正的意圖，便不是一般所謂「讓功」之說所能賅括的了。趙烈文日記，同治三年五月十九日所記一條，其內容尤堪注意。這一日的日記，在「擬李宮保咨文一件」之下，有一段小字附注，云：

　　黃昌歧軍門赴皖，盛言李宮保之關切皖軍，及各軍炮隊之利。中堂遂奏請李來會剿，並咨請先派炮隊赴金陵。故此間亦有此咨。

黃昌歧即黃翼升，此時乃李鴻章部下之水師統領。黃翼升由江蘇巡撫當時所駐的蘇州，遠道來到曾國藩的安慶大營，向曾國藩盛稱李鴻章軍中所擁有的新式西洋大炮如何厲害，以李鴻章使用這種西洋大炮攻克常州為例，吹噓以西洋大炮攻城如何容易，其言外之意，顯然大有文章。以趙烈文所說，推敲李鴻章此時之用心，亦殊有趣。趙烈文日記云：

按少帥前致中丞信，力言不來。黃昌歧軍門至皖，為之游說，則告中堂以蘇軍炮隊之利，及口糧亦止半關，無貧富相耀之意。並言，但得中堂一紙書，即無不來。其五月十八日奏片，則又明指中丞有信不須其來。而十八、九間，中旨忽云，飭令李鴻章不分畛域，不避嫌怨，迅速會剿之語，則京都樞處必先有信，言此間之不願其來。此一事而機械百出，處處語言不同，其圖望大功，日夜計算，心計之工，細入毫芒。

這一條日記的時間，是同治三年五月三十日。在此以前的六天，亦即同治三年的五月廿四日，已有記云：

見李中丞五月十七日片奏，內稱「欽奉五月初八日寄諭，李鴻章所部兵勇，攻城奪隘，所向有功，云云。臣于攻克常州後未能遽議協剿金陵，一則臣部兵將苦戰經年，傷病疲乏，未得休息，若遽令遠出，誠恐再衰三竭，無裨大局；一以曾國荃全軍兩年圍攻，一簣未竟，屢接來書，謂金陵所少者不在兵而在餉，現開地道十餘處，約有數處五、六月間可成，如能及早轟開，自必無須協助」，云云。按此摺明以此間不願會攻之意入奏，而冷眼覷定，不至此間地道無成，急迫求助之時，不來會攻。噫，可謂堅矣。

據此云云，則李鴻章之所以在此時多方推托，一方面既不肯出借大炮，一方面又諉稱上海稅收短絀，不能在餉需方面多予協助，其出發點大概都一樣，即是不願平白無故的幫助曾國荃完成其克復金陵的大功，而其本人全無好處可沾也。照李鴻章的看法，曾國荃的圍城之師，一方面既因軍餉不繼之故而致士氣疲荼，一方面又因城堅難攻而折損銳氣，日復一日，必定不免因無法堅持而求助于李鴻章；李鴻章到了那時候方纔正式派兵協攻，並以西洋大炮大舉轟擊，不但可乘攻守雙方的精疲力盡而坐收大功，論功行賞，甚至還可能駕越曾國荃而上之。由此而言，他在五月間運

到曾國荃軍前抵充協餉的一萬石爛米，既不能吃又不能賣，究竟是否出于他不肖部屬之蒙蔽，也就很難猜測了。處功名利害之間，父子兄弟，猶不免雜以私心，何況異姓的朋僚師友？更何況在李鴻章的眼中看來，曾國藩為了成全他親弟國荃的功名，不惜多方衛護，此其間顯然亦多私心，然則他又何必為了公利之目的而義務為之援手？後世史家，每謂李鴻章的功名富貴全出曾國藩之提挈栽培，故而曾李之交誼非比尋常，李鴻章在攻克常州之後，其所以頓兵不前，更是他的有意讓功，以便曾國荃得以獨享克復金陵之大功云云，由上面所見的事實看來，這些說法，顯然只是皮相之談。

十

由同治三年四、五月間，曾國荃、曾國藩、李鴻章三人之間的往來信件及奏摺內容可以知道，曾國荃所寄望于李鴻章的，只是想借用他的炮兵部隊來轟開金陵城，而並不希望李鴻章派兵前來協攻，更不希望李鴻章親自帶兵來攻。李鴻章看準這點，藉口炮隊需要集中使用方能收功，而此時他所屬的三枝炮隊方分駐三處，常勝軍中的炮隊更因外國軍官辭退之故而有待訓練，所以不能調派，藉此多方推托閃避，畢竟不肯將他的炮兵部隊借予曾國荃使用。曾國荃借炮無望，眼見克城只是早晚之事，自然只好咬緊牙關，繼續在地道進攻之法下努力從事，以免功虧一簣。然而，開掘地道既然極為困難，軍餉又苦不濟，在前有強敵而內懼軍心不穩的情形之下，曾國荃此時的處境，實在艱苦無比。所幸到了同治三年的六月間，情況終于有了轉機。原因是曾國荃軍的和字、振字、崑字等營，在五月三十日攻下了太平軍設在金陵城外的最後一座堡壘——地保城。這個名為「地保城」的堅固堡壘，位於鍾山山麓地名龍脖子的下方處，距離城牆只有十餘丈。由于地保城距離金陵城牆太近，曾國荃軍攻得此城後，在地保城與城牆之間築礮臺十餘座，更在礮臺與城牆之間堆疊高達數丈的草堆，表示要由此逐漸接近城牆，作為攻城的憑藉，其實則是利用草堆的高度與體積

掩護後面的地道挖掘工作。更因礮臺與草堆距城極近，城上的守軍為大砲所轟擊，無法立腳，對城外湘軍的監視工作自不免因之而不太周全，所以礮臺後面的挖掘地道工作亦未被城上太平軍所發現。到了六月十五日晚間，這一處地道竟然挖通，預定翌日上午正式點火爆破。至此，曾國荃兩年以來對南京城的圍攻，總算已到了勝利成功的邊緣，臏下來的，就是攻破南京之後，如何肅清城內大股太平軍的問題了。王定安《湘軍記》敘此云：

（六月十六日）日午，地道火發，城崩二十餘丈，甎石雨落。李臣典等蟻附爭登。賊反燃火藥，下燒我軍，眾稍卻。彭毓橘、蕭孚泗手刃數人，弁勇皆奮，乘城缺入。朱洪章、沈鴻賓、羅雨春等攻中路，在偽天王府北；劉連捷、張詩日、譚國泰等攻右路，循臺城趨神策門，適朱南桂等梯城而入，遂合取鳳儀門；左路則彭毓橘由內城至通濟門，蕭孚泗等奪朝陽、洪武門，守陴賊誅殺殆盡。而羅逢元等從聚寶門入，李金洲從通濟門入，陳湜、易良虎由旱西、水西門入，於是金陵九門皆破。

由一處地道挖掘成功，轟倒城牆二十餘丈，竟至整個南京城的守禦工作都因之而全面崩潰，不難想見完整的城牆對于南京的保障何等重要。由此亦不難看出，曾國荃攻南京兩年，確實已到了指日收功的地步；只是，南京城如不攻破，此一勝利時刻總是不能來到，所以即使費盡一切力量，也還是非將城池攻破不可。現在城池破了，城內太平軍的一切抵抗俱告崩潰，曾國荃兩年以來，因策劃指揮進攻軍的軍事行動而致心力俱瘁，到了此一勝利時刻到來的時候，竟然因體力與精神的過度消耗而呈虛脫狀態。於是乃發生了兩件很不好的變故。一件是太平天國的幼主洪福與忠王李秀成等重要幹部，在城破以後猶藏匿於內城，乘著城破之後湘軍停止了有組織的軍事行動而全面從事搜尋金銀財寶之際，深密隱藏；到了晚間，夜幕低垂，突然集合了三四千人的大部隊，從破城處的缺口衝出了南京城，以

致城雖破而首酋未得，曾國荃幾乎因此而蒙受重譴。另一件便是在城破之後，湘軍的全體兵將，除了曾國荃及少數幕僚，差不多人人都不再以殺敵為事，而只知道搜括金銀，大發其戰爭財。以致謠言四起，都說太平天國的天王府內所積巨量財富，盡為曾國荃所得，曾氏之富，遂可敵國云云。事實上則發財的乃是曾國荃部下的兵將，曾國荃自己，並沒有得著好處，而這種莫須有的罪名，卻使他永負重謗，難以洗刷。關于這方面的情形，趙烈文日記中有極翔實而生動的記載，可以參看。亦抄錄幾條於後，以便參考研究之用。

十一

趙烈文日記，同治三年六月十六日記云：

> 聞各軍入城後貪掠奪，頗亂伍。余又見中軍各勇留營者皆去搜括，甚至各棚廝役皆去，擔負相屬于道。

同治三年的六月十六日，就是龍脖子地道功成，金陵城牆被轟裂二十餘丈，南京城因此而被湘軍攻克之日。趙烈文在這一天的日記內就記載城破以後全軍士兵爭往城內搜刮錢財的情形，當然是當時的實際紀錄。而且不僅是兵將爭往發財，即是在軍中辦理行政與文書的文案委員，此時亦人人大發橫財。日記六月十九日中記云：

> 是日，文案委員有至城見人幼子甫八歲，貌清秀，強奪之歸。其母追哭數里，鞭逐之。餘諸委員無大無小，爭購賊物，各貯一箱，終日交相誇示不為厭，惟見余至，則傾身障之。文案宋君生香喟然曰：此地不可居矣。

至于兵將在城中搶擄殺掠及縱火燒屋的情形，則六月廿三日的日記中

曾有記載，云：

> 破城後，精壯長毛，除抗拒時被斬殺外，其餘死者寥寥，大半為兵勇扛抬什物出城，或引各兵挖窖後即行縱放，城上四面縋下老廣賊匪不知若干。其老弱本地人民，不能挑擔，又無窖可挖者，盡情殺死。沿街死屍，十之九皆老者，其幼孩未滿二三歲，亦斫戮以為戲，匍匐道上。婦女四十歲以下者，一人俱無。老者無不負傷，哀號之聲達于四遠。其亂如此，可為髮指。中丞禁殺良民，擄婦女，煌煌告示，遍于城中。無如各統領彭毓橘、易良虎、彭椿年、蕭孚泗、張詩日等惟知掠奪，絕不奉行；不知何以對中丞？何以對皇上？何以對自己？又，蕭孚泗在偽天王府取出金銀不貲，即縱火燒屋以滅迹。

這是官方文書中所隱諱的南京城破後之殺戮搶掠情形，閱之可知當時實際狀況之一斑。由于諸王府中所蓄積的金銀財寶極多，而在事後都成了一片焦土，因此後來謠傳紛紛，說自曾國荃以下的湘軍兵將，都在此時發了大財，很多人甚至在一夕之間成了擁貲百萬的大富翁。在那個時代裡，白銀是主要的通貨，擁貲百萬，意思是擁有白銀一百萬兩。以當時的白銀購買力來說，米一石不過值銀一兩數錢，擁貲百萬，可以值到現在的貨幣十億以上，如之何不使聞者歆羨！風聲所播，身為統兵主帥的曾氏兄弟，自不免因此而大遭物議。雖然曾國荃本人並無所得，而在傳說中他仍是發大財之人。趙烈文日記中載有曾國藩在後來與他談及此事的話，可為參考。同治六年九月初十日，趙烈文日記記述他在江寧督署中與曾國藩所作的談話，內容極多，有一段談到當年曾國荃克城的情形，說：

> 師曰（按，趙烈文後來拜曾國藩為老師，此所謂「師」，即指曾國藩。）：「三年秋，余進此城行署之日，余弟甫解浙撫任，不平見於辭色。時會者盈庭，吾直無地置面目，足下知之乎？」余曰：

「未聞。」師曰：「足下在彼，始終歡契乎？」余曰：「初至，隆
禮太甚，使提鎮公服投帖迎接。在彼年餘，尚無間言。惟收城之
日，因爭先遣馬隊斷路，及勸沅師重赴缺口彈壓，十九日李秀成生
擒，烈請緩其刑誅，數事頗拂意，旋亦釋然。」師曰：「舍弟豈容
直言？左右皆彭椿年之徒，欲治得乎？」

又有一段談到曾國荃因此而大遭毀謗的情形，見於同治六年七月二十
日的日記，云：

譚沅師收城時事。余曰：「沅師坐左右之人累之耳。其實子女玉帛
無所與也。各員弁自文案以至外差諸人，則人置一簏，有得輒開簏
藏納，客至則傾身障之，醜態可掬。」師狂笑，繼又曰：「吾弟所
獲無幾，而老饕之名遍天下，亦太冤矣！」

十二

曾國藩說，曾國荃在攻克南京之後，「老饕之名遍天下」，可知清議
與輿論對曾國荃之不滿處。而其所以致此之故，則因南京城破之後，湘軍
兵將幾乎人人皆以搜括為事，南京城中，金寶錢財，掃地俱盡，曾國荃身
為主帥，無法逃此謗名，於是乃被目為「老饕」，誤以為他在此時所得的
財寶最多，其實乃為他的部下兵將所累。以事實而言，曾國荃不但因為受
部屬之累而負此重謗，即是朝廷方面對他亦有極嚴厲的督過與指斥。同治
三年七月五日，曾國荃接到曾國藩抄寄的軍機大臣欽奉上諭，為曾國荃奏
報在六月十六日攻破南京，刻正掃蕩餘孽的奏摺中，於「令官軍環城內外
札定，兼扼各路要隘，冀使無一漏網」等語之前，尚有回營作此部署之
「遂回老營」四字，皇帝所降的諭旨中，就特別針對此四字嚴加訓斥，
說：

曾國荃在攻克大城時，即應一鼓作氣，將偽城儘力攻拔，生擒首逆。乃因大勢確定，遂回老營。恐將士等貪取財物，因而懈弛。萬一該逆委棄輜重餌我軍士，而潛出別道，乘我不備，冀圖一逞，或伺間奔竄，衝出重圍，均不可不慮。著曾國藩飭曾國荃督率將士，迅將偽城趕日攻拔，殲擒首逆，以竟一簣之功，同膺懋賞。倘曾國荃驟勝而驕，令垂成之功或有中變，致稽時日，必惟曾國荃是問。

這一段文字的後面幾句話，辭氣極其嚴厲。對于曾國荃之艱辛百戰，歷時兩年始能克此堅城的艱難戰功，不惟全無褒嘉之語，反而督責極苛，稍有小過，即蒙嚴斥。乍看起來，似乎此時的滿清政府紀綱極為整飭，功過極為分明，有功必賞而有過必罰，而其實不然。因為趙烈文日記中在此一上諭之後，就有如下一段按語，說：

至此次廷寄忽加屬責之故，其中別有緣起，余知其約略而未敢臆斷。大抵朝廷苟無奧援，將帥立大功於外，往往轉罹吏議。

傳世的趙烈文《能靜居日記》，乃是根據中央圖書館所藏日記原本的影印本，不但筆墨如新，對于日記中原有的塗抹改寫之處，也一仍其舊，很可以使我們想像得到趙烈文寫下這些日記文字時候的心情。上面的這段按語，現在看來只五十字，而原文則達二百五十餘字，只是已被作者以極濃的墨圈逐字塗去，無法知其原來文字為何。由趙烈文塗去原文的用意加以推測，這一段被塗掉的二百餘字，必定大有忌諱，不便保留。如其不然，趙烈文日記中的其他塗改之處尚多，從未見有如此濃重的墨圈塗抹，務求無法再看出原來文字為何，顯然可知這一段文字定有很多忌諱，雖已塗去而仍不便留下痕跡，否則在別處的塗改中何以從無同樣的情形呢？基於此一推想，試從日記中的其他方面探索，似乎約略可以窺見其忌諱之處為何。

就在上面這段被塗去二百餘字的日記之下，尚有如下一段文字，云：

不然，去年蘇州之役，李公原奏明言，忠酋從小路搭橋而去；今春杭州之役，左公原奏明言，賊傾城先走；皆奏入而恩出，於此奏何如，而以筆墨為罪邪？君父之前，立言有體，雖近世捷報，太半虛辭，然亦必稍有根柢，不致全然誑語。不然，兩公皆長於作奏，何不以生擒入告邪？

　　這一段話，已隱約說出了李鴻章與左宗棠在朝中都有奧援，所以即使在軍事措置上有明顯的不妥之處，仍舊能「奏入而恩出」，決不致如曾國荃奏摺之稍有不妥，即遭嚴屬之指斥。在後一段話中，這一層意思更為明白。
　　《能靜居日記》同治三年四月初八日，曾國藩因軍餉竭蹶，支應無策，而欲請辭去兩江總督及欽差大臣職務，請欽派大臣督剿，自願別統萬人，如咸豐六七八九年間之往事云云。趙烈文在日記中論述此事，說：

按，中堂近歲，主眷日衰，外侮交至，無他，不得內主奧援耳。稽其立朝之初，即已孤特獨立。自咸豐二年奉命團練，以至用兵江右，七八年間，坎坷備嘗，疑謗叢集。迨文宗末造，江左覆亡，始有督師之授，受任危難之間。蓋朝廷四顧無人，不得已而用之，非負扆真能簡畀，當軸真能推舉也。嗣後平皖而東，聲威日甚，內外雖欲從違，震其事功，而莫敢為難。同治改元至今，東南大局，日有起色，洩沓之流，以為已安已治，故態復萌，以私亂公，愛憎是非，風起泉湧，輒修往日之文法，以濟其予奪之權。數朞之間，朝政一變。于時天下識時俊傑之士，皆結故舊，治竿牘，揣摩迎合，以固權勢而便興作，外之風氣亦一變。顧中堂方夷然不屑，硜硜自守。其奏牘所陳，又多權宜，一切之計，疏而不密，人易抵其瑕隙。朝臣初猶不敢吹索，乃漸見寬厚可侮，初則嘗試觀望，繼遂深入顯出，不俟功業之衰，內外已無往時敬畏之心矣。故向之假借，本以時事至危而為袖手旁觀之計，非因保全大局而有推誠相諒之心也。本以事功赫赫而忌之憚之，非有毫末之愛而親之顧之也。大難

既稍夷矣，袖手之計，變而爭先，忌憚之心，變為慢易，則疑謗漸生，事多牽掣，必然之勢，初不因權重之故也。

趙烈文當時，是曾國藩幕府中的賓僚，對于當時的朝中情勢以及曾國藩的作風，當然十分明瞭。他以客觀的立場分析曾國藩頻遭外侮的原因，是由于「主眷日衰」及「內無奧援」，當然是事實。照此說來，曾國藩在同治三年春、夏之間，曾國荃天京之戰正當十分吃緊的時候，所以會面臨軍餉竭蹶，呼應不靈的嚴重困難，正是由于朝廷對他的處境並不重視，內而軍機，外而各省疆吏，皆以玩泄的態度漠然視之，故也。由此可知，李鴻章在此時之敢於面從心違，公然懷有與曾國荃爭功之心，以及曾國荃在甫建大功之後，即不免因小過而蒙嚴厲之訓斥，曾國藩當然知道他不宜再執掌兵柄，否則麻煩一定更多。然則曾國藩之所以要在南京既克，平定太平天國的大功甫竟之時，便即奏請裁遣湘軍，並令曾國荃辭官歸里，正都是必要的措施了。昔人每以為曾國藩此舉在避免「功高震主」，可以說是只說對了一半，並未充分了解曾國藩當時的處境及其心理狀態。

曾國荃「天京」之戰，以其堅毅不屈的奮鬥精神而終得最後成功，在湘軍平定太平天國的戰史上確實可以大書一筆。只是，由于他兄弟二人在當時的政治場中都孤立無援之故，在一場十分艱辛的軍事鬥爭之外，還需要應付防不勝防的明鎗與暗箭，實在使他們感到心力交瘁。為了全身遠害起見，在南京既經攻克之後，湘軍不能不撤遣，曾國荃不能不辭官歸里，這種結果誠然使人感到很意外，事實上卻有不得不然之勢。湘淮軍代興之契機伏于此，李鴻章後來在政治上脫穎而出，隱隱成為曾國藩的事業傳人，其契機亦伏于此。後人論史，每以為湘淮代興與曾李更迭，都出于曾國藩的有意安排，李鴻章更是曾國藩所屬意的衣缽弟子云云，由趙烈文日記中所見的種種情形看來，可以知其不然。本文之目的，一方面固然在介紹曾國荃天京之戰的艱難困苦，另一方面也希望能藉此顯示出這其間的政治隱情，以補充史書敘述之不足，糾正後人之錯誤認識。由于題材及體例所限，後一項目的似乎只屬于附帶性的，殊為遺憾。

〔附錄〕

胡雪巖與王有齡
——發生在杭州的一段傳奇故事考證

　　從前讀高陽的歷史小說《胡雪巖》，一開頭就被他所編織的「胡雪巖義拯王有齡」這段離奇故事深深吸引，覺得胡雪巖以一個家無恆產的錢莊夥計，竟敢挪用錢莊銀子五百兩，以從井救人的方式，去幫助潦倒落魄的空頭鹽大使王有齡，終於使王有齡鹹魚翻身，一躍而成浙江官場的大紅人物；而王有齡也在感恩報德之餘，多方拉拔胡雪巖，使胡雪巖也開始發展其平步青雲的燦爛人生，彼此互惠互利，正是最理想的人生際遇，令人不勝傾倒之至。小說描寫的巨大感染力量，在這個故事裏達到了高潮。這當然是非常成功的創作手法。後來繼踵而起的多本以胡雪巖故事為主題之歷史小說，其作者包括大陸名作家二月河、薛家柱等人，儘管他們在後續故事上有所變化，以「胡雪巖義拯王有齡」為整個故事的發軔之始的這一點上，卻始終套用了高陽的基本架構。於是，胡雪巖與王有齡的遇合關係，就以這種離奇感人的方式開始而且定型化了。推原其故，高陽應是始作俑者。但其故事之來源，可說亦自有故。清人陳代卿所撰《慎節齋稿存》卷上之〈胡光墉〉一條說：

　　　浙江巡撫王壯愍公有齡，幼隨父觀察浙江。父卒於官，眷屬淹滯不能歸，僦居杭州。一日，有錢肆夥友胡光墉見王子而異其相，謂之曰：「君非庸人，胡落拓至此？」王以先人宦貧對。胡問：「有官

手?」曰:「曾捐鹽大使,無力入都。」問需幾何?曰五百金。胡約明日至某肆茗談。翌日王至,胡已先在,謂王曰:「吾嘗讀相人書,君骨法大貴。吾為東君收某五百金在此,請以畀子,速入都圖之。」王不可,謂「此非君金而為我用,主者其能置君乎?吾不能以此相累。」胡曰:「子毋然,吾自有說。吾無家,祇一命,即索去無益於彼,而坐失五百金無著,彼必不為。請放心持去,得意速返,無相忘也。」王持金北上,至天津,聞有星使何侍郎桂清赴南省查辦案件,乃當年同席硯友也。先是,王隨父任,初就傅,何父方司閽署中,有子幼慧,觀察喜之,命入塾與子伴讀。既長,能文章,舉本省賢書,入都赴禮部試,遂不復見,不意邂逅於此,即投刺謁之。何見王驚喜,握手道故,歡逾平生。問何往?王告之故。何公曰:「此不足為。浙撫某公,吾故人也,今與一函,子持往謁,必重用,勝此萬萬矣。」王持函謁浙撫,撫軍細詢家世,即以糧台總辦委之。王得檄,乃出語胡,取前假五百金加息償之,命胡辭舊主,自設錢肆,號曰阜康。王在糧台積功保知府,旋補杭州府,升道員,陳桌開藩,不數載簡放浙江巡撫。時胡亦保牧令,即命接管糧台。胡益得大發抒,錢肆與糧台互相挹注。胡又善賈,列肆數十,無利不趨。兼與外洋互市,居奇致贏。動以千萬計。……

　　胡光墉號雪巖,所以這段記事中所說的胡光墉,即是胡雪巖。何桂清以侍郎外放學政,奉差至浙江查案,時在清文宗之咸豐二年。照此所說,胡雪巖與王有齡的這一段離奇遇合故事,也應該是發生在咸豐二年的了。但如細考王有齡的早年仕履及歷官年分,則這一段故事竟完全沒有立腳之地,其故事的真實性也就大有問題了。

　　《福建通紀》列傳卷二十九,有王崧辰所撰〈王有齡傳〉,敘次王有齡的家世及簡歷頗為簡明扼要,取與上引《慎節齋稿存》中的記述相比較,便可看出稗官野史中的資料如何經不起考驗。〈王有齡傳〉說:

王有齡，字英九，號雪軒，侯官人。父燮，以舉人官至甘肅平涼府
知府。有齡誕時，有大風入帷之異。稍長，倜儻有奇氣，不屑屑為
舉子之學。入貲為浙江鹽大使，補浦東場，署新昌縣事。下車兩
月，即斷結積案百餘起。邑故多盜，前令繩之急，皆走匿山澤間，
時出劫掠。吏請添役捕，有齡曰：「此為飢寒所迫耳。」因榜示通
衢，歸田者不問，再犯者弗赦。盜皆解散。提升慈谿縣。歷署鎮
海、鄞縣、仁和。以在鎮海獲鄰盜功，以同知直隸州補用，權湖州
府。癸丑二月，粵寇由安慶陷金陵，羽書狎至。湖兵數不滿百，人
心震駭。有齡併工修濬城濠，以團練屬郡紳趙景賢，自募精銳守四
門，故雖賊氛逼近，而市肆安然。以督催漕運出力，以知府
用。……

　　癸丑，是清文宗之咸豐三年。王有齡在咸豐三年以前便已由鹽大使歷
任新昌、慈谿、鎮海、鄞縣、仁和等縣的知縣，又以功升同知，署湖州府
的知府，可知《慎節齋稿存》所說王有齡在杭州的落魄潦倒實全無根據。
而且《慎節齋稿存》中的錯誤記述尚不止此，可以明顯指出來的還有以下
各點：一是王有齡的父親名王燮，官止甘肅平涼府的知府，並未到浙江來
做過候補道（觀察）。二是王有齡在納貲捐官鹽大使之後，就已做過浦東
場的鹽大使，無所謂因「無力入都」而流落在杭州的事實。至於王有齡在
由鹽大使升為知縣之後的實際政績及種種建樹，上引傳文中的記述亦十分
明白清楚，並非因為某巡撫的特別照顧而由委管糧台而「積功」所致。可
知《慎節齋稿存》中的記述雖十分富有傳奇性，實際上卻是全無事實根據
的道聽塗說之談，不值識者之一哂。若謂《福建通紀‧王有齡傳》的記述
過於簡略，尚難以詳考各種經過事實，則閩侯王氏家藏的《王有齡年
譜》，即可充分補充此一缺略。詳加開列，約如下述。
　　王有齡生於清仁宗嘉慶十五年，咸豐十一年死難時，年五十二歲。父
名王燮，號梅林，中嘉慶二十三年福建鄉試舉人。道光九年署雲南昆明縣
知縣。時何桂清之父為縣署衙役，提拔何桂清即在此時。道光十一年，王

燮充雲南鄉試同考官，何桂清在此年中舉人。王有齡則因隨父宦遊雲南，無法回福建應試之故，報捐監生及八品秩的鹽大使，於道光十九年入京辦理引見及掣籤，分發浙江，旋補浦東場鹽大使。這一年，王有齡三十歲。翌年，鴉片戰爭爆發，江浙沿海淪為戰場，王有齡奉委軍營差遣，至紹興，專辦文案，嗣又奉派至福建泉州偵探敵情。道光二十一年軍務告竣，以辦理寧波善後有功，升知縣。道光二十四年首任新昌知縣。到任未及兩月，審結積案百餘起。翌年，題升慈谿知縣。時王燮在雲南任麗江府知府。道光二十七年，王有齡由慈谿調署鎮海，以獲盜功，升五品同知，再調署仁和縣。道光三十年，王燮在平涼府知府任上病故，王有齡循例丁憂，回籍守制。咸豐二年丁憂服滿起復，補定海直隸廳同知。三年，調署湖州府知府。以辦理海運出力，開缺以知府用。咸豐五年，任杭州府知府，署督糧道，時年四十六歲。這以後的仕履，以與本文無涉，不贅引。

　　清代俗語，有所謂「三年清知府，十萬雪花銀」之說。意謂做官而至四品黃堂的知府，即使不貪贓枉法，單是從錢糧火耗及漕米陋規等方面的「合法」收入，就能穩穩當當的賺到十萬兩白花花的銀子。不「親民」的知府猶且有如此豐厚的入息，「親民」而且兼理詞訟的州縣官，其入息當然更有可觀了。王燮在道光朝歷任州縣，繼升知府，前後有二十餘年之久，其宦囊所積，至少也有幾萬兩銀子，何致在為王有齡捐官鹽大使之後，連上京投供稟到的盤纏銀子都沒有呢？更何況從上述資料已可知道，王有齡在道光十九年報捐鹽大使之後，不但早已入京辦妥稟到及引見手續，掣籤分發浙江，而且不久即補授浦東場的鹽大使。所以，高陽與二月河等人所寫的歷史小說《胡雪巖》，竟把咸豐初年時的王有齡寫成落魄潦倒的空頭鹽大使，有待錢莊夥計胡雪巖的識拔拉扯，實在可說只是小說家的虛無幻想，完全沒有事實根據。

　　高陽是杭州人。杭州當地的父老相傳，都相信胡雪巖當年確曾給王有齡幫過大忙，因此纔有二人後來的深厚交情；所以，陳代卿在《節慎齋稿存》中所說的胡雪巖義拯王有齡故事，理論上亦應有相當可觀的事實，不致是完全無憑據的空穴來風。那麼，王有齡究竟是在何種情況之下，纔有

可能需要胡雪巖的大力幫助呢？在這裏，似乎只有王有齡在由浦東場鹽大使升為知縣的過程中，方有此一可能。

　　清制，鹽大使秩正八品，知縣秩正七品，相差一品的正、從兩級。王有齡在鴉片戰爭時奉調軍營差遣，年譜上說他因在軍務告竣後辦理寧波善後有功而升為知縣，首任浙江省新昌縣，但《福建通紀·王有齡傳》卻說他的新昌知縣只是「署理」性質，兩年後方由上司題升為正式的慈谿知縣。而《清史稿》王有齡傳更說王有齡是由鹽大使「改知縣」而非屬於升遷，這其間的歧異所在，就存在了值得推敲的空間。揆之實情，相同品級之間的職務改變方可謂之「改」，若品級不同而職務變更，理應只有升、降而無所謂「改」。鹽大使與知縣相差一品兩級而竟亦可以稱之為「改」，其間豈非尚有文章？所以，王有齡年譜中的相關記述，顯然尚有隱諱，需要加以研究、推敲。

　　咸豐年間曾任浙江按察使的段光清，在咸豐九年杭州第一次失守時受到革職查辦的處分，其過去的經歷則亦曾出任慈谿知縣，其時間恰在王有齡作慈谿知縣之後，所以王有齡的慈谿知縣恰是段光清的「前任」。段光清著有《鏡湖自撰年譜》，在提到二人的前後任關係時，由於王有齡後來升為浙江巡撫，恰為他的省屬最高長官，而且最後以死難殉節而被朝廷視為忠臣，所以他對王有齡便不敢顯斥其名，而只含含糊糊地稱之為「前任」。段譜中有兩條與王有齡相關的記述。一條說：「鎮海縣乃由慈谿調署，即余前任也。」另一條說：「余前任乃以場官而捐升知縣，初任慈谿，欲做聲名，民亦稱之。」由後一條可知，王有齡雖在辦理寧波善後事宜上立有功績，所得到的獎勵或者只是「加級」、「紀錄」之類而並非升官。若是「加級」，則由正八品加一級可成從七品，加二級方成正七品，符合改官知縣之規定，而段光清年譜竟謂王有齡之由場官（鹽大使）轉任知縣係出於「捐升」，可知其即使曾獲「加級」，亦決非「加二級」而僅為「加一級」；若是僅得「紀錄」，則是連「加一級」的待遇亦沒有了。在這種情況之下，欲由鹽大使升為知縣，除了捐納之外，別無他途可循。而胡雪巖之所以會在王有齡的升遷道路上發生一定的影響力，亦很可能是

由於這一原因。

《清史稿‧選舉志》第七「捐納」一章說：「捐途，文職小京官至郎中，未入流至道員，武職千、把總至參將。而職官並得捐陞。」由現任職官捐貲升職，如果所差的品級並不懸殊，所費應該並不太多。但這畢竟只是清末捐官制度十分浮濫以後的情形，稍早以前或不盡如此。例如在清代中葉以前，捐一個監生都要花到一千多兩銀子，則捐一、二級也就不會很便宜。也許正是由於此一原因，使王有齡在籌措捐官銀子時面臨若干困難而必須出自借貸，纔會促成他與胡雪巖之間的金錢往來關係，如其不然，以王有齡當時的現任職官身分，又何致有此借貸需要呢？

汪康年所撰《莊諧選錄》卷十二，有幾條關於胡雪巖的早年軼聞，其中一條說：

> 胡後為某錢店司會計。有李中丞者，時以某官候補於浙，落拓不得志。一日詣其店告貸，眾慢不為禮，胡獨殷勤備至，且假以私財。某感之，誓有以報。迨後歷歷封疆，開府浙江。甫到任，即下檄各縣曰：「凡解糧餉者必由胡某匯兌，否則不納。」眾微知其故，於是錢糧上兌者無不託諸胡，胡遂以是致富。

這一條記事看起來真像是荒誕不經的齊東野語，不但其內容荒唐，而且清代咸豐、同治年間來作浙江巡撫的人中，從來沒有一個姓李的，此所謂「李中丞」者究係何人，更使人莫名其妙。但若以王有齡當時呱需籌措捐官銀子而他後來又曾升到浙江巡撫的情形來看，汪康年所說的這一段胡雪巖早年軼聞，無寧正是當時胡王二人結交由來的寫照了。之所以會由王有齡訛傳為李中丞，亦適足以證明稗官野史之所以傳述多誤也。

歷史上的王有齡，從道光十九年三十歲那年捐官鹽大使開始，當年就從雲南入京，到吏部辦妥投供稟到引見等項手續，籤分浙江，不久就獲補為兩浙鹽運使司轄下的浦東場鹽大使。此後，他在浙江官場中的宦途十分順暢，到咸豐二年四十三歲丁父憂，服滿起復之時，業已由八品秩的鹽大

使升為正五品的直隸廳同知，可謂官運亨通，前程遠大。如果胡雪巖果曾
在王有齡的仕途中以金錢幫助過他解決困難，應該只有在他從鹽大使升知
縣的這一道關卡上，此外別無可能。歷史小說家不考究王有齡出仕以來的
實際情形，只根據陳代卿寫在《慎節齋稿存》中的那些傳聞之談，就把他
描寫成如何窮困潦倒的落魄模樣，必須要等胡雪巖來仗義相助，然後方能
轉禍為福，從此扶搖直上，無寧是很不負責任的無稽之談。歷史小說雖然
不是歷史，到底也不能以空中樓閣式的鑿空之談來厚誣古人，欺誑讀者。
當此胡雪巖被一窩蜂地吹捧成清末中國的經營之神，其一切作為俱可為後
人所效法的現代，將小說的虛構情節揭而明之，也許可以正視聽而息妄
言，不知讀者諸君亦以鄙言為不謬否？

國家圖書館出版品預行編目資料

明清史零拾

蘇同炳著. – 初版. – 臺北市：臺灣學生，2016.03
面；公分
ISBN 978-957-15-1694-3 (平裝)

1. 明清史　2. 文集

626.007　　　　　　　　　　　　　104028130

明清史零拾

著　作　者：蘇　　　　同　　　　炳
出　版　者：臺 灣 學 生 書 局 有 限 公 司
發　行　人：楊　　　　雲　　　　龍
發　行　所：臺 灣 學 生 書 局 有 限 公 司
　　　　　　臺北市和平東路一段七十五巷十一號
　　　　　　郵 政 劃 撥 帳 號：00024668
　　　　　　電　話：(02)23928185
　　　　　　傳　眞：(02)23928105
　　　　　　E-mail：student.book@msa.hinet.net
　　　　　　http://www.studentbook.com.tw
本 書 局 登
記 證 字 號：行政院新聞局局版北市業字第玖捌壹號
印　刷　所：長 欣 印 刷 企 業 社
　　　　　　新北市中和區中正路九八八巷十七號
　　　　　　電　話：(02)22268853

定價：新臺幣四五○元

二　○　一　六　年　三　月　初　版

ISBN 978-957-15-1694-3 (平裝)